경매대마왕, 반드시 부자 되는 투자의 소신

당신을 500억 자산가로 만들어줄 부동산경매

당신을 500억 자산가로 만들어줄 부동산경매

경매대마왕

반드시 부자 되는

투자의 소신

심태승 지음

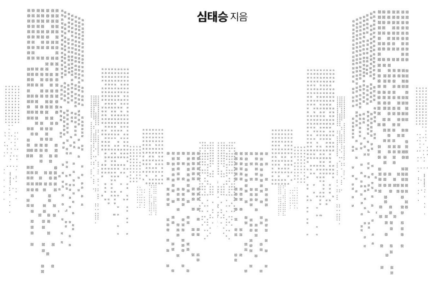

국일증권경제연구소

내 꿈은 나로 인해서 많은 사람이 부자가 되는 것

당신은 부자인가?

아마 지금 이 책을 보고 있는 사람의 대다수는 부자가 아닐 것이다. 그렇기에 부자가 되는 방법을 알고자 이 책을 펼쳤을 것이고 지금 나의 목소리에 귀를 기울이고 있을 것이다.

나는 고등학교를 졸업한 후 부동산 경매에 입문해 경매인이 되었고 열심히 노력해서 남들에게 부자라고 말할 수 있을 정도로 돈을 벌었다. 그러다 부동산 경매 강의를 시작한 것은 10여 년 전부터였다.

내게서 배운 이들이 실력있는 경매인으로 성장해 부자가 되는 걸 계속해서 봐왔다. 그리고 무엇이 그들을 부자로 만들었는지를 확인했을 무렵 나는 이 책을 내기로 마음 먹었다. 이 책에는 내가 내 인생 속에서 직접 경험한, 부자가 되는 방법이 적혀있다.

가장 먼저 말하고 싶은 것은 부자가 되는 방법은 '지식'이 아니라는 것이다. 그동안 내가 많은 돈을 벌고 많은 사람들을 부자로 만들며 터득한 것은 지식과 실제 돈을 버는 것은 아무런 관련이 없다는 사실이었다. 한번 생각해보라. 만약 지식과 부富가 관련이 있다면 경제학과 부동산학을 강의하는 교수들이 돈을 제일 많이 벌었을 것이다. 그런데 그런 교수들이 모두 백만장자, 억만장자가 되지는 못한다. 지식과 돈은 별개이기 때문이다. 이 밖에도 나는 실제 투자의 현장에서 지식만 가진 채 돈을 벌지 못하는 수많은 이들을 보았다.

학원에서 수많은 경매인들을 가르치며 꿈꿔온 나의 목표는 나로 인해서 많은 사람들이 부자가 되는 것이었다. 그래서 나의 지식을 더욱 널리 알리기 위해 유튜브를 시작했고 이제는 굿프렌드 부동산경매 학원 부원장보다 '경매대마왕'이란 유튜버로 더 많이 알려지게 되었다.

그런데 나의 강의 속에서 지식만 배워간 사람들은 항상 "여기에는 돈 벌 수 있는 길이 없다."고 떠들고 다닌다. 그 이유는 그 사람들이 지식에만 몰두했기 때문이다. 연락이 닿지는 않지만 만약 그들이 아직도 '돈 벌 수 있는 지식'을 찾아다니고 있다면 그들은 여전히 목표를 이루지 못했을 것이다.

속된 말로 지식은 아예 없어도 된다. 지식이 없다면 지식이 있는 사람들을 고용하면 된다. 그런 사람은 많다. 하지만 부富의 마인드를 갖는 것은 다르다. 부의 마인드를 갖고 있는 사람은 만나기도 고용하기도 어렵다. 내가 가르친 수강생 중에서도 부의 마인드를 가진 사람은 결국 돈을 벌었고 부의 마인드를 갖추지 못한 사람은 돈을 못 벌거나 나를 떠나갔다. 당신이 부자가 되고 싶다면 가장 먼저 갖춰야 할 것은 바로 부의 마인드다.

이쯤 되면 부의 마인드가 무엇인지 궁금할 것이다. 부의 마인드란 돈을 대하는 태도라고 할 수 있고 투자의 마인드라고도 할 수 있고 투자할 때 필요한 마인드컨트롤이라고도 할 수 있다. 쉽게 말해 무엇이 중요한지를 아는 것이다. '객관적으로 이 상황에서 중요한 것이 무엇인가? 나에게 이득이 되는 것은 무엇인가?' 투자를 할 때 당신은 위 질문에 끊임없이 답해야 한다. 당신이 그때그때 객관적으로 올바른 답을 내린다면 돈을 벌겠지만 그렇지 못한다면 돈을 잃는다.

어쩌면 당연한 사실임에도 이렇게 강조하는 이유는 그만큼 우리는 투자의 과정에서 객관성을 놓치기 쉽기 때문이다. 이러한 객관성을 잃지 않고 유지하는 것이 바로 부의 마인드다. 객관성을 잃는 계기로는 상황에 대한 이해 부족, 손실에 대한 두려움 등이 있다. 본서의 중심부로 가는 과정에서 나는 당신에게 우리가 잃지 말아야 할 객관성이 무엇인지를 구체화시켜줄 것이다.

나는 경매로 부자가 되었지만 내가 말하는 부의 마인드는 경매를 하는 이들에게만 필요한 것이 아니다. 이것은 부자가 되고자 하는 모든 이에게 필요한 가치다. 왜 부의 마인드와 투자의 마인드를 가져야 하는지? 언제나 성공하는 투자법은 무엇인지? 경매 이론과 실전은 왜 다른지? 20여 년간 발로 뛰며 모은 나의 노하우를 전부 이 책에 담았다.

당신이 이 책에서 나의 지식보다는 나의 마인드를 가져가길 바란다.

심태승

| 차례 |

2장 부동산 경매를 둘러싼 이해관계

3장 경매 절차 속에 숨어있는 진실

4장 수익을 만들어내는 실전 노하우

5장 수익이 2배가 되는 NPL 투자

당신을 부자로 만들어줄 부의 마인드

당신 앞에 놓인 부의 기회를 잡아라

'카푸어'란 말이 있다. 월급이나 전 재산을 전부 자동차에 투자하여 좋은 차를 끌고 다니지만 전반적인 삶은 빈곤하게 살아가는 이들을 말한다.

사실 나는 둘째가라면 서러울 정도로 자동차 마니아였다. 20대 시절에 내가 선망했던 차는 바로 BMW였다. 당시 나는 '마흔이 되기 전에 부자가 되서 BMW를 사야지.'라는 목표를 가지고 매일 같이 BMW 매장을 들락날락거렸다. 그리고 친구들에게도 언젠가 내가 부자가 되어 BMW를 살 거라는 목표를 얘기하고 다녔다. 물론 친구들은 말도 안 되는 소리 하지 말라며 놀렸다. 하지만 나는 무려 29살에 목표를 달성하고 말았다. 오로지 경매 덕분이었다.

경매를 하려면 굽이굽이 시골길을 따라 땅을 보고 다녀야 한다. 20대 초 경매를 시작한 나는 돈이 없었지만 어찌됐든 차를 마련해야 했다. 처음에는 겨우 몇 백만원짜리 차를 타고 다녔는데, 20대 동안 차를 여섯 번이나 바꿨다. 허영심에 바꾼게 아니라 여섯 번 모두 닳고 닳도록 차를 써서 폐차 직전에 바꾼 것이었다. '그냥 지금 BMW를 구매해버릴까?' 그 무렵 나는 이런 충동을 많이 느꼈다. 하지만 나는 부자가 된 뒤 BMW를 사겠다는 계획을 철저히 지켰다. 지금 그 차를 사면 부자가 되겠다는 나의 꿈은 더 멀어질 수밖에 없었기 때문이다.

눈앞의 목표가 아닌
미래를 보고 투자하라

그러다 세월이 지나 어떤 20대 친구를 만났다. 대기업에 다니고 있던 친구였는데 BMW를 살 계획이라고 했다. 그 친구가 사려고 하던 차는 BMW 중 제일 싼 차였다. 계약금 1,000만원에 5년간 월 100만원을 내는 조건으로 그 차를 구매하는 것이 그의 계획이었다.

나는 그에게 그 돈 가지고 카푸어가 되지 말고 경매로 부자가 된 뒤에 'BMW 5 시리즈^{최고급 모델}'를 사라고 조언해줬다.

소 재 지	경기도 시흥시 은행동○○○○ 외 1필지, 예다음○○ 도로명검색 🔲지도 🔲지도							
새 주 소	경기도 시흥시 검바위1○○○○, 예다음○○							
물건종별	다세대(빌라)	감 정 가		130,000,000원	오늘조회: 20 2주누적: 227 2주평균: 16 조회동향			
대 지 권	31.17㎡(9.429평)	최 저 가	(49%) 63,700,000원		구분	입찰기일	최저매각가격	결과
건물면적	36.393㎡(11.009평)	보 증 금	(10%) 6,370,000원		1차	2020-11-05	130,000,000원	유찰
매각물건	토지·건물 일괄매각	소 유 자	장■		2차	2020-12-03	91,000,000원	유찰
개시결정	2020-01-21	채 무 자	장■		3차	2021-01-14	63,700,000원	
사 건 명	임의경매	채 권 자	우■					

자료 옥션원

임차인	점유부분	전입/확정/배당	보증금/차임
채○○	주거용 301호 전부	전입일자: 2017.06.22 확정일자: 미상 배당요구: 2020.03.10	보10,000,000원 월450,000원

자료 옥션원

그때 내가 그 친구에게 자동차 대신 해보라고 소개해줬던 경매 물건이다. 그 친구가 사려고 했던 BMW 값이 6,360만원이었는데 경매로 나온 이 다세대 빌라는 최저가 기준 6,370만원이었다. 나는 이 친구에게 돈 1,000만원이 있으면 BMW를 사지 말고 대출을 받아 이걸 사라고 말했다. 그가 차가 아닌 이 건물을 사면 매달 할부금 100만원을 내는 게 아니라 45만원을 월세로 받게 될 것이었다.

그는 깊게 고민한 뒤 결국 내 말을 들어 자기가 그리 좋아하는 차를 포기하고 이 물건에 입찰했다. 결국 그는 45만원은 아니지만 실수령액 매월 30만원 정도를 받는 사람이 되었다.

어떤 것은 내 월급을 쏟아부어가면서 유지해야 되는 게 있고 어떤 것은 내가 가만히 있어도 돈이 들어오는 게 있다. 당장은 아닐 수 있어도 이런 게 차곡차곡 쌓이기 시작하면 나중에 저런 차는 우습게 탈 수 있다.

당신이 부자가 되고 싶다면 어떤 삶을 살아야겠는가? 부자가 되는 기회를 잡기 위해선 다른 것을 놓아야만 한다. 당신이 사고 싶은 차가 있다면 혹은 더 좋은 집으로 이사를 가고 싶다면 그 욕심을 조금만 참고 부자가 되기 위한 여정을 시작하기 바란다.

당신은 나보다
빠르게 성공할 것이다

나는 서울 태생임에도 심각한 길치였다. 10대 땐 명동 지하상가에 놀러다녔고 20대 땐 프라자호텔이니 신세계 본점이니 하면서 서울을 누볐다. 그럼에도 불구하고 나는 정말 심각한 길치였다. 어딜가든 시골에서 온 사람처럼 두리번거리고 다녔던 기억이 난다.

이처럼 경매를 시작할 당시의 나는 지금의 당신보다 나은 게 하나도 없었다. 하지만 그런 나조차도 결국 부자의 꿈을 이룰 수 있었다. 부동산 경매라는 길을 열정적으로 달려온 결과다. 어딜가든 길을 헤매던 내가 요즘은 1,200억원짜리 빌딩을 보러 다니면서 월세로 4억원을 받나 5억원을 받나를 생각하고 있다.

내가 하고 싶은 말은 내가 걸어온 길을 당신도 얼마든지 갈 수 있다는 것이다. 나는 수많은 시행착오를 겪으며 배워야 했지만 당신은 나의 도움을 받아 시행착오를 덜 겪거나 겪지 않을 수 있을 것이다. 꾸준히 도전하기만 한다면 당신은 나보다 빠르게 부자가 될 수 있을 것이다.

지금 당신 앞에 부의 기회가 놓여있다. 당신이 자본이 있든 없든 능력이 많든 부족하든 그 기회를 잡는 것은 오로지 당신의 의지에 달려있다. 부디 그 기회를 잡기 바란다.

저축만 하면 불행한 노후를 맞이한다

가감없이 말한다. 돈을 벌고 성공하는 법은 이미 정해져 있다. 이 책을 읽고 나의 마인드를 가져가는 이들은 누구나 '돈을 벌 수 있다.'고 단언한다.

문제는 얼마나 오래 걸리느냐다. 그것은 내가 말하는 부자가 되는 법칙을 얼마나 본인한테 잘 대입하고, 실천하고 자신을 컨트롤을 할 수 있느냐에 따라 결정된다.

마인드를 가다듬기 위해 먼저 생각해야 할 지점은 '돈을 왜 벌어야 하는가?'다. '돈은 많으면 많을수록 좋기 때문이다.'와 같은 무성의한 대답은 도움이 되지 않는다. 이보다 더 절실한 목적이 있어야 한다. 돈의 눈은 자신을 더 절실히 원하는 사람에게 가있기 때문이다.

돈을 벌어야 할
절실한 이유

돈은 얼마만큼 벌어야 할까? 우리는 이 부분에서 뚜렷한 기준을 확보해야 한다. 평균수명을 대략 90세로 가정하고 얘기해보자. 대한민국에서 태어나 30세까지 쓰는 비용이 평균 약 5억원이다. 그리고 30세가 넘어가야 본격적인 경제활동을 시작한다. 그러나 평균 은퇴 나이는 60세가 채 되지 않는다. 60세에 은퇴해서 90세까지를 노후라고 얘기한다. 은퇴 후 60세에서 90세까지는 대략 7억원이 필요하다.

경제활동을 할 수 있는 나이는 30세부터 60세까지로 비경제활동 시기가 경제활동 시기보다 두 배나 더 많다. 경제활동 시기 30년 중에 12억원을 마련해야 자녀들을 교육시키고 노후에 윤택한 생활을 할 수 있다는 얘기다. 넉넉하게 잡은 비용이 아니라 거의 최소 비용이다.

1년에 1,000만원씩 30년간 모으면 3억원이 되고 2,000만원씩 모으면 6억원이며, 3,000만원씩 모으면 9억원이 된다. 그렇다면 우리는 경제활동을 하는 30년 동안 연평균 4,000만원씩을 모아야 한다는 말이 된다.

공교롭게도 대한민국 근로소득자 평균 연봉이 약 4,000만원이긴 하다. 우리가 경제활동 시기 30년간 평균적으로 12억원을 번다는 얘기가 된다. 하지만 12억원을 번다는 것이지 모은다는 얘기는 아니다. 연봉 4,000만원 받아서 그 와중에 얼마나 모으겠는가? 현재 벌고 있는 돈으로 자식 교육과 노후 준비까지 하려다간 절대 가난에서 벗어날 수 없다.

사업은
쉽지 않다

따라서 우리는 반드시 근로소득 외에 그 이상의 수익원을 마련해야 한다. 근로소득 말고 무슨 소득을 만들 수 있을까? 이에 사람들은 '사업해라. 월급쟁이로는 돈을 벌수가 없다.'는 조언도 한다. 하지만 당장 오늘 하던 일을 때려치우고 사업을 시작한다면 그 사업이 얼마나 잘 되겠는가?

IT 회사에서 월급쟁이로 다니던 사람이 직장을 그만두고 김밥집을 차리고 마케팅 회사 부장으로 있던 사람이 퇴직금으로 치킨집을 차리는 것이 현실이다. 개중에는 운 좋게 돈을 버는 사람도 있지만 태반이 망하고 있는 것도 현실이다.

많은 사람들이 자신이 가게를 차리면 성공할 것이라는 막연한 믿음으로 음식점 사업에 도전한다. 자신은 제대로 준비했다고 착각하지만 이미 그 사업을 하고 있는 사람이 보면 코웃음 칠 정도로 형편없는 수준이다.

IT 회사에서 평생 근무해온 사람이 왜 퇴직 후 IT 사업을 안 차렸겠는가? 자신이 IT를 잘 알고 있으니 그걸로 사업을 차리는 것이 쉽지 않겠다는 걸 아는 것이다. 반대로 요식업에 대해서는 잘 모르니 요식업은 쉬워보이는 것이다.

자신이 오랜 기간 준비를 해온 사업 계획이 있다면 분명 사업도 성공의 통로가 될 수 있다. 하지만 사업적 마인드가 세워져 있지 않은 사람이라면 투자를 하라고 권하고 싶다. 투자는 이런 사람들을 위해 만들어진 제도이기 때문이다.

투자 또한
준비가 필요하다

만약 아무것도 모르는 유치원생이 요리를 하겠다고 가스불 앞에 서면 어떨까? 주변에 어른이 있다면 당장 말릴 것이다. 투자에 대한 공부도 하지 않고 투자를 하겠다는 사람들을 바라보는 나의 심정이 그렇다.

무턱대고 투자를 시작했더라도 돈을 벌 수는 있다. 하지만 오늘의 투자는 성공했어도 분명 내일의 투자에 실패하기 마련이다. 오늘 했던 투자가 성공한 이유는 오로지 운이 좋았기 때문이다.

투자 또한 사업과 마찬가지다. 제대로 된 투자를 하기 위해서는 시간과 노력이 들어간다. 오랜 기간 참을성 있게 준비할수록 최종적으로 성공할 확률이 올라간다.

성격이 급하면 뭘 해도 안 된다. 급한 성격이 고쳐질 때까지 패배를 맛보고 싶다면 바로 투자에 도전하는 것도 나쁘지 않다. '어떻게든 되겠지.'라는 생각 때문에 우리나라의 노인 빈곤율이 OECD 1위가 된 것이다. 애석하게도 길거리에서 빈곤한 노인 분들을 정말 많이 만날 수 있다. 그리고 그건 결코 남의 얘기가 아니다. 이건 곧 다가올 우리의 이야기다. 때문에 우리는 반드시 투자를 해야 한다.

1만년의 역사를 지닌
투자처

과거에는 예금도 대표적인 투자의 수단이었다. 그러나 은행 금리가 낮아지면서 예금은 현금을 보관해놓는 저금통 정도가 되었다.

주식은 어떤가? 코스피 전체 평균을 보면 많이 올랐다. 하지만 일부 종목이 전체 수익률을 가져갔고 수익률이 저조한 주식이 많았다. 아예 없어진 주식도 많다. 투자할 기업을 잘못 선택했다면 남들이 버는 동안 쪽박을 찼을 수도 있다는 것이다.

나는 여의도에 꽤 오래 살았기 때문에 어릴 때부터 부동산 투자에 대한 얘기를 많이 듣고 자랐다. 어른들께서는 부동산不動産이란 말 그대로 움직이지 않는 자산이라 했다. 어른들의 말씀 그대로다. 부동산은 있던 자산이 사라지는 일도 새로운 자산이 추가되는 일도 없다.

부동산은 100년 전부터, 1,000년 전부터, 5,000년 전부터, 1만년 전부터 이어져온 투자 자산이다. 때문에 우리 선조들은 그것을 서로 차지하려고 전쟁도 불사했다. 과거에 대영제국이니, 러시아제국이니, 에스파냐제국이니 하는 국가들이 영토 전쟁을 한 것, 바꿔 말해 '부동산 투자에 목숨을 건 것'은 당연한 일이던 것이다.

부동산을 차지하기 위해서 그렇게들 싸우고 죽고 했는데 지금 시대라고 뭐가 다를까? 총과 칼만 들지 않았지 부동산을 차지하기 위해 전쟁을 벌이는 것은 오늘날도 마찬가지다.

2020년 초 코로나 팬데믹이 시작됐을 때 주식 투자자 중에는 수억원에서 수십억원까지 손실을 본 사람도 있었다. 이후 팬데믹 회복 단계에서 주식 가격이 크게 상승했다가 다시 하락이 찾아왔다.

2005년에는 삼보컴퓨터 주식이 어마어마한 상한가를 치다가 갑자기 상장폐지 되어 어마어마한 손해를 본 사람들이 속출했다.

이처럼 주식은 오르기도 하지만 내리기도 한다. 한번 내려가는 종목은 한없이 내려간다. 아예 없어질 수도 있다. 그렇지만 부동산은 없어지지 않는다. 다시 말해 부동산은 자연적으로 만들어진 '최고의 재테크, 최고의 투자처'라는 얘기가 된다.

심지어 개, 사자, 호랑이 이런 동물들도 영역 다툼을 한다. 그들이 부동산이 없으면 살 수 없듯 인류도 부동산 없이 살 수 없다. 지구 전체의 부동산을 놓고 봤을 때 부동산 투자자들은 야생동물들과도 시장을 놓고 다퉈야 하는 셈이다. 그 정도로 경쟁이 치열하니 그 가치도 더 높을 수밖에 없다.

우리가 놀고먹고 일하는 모든 곳이 부동산이다. 이런 이유로 불경기 때 예금이나 주식은 빼도 부동산은 팔지 않는 것이다. 주식으로 돈을 번 소수의 사람들도 결국은 집을 사고 빌딩을 사지 않는가? 그런 점에서 부동산 투자는 가장 빠른 부자의 길이며 부동산은 부의 궁극적인 형태 그 자체다.

어떤 땅이든 갖고만 있으면 3,000배 올랐다

만약 당신이 과거로 돌아가서 투자할 수 있다면 어떨까? 1997년도에 나온 뉴스 기사 하나를 보자.

| 경제

아파트당첨 줄줄이 포기… I M F 쇼크 금리 급등영향

입력 1997-12-11 19:59 | 업데이트 2009-09-26 02:50

국제통화기금(IMF)구제금융의 한파로 아파트 청약 당첨자들이 계약을 포기하는 사례가 잇따르고 있다. 국내 경기급랭과 기업들의 대규모 감원 및 임금삭감으로 가계의 수입이 줄기 시작한데다 금융시장불안에 따른 주택자금 대출금리까지 급등, 주택수요가 급격히 위축되고 있다. 11일 관련업계에 따르면 최근 경남도에서 아파트를 분양했던 A사는 청약률이 70%

청약 아파트 당첨자들이 줄줄이 계약을 포기했다는 기사다. 지금에 와서 보면 조금 놀라운 얘기다. 지방뿐만 아니라 서울에서도 대거 아파트 계약

포기 사태가 발생했다. 그것도 계약금, 중도금까지 걸어놓고 포기했다. 그것은 이 시기가 1997년 IMF 때였기 때문이다. 당시 은행 대출금리는 20%를 넘을 정도로 살인적이었다. 실직자도 속출했다. 당장 아파트 잔금을 치러야 하는 사람들이 울며 겨자 먹기로 계약을 포기해야 했던 것이다.

당신이 타임머신을 타고 이 시대로 간다면 어떻게 할까? 아마도 헐값에 전부 매입할 것이다. 돈이 없다면 빌려서라도 다 주워올 것이다. 왜냐하면 IMF 문제는 1년 조금 지나 해소되고 부동산 가격도 1년만 버티면 회복할 수 있기 때문이다.

이런 IMF 같은 사태는 경중의 차이는 있지만 계속 있어왔고 앞으로도 계속 일어날 것이다. 그리고 과거부터 지금까지 그래왔듯 앞으로도 부동산의 가격은 꾸준히 올라갈 것이다.

50년 동안 3,000배 오른 땅값

2015년 한국은행에서 발표한 자료에 의하면 1964년부터 2014년까지 50년 동안 전국 땅값이 3,000배 올랐다고 한다. 여기에는 많은 요인이 있으나 결국 부동산은 '오래 가면 무조건 더 오른다.'는 교훈으로 정리된다.

우리나라 전국 토지의 가격은 1964년에 1조 9,000억원이었다. 그런데 2014년도에는 5,900조원이 되었으니 3,000배가 오른 셈이다. 만약 당신이 1964년부터 땅 1억원 어치를 갖고 있었다면 지금 3,000억원의 자산가가 되어 있는 것이다. 당시의 1억원은 너무 큰돈일 거라 생각하는가? 100만원 어치만 갖고 있었다 해도 지금 30억 자산가가 되어 있는 것이다. 더 놀라운 건 이게 서울 얘기가 아니고 전국 모든 땅의 평균이라는 점이다.

국내 주요 재화·서비스 가격 변화

구 분	1980년	2019년	상승률
국민 1인당 GDP	1,714달러	3만 1,754달러	18.5배 상승
사병 월급	3,900원	54만 1,000원	139배
강남 은마아파트 전세 (평당 기준)	16만원	1,629만원	102배
강남 은마아파트 매매 (평당 기준)	77만원	6,469만원	84배
담뱃값	300원	4,500원	15배
최저임금	690원	8,590원	12.4배
공무원 월급 (7급 초봉 기준)	22만 9,000원	188만원	7.9배
닭고기 (1kg 기준)	1,400원	4,656원	3.3배
쌀값 (4kg 기준)	3,000원	9,500원	3.2배

자료 하나금융경영연구소

위 자료는 2020년 3월 하나금융경영연구소가 발표한 국내 주요 재화·서비스 가격 변화다. 자료에 의하면 지난 40년간 강남 아파트 값은 은마 아파트 기준으로 84배 올랐다. 만일 1억원이었다면 84억원이 된 것이다. 만약 당신이 1억원을 이 기간 동안 은행에 넣어놨을 경우 어떻게 됐을까? 통장 금리 5%로 계산하면 40년간 2.6배 오른다. 이 기간 쌀값은 3.3배 올랐다. 1억원을 은행에 넣어놓을 경우 2억 6,000만원이 되는 거고 쌀을 사놨으면 물론 썩지 않는다는 가정 하에 3억 3,000만원이 된 것이다. 예금으로 넣어놓는 건 쌀을 사놓는 것보다 못한 일이 된다. 그런데 1억원으로 은마 아파트를 산 사람은 84억원이 됐다. 이제 당신이 왜 부동산에 투자해야 하는지 이해가 되었을 것이다.

1970년대 은마아파트 분양 공고

위 사진을 보기 바란다. 논이 있고 아낙네들이 머리에 짐을 이고 다니는 사진이다. 이때가 1979년 강남의 모습이다. 아낙네들 뒤로 생소한 저층형 아파트가 있는데 바로 은마타운이다. 당시 분양가는 평당 68만원. 30평대 강남 아파트를 2,000만원이면 살 수 있었다. 그런데도 당시에는 이게 비싸다고 난리였다. 물론 지금보다 화폐의 가치가 높긴 했지만 2,000만원을 그저 현금으로 갖고 있었다면 지금도 2,000만원이기에 화폐가치의 차이는 논할 필요가 없다. 화폐가치의 하락을 피하게 해주는 것 또한 부동산 투자의 이점이다. 당신이 명심해야 할 것은 지금도 이런 일이 일어나고 있다는 사실이다. 부동산은 사서 보유하는 것이지 샀다팔았다 하는 게 아니다.

샀다팔았다 하는 사람은 부자가 되지 못한다

서울 그리고 수도권에 어떠한 땅이든 설령 땅이 아니더라도 어떠한 부동산이든 사기만 하면 된다. '어떤 땅이든'이라는 얘기는 모퉁이에 있는 땅이든, 남들이 쓰고 있는 땅이든, 도로로 사용되는 땅이든, 남의 집이 올려진 집터든 관계없다는 얘기다. 용도에 상관없이 시세에 사서 50년 갖고 있으면 장담컨대 당신은 부자가 된다. 그러니 땅을 차곡차곡 모으라. 이게 부자가 되는 가장 쉬우면서도 중요한 방법이다.

부동산을 샀다팔았다 하는 사람들은 당장 몇 백, 몇 천을 번 것 같으나 나중에 가면 부자가 못 되어 있다. 이런 사람들이 부자가 되지 못하는 이유는 매매가 잦아지면 손해를 보기도 하기 때문이다.

부동산은 주식처럼 폭망하는 일은 없다. 아무리 망해도 부동산은 남아 있다. 장기투자를 한다면 손해의 가능성이 0%인 것이 부동산 투자다.

그러나 단지 돈이 필요해질까봐, 현찰이 갖고 싶어서 지금 갖고 있는 부동산을 파는 행동은 절대 해서는 안 된다. 현찰은 더 이상 증식하지 못하는 재산이다. 증식도 못하거니와 점점 없어져 버릴 것이기 때문이다.

더 괜찮아보이는 다른 투자처가 보일 때도 마찬가지로 팔아선 안 된다. 예를 들어 내가 땅을 갖고 있는데 상가에 투자하고 싶어서, 주식에 투자하고 싶어서 팔아서는 안 된다. 이 경우 십중팔구 사고팔고, 사고팔고의 함정에 빠지게 되어 있다.

현재 가격은
중요하지 않다

이런 관점에서 현재 시세가 얼마냐를 따지는 것도 지엽적인 일이라 할 수 있다. 오늘 얼마나 싸게 살지를 따지는 것은 결국 미래에 가서 보면 아무것도 아닌 일이 된다.

이렇게 눈앞의 가격만 보고 사는 사람들은 조금 올랐다 싶으면 내다 판다. 소소한 수익을 얻었다 할지라도 부동산 투자에는 취득세, 양도세, 재산세, 종부세, 수리비, 중개수수료 등 돈 나갈 일이 너무 많다. 결국 남 좋은 일만 시키는 법이다. 손톱만큼 벌어서 기분 낸다고 "외식 한번 하자.", "집에 세탁기 오래 됐으니까 세탁기 하나 사자." 이렇게 되는 것이다. 누구는 50년 동안 한 물건만 갖고 있으면서 집 자체가 변하고 생활패턴이 달라지는데 누구는 이것저것 샀다팔았다 하면서 세탁기 하나 바꾸고 있다.

만약 당신이 어떤 사기꾼한테 걸려서 값싼 땅을 비싸게 매입했다면 어떻게 해야 할까? 평당 100만원에 어떤 땅을 샀는데 알고보니 이게 평당 10만원에도 살 수 있었던 것이다.

나는 이런 경우라도 계속 보유해야 한다고 생각한다. 과거는 과거일 뿐 내가 보유하게 되었다는 사실이 첫 번째가 되어야 한다. 사기를 당한 건 두 번째 문제로 넘겨야 한다. 이렇게 비싸게 매입한 부동산도 결국은 오르게 되어 있다. 부동산은 보유하는 것이고 사서 모으는 것이다. 이 원칙에 상황과 사정 같은 것은 없다.

10년이고 20년이고 경매를 오래 해온 사람들의 인상을 보면 두 부류로 나뉜다. 어떤 사람들의 인상은 매우 험악하고 어떤 사람들의 인상은 차분하고 품격이 느껴진다.

이러한 차이는 어떤 방식의 투자를 했느냐 하는 데서 나온다. 부동산 경매라는 최고의 부의 기회를 잡았으면서도 한 달 벌어 한 달 먹고 사는 사람들이 있다. 부동산을 오래 보유하질 못해 계속해서 사고팔며 자잘한 수익만 보는 사람들이다.

실제로 이런 방식의 투자는 엄청난 격무를 가져와 투자자를 지치게 하며 그 투자자는 인상도 성격도 팍팍해진다. 인상이 팍팍하다는 말은 삶에 여유로움을 잃었다는 걸 얘기하는 것이다. 부동산 투자로 삶에 여유로움을 갖고 싶다면 앞에서 했던 말을 명심해야 한다.

안 된다 할 때 세종시 샀으면 50배 벌었다

부동산에 가장 큰 영향을 미치는 외부요인은 단연 '정치'다. 국가에서 내놓는 정책에 따라 부동산의 여러 요소들이 좌우되니 정치의 영향을 강하게 받는 것이 당연하다.

세종시 행정수도 이전과 가격 폭등

2002년 9월 30일 신문에 '노무현 후보 충청에 행정수도 건설, 청와대 이전'이란 기사가 떴다. 당시 노무현 대통령은 후보 신분이었음에도 선거 공약으로 충청으로 행정수도를 옮기겠다고 하자 충청도 부동산이 술렁거렸다. 12월 대통령에 당선된 다음해부터 행정수도를 적극 추진하자 충청도 부동산값은 본격적으로 오르기 시작했다.

그러나 이 정책은 정권 2년차를 지나며 주춤거리게 된다. 2004년 10월 기사에 '행정수도 충격, 건설주 곤두박질'이란 뉴스가 뜨면서 부동산이 폭락하기 시작했다. 어마어마하게 오르다가 수도 이전 위헌 결정이 내려지면서 폭락하기 시작한 것이다. 가격이 올랐다는 이야기는 사는 사람이 많이 몰린다는 이야기이고 오른 값에 산 사람도 있다는 이야기다. 이때 많은 투자자, 건설사들이 망했다.

다음으로 이명박 정부가 들어서면서 이름을 바꿔 우리나라 최초로 세종특별자치시를 추진했다. 그러자 다시 부동산이 올랐다. 그러나 다음 박근혜 정부에서 별 신경을 쓰지 않자 또 떨어졌다. 그 다음으로 문재인 대통령이 당선되자 부동산 값이 크게 올랐다.

문재인 정부 말기 세종시 아파트 가격을 노무현 대통령 당선 이전과 비교해보면 약 200배가량 올랐다. 그때 1억원에 샀다면 지금 200억원이란 얘기다.

노무현 대통령이 후보이던 시절에 샀다면 200배 올랐고, 당선 후 세종시 정책이 처음 출범했을 때 샀다면 50배 올랐다. 그런데 행정수도 이야기가 나왔을 때부터 지금까지 쭉 부동산을 갖고 있던 사람은 거의 없다. 왜일까? 정책이 다르게 나올 때마다 사람들의 마인드가 흔들렸기 때문이다. 결과적으로 '그때 투자하면 좋았을 걸.'이라고 생각하지만 충청권 위헌 결정이 나오는 순간에는 팔지 않고 못 배기는 것이 대다수 사람들의 심리다.

개포동 주공아파트와
재개발

경매 학원에서 수강생들에게 상담을 해주다보면 상당수는 어떤 아파트가 재개발이 된다는 정보를 듣고 온다. 그리고 내게 그 아파트를 사도 될지를 물어본다. 이때 나는 "재개발에 20년이 걸려도 이걸 갖고 있겠다는 확신이 있다면 투자하라."고 조언하곤 한다. 내 얘기를 들은 10명 중 9명은 결국 투자를 포기해버린다. 그들은 재개발이 마치 내일모레 될 것처럼 생각하고 온 것이었다.

내게 상담을 받은 사람들은 다행이지만 대부분의 투자자들은 이런 부분에 대한 고민 없이 재개발 지구에 들어가게 된다. 재개발은 빨라봤자 10년이다. 조금 문제가 발생하면 20년, 오래 걸리면 30년은 우습다.

개포동 주공아파트의 예를 보자. 2003년에 재개발이 시작되었고 2020년에 완공되어 입주가 이루어졌다. 사업 시작부터 입주까지 무려 17년이 걸린 것이다. 사실 17년보다 훨씬 더 오래 걸렸다. 그럼 이 17년 동안 부동산의 가격이 계속 올랐을까? 그렇지 않다. 부동산은 오르기도 하고 내리기도 하기 때문이다. 계속 오르기만 하는 부동산은 어디에도 없다.

재건축, 재개발을 한다는 이야기는 집이 낡았다는 이야기다. 집이 낡았다는 건 부동산 값이 싸다는 이야기다. 이런 가운데 재건축, 재개발을 추진하면 단계마다 떨어졌다 올랐다를 반복하다가 최종 입주 때가 되면 제일 크게 오른다. 이런 과정에서 최선은 무엇일까. 그냥 낡은 집을 계속 갖고 있는 것이다.

만약 꼭 단기보유로 수익을 내고 싶다면 안 된다고 할 때 샀다가, 된다고 할 때 파는 것을 선택할 수 있다. 예를 들어 조합장이 구속됐다고 했을 때 샀다가, 새로 선출됐을 때 파는 식이다.

LH의 신도시
개발 계획 철회

2010년 8월 동아일보에 'LH 스스로 빚 감량 한계, 완전히 뜯어고쳐야 회생 가능'이라는 기사가 났다. 당시 LH가 진 빚만 118조원이었다. 대한민국 예산의 약 4분의 1에 달하는 금액을 빚으로 지고 있었다는 이야기다.

내가 기억하기로 당시 LH는 큼직한 사업을 64개 정도 하고 있었다. LH는 회생을 위해 진행 중인 64개 사업 모두를 취소하거나, 변경하거나, 축소하거나, 연기하겠다고 발표했다. 그중 제일 큰 사업은 2기 신도시 사업이었다. 강 하나를 경계로 파주 신도시와 김포 신도시 있었는데 양쪽 모두에 신도시 축소 또는 철회, 취소, 변경 그런 말들이 이어졌다.

사업이 정상적이던 시절 파주 신도시의 사업 대상 토지 보유자들에게는 4차에 걸쳐서 보상을 해주기로 돼 있었다. 그런데 3차 보상까지 나왔을 때 LH의 빚 뉴스가 터진 것이다. 혼란에 빠진 토지 투자자들이 헐값에 부동산을 내놓기 시작했다. 이 과정에서 신도시 부동산이 어마어마하게 폭락하는 사태가 발생했다. 보상이 나올 줄 알고 대출을 왕창 끌어다 투자한 이들은 이를 갚지 못하는 바람에 파산했고 경매 물건도 쏟아져 나왔다.

이때 투자 마인드가 갖춰진 사람은 헐값에 사거나 경매를 받았을 것이다. 이후 파주는 4차 보상까지 진행되어 사업이 정상화되었다고 판단할 만했다. 김포는 계획보다 축소하여 신도시 사업이 진행되었다. 그 사이 신도시에 접한 지역의 땅값도 많이 올랐다. 헐값에 사서 중간에 오를 때 팔았다면 재미를 봤을 것이다.

물론 지금까지 가지고 있었다면 재미 정도의 수준이 아니라 아마도 최고의 수익률을 자랑하는 부동산을 가진 부자가 되어있을 것이다. 그래서 최선은 그냥 갖고 있는 것이고, 차선은 안 된다고 할 때 사서 된다고 할 때 파는 것이라 말한 것이다.

경의선
복선화 제동

경의선은 통일로 1번 국도와 함께 남북 협력 과정에서 가장 중요한 라인이다. 과거 꽃그림이 그려진 낡은 기차가 덜거덕거리며 지나다니던 경의선이 복선화, 전철화된다는 발표가 나오자 당시 선로 인근 부동산 보유자들의 얼굴에는 화색이 돌았다.

그러나 경의선 사업의 일부 대상 지역이던 고양시에서 문제가 발생했다. 고양시 주민들이 기차를 지하선로로 넣어달라고 하는 등 요구 조건을 내건 것이었다. 이로 인해 2001년 즈음 '경의선 복선화 제동'이란 뉴스가 나왔다.

요구조건이 받아들여지지 않자 고양시 측은 도시계획 변경 입안 절차를 무기한 연기했다. 이 때문에 2006년 준공으로 계획되어 있던 것이 2014년에야 개통할 수 있었다. 원래 6년 걸리는 것이 14년이나 걸린 것이다.

지금 경의선 주변을 10년 전과 비교해보면 완전 다른 세상이다. 경의선에 '운정역'이라고 있는데 10년 전 운정역 역사에는 연탄을 때는 난로가 있었다. 다섯 평 되는 역사에 앉아 난로를 쬐다가 기차가 오면 타고 갔다.

그런데 지금은 어마어마하게 바뀌었다. 탄현역에는 역과 딱 붙어있는 60층짜리 주상복합 빌딩이 올라가 있다. 옛날에 그 지역에는 그냥 풀밭만 있었다.

이처럼 부동산 가격은 외부요인에 의해 영향을 받는다. 그리고 결국에는 가격이 오르게 되어있다. 부동산 투자를 실패시키는 것은 언제나 빨리빨리 마인드다. 사람들은 쌀 때 사서 조금 올랐을 때 빨리 팔아버리고 만다.

사는 시기와 파는 시기는 따로 있다

부동산은 평생 가지고 있는 것이라고 얘기하긴 했지만 그건 일차적인 대답이다. 살다가 돈이 필요할 때는 어쩔 수 없이 팔아야 할 것이다. 그렇다면 언제 파는 게 좋을지에 대한 고민도 해보는 게 옳을 것이다.

공덕 삼성 32평 2113대1

기사입력 2002.05.09. 오후 6:30 최종수정 2002.05.09. 오후 6:30

위 자료는 2002년의 부동산 열기를 보여주는 기사다. 아파트 청약 경쟁률이 무려 2,113대 1인 때가 있었다. 당시 IMF를 극복한 한국 경기는 국민생산과 무역수지를 높이며 자신감을 찾고 있었다. 이렇게 경기가 좋으면 경쟁은 치열하고 너도나도 부동산을 사려고 달려든다. 팔아야 한다면 그

시점은 당연히 가격이 비쌀 때 팔아야 한다. 그리고 부동산의 가격은 보통 국가의 경기가 좋을 때 올라간다.

부동산 가격은
상승과 하락을 반복한다

시간의 흐름에 따른 부동산 가격 변화

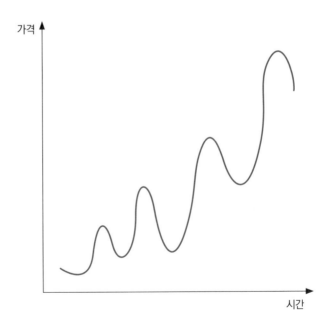

위 그래프에서 x축은 시간, y축은 부동산 가격을 나타낸다. 이처럼 부동산의 가격은 시간의 흐름에 따라 상승기와 하락기를 갖는다. 지금이 경기가 어마어마하게 좋은 상승기라고 해보자. 이때 부동산 중개사무소에는 엄청나게 많은 사람들이 물건을 사러 찾아온다.

당신이 부동산을 사러 가서 중개사에게 물어보면 "연락처나 적어주고 가세요."라는 시큰둥한 대접을 받을 것이다. 더욱 가관인 것은 기다려도 연락이 오지 않는다는 점이다. 중개사에게는 "높은 수수료를 줄 테니 제발 물건을 소개해달라." 부탁하는 사람이 줄을 서 있기 때문이다. 사러오는 사람은 빽빽한데 물건이 적기 때문에 나타나는 자연적 현상이다.

그러나 이때 당신이 부동산을 팔러 가면 얘기가 다르다. 공인중개사 소장이 벌떡 일어나서 "어서 오십시오." 하며 앉으라고 할 것이다. 음료도 내놓고 엄청 친절히 대할 것이다. 그리고 "우리 사무소에 지금 살 사람 2,000명이 대기하고 있다"고 말 할 것이다. 그러다 집에 가기가 무섭게 휴대폰에 불이 나게 전화를 걸어댄다. 어떤 경우는 그 자리에서 바로 계약을 하자고 할 수도 있다.

당신은 한 달 후에 팔겠다 해도 되고 가격을 올려 팔겠다 해도 된다. 그래도 중개사는 당신을 꽉 붙잡으며 그 금액에라도 팔아달라고 할 것이다. 왜냐하면 사려는 사람들이 줄을 서있기 때문이다. 이처럼 경기가 좋을 때는 사는 사람보다 파는 사람이 주인공이다.

이제 경기가 어마어마하게 나쁜 하락기에 대해 이야기해보자. 이때는 너도나도 팔려고 할 것이기에 사려는 사람이 주인공이 된다. 중개사는 당신이 문을 두드렸을 때 '또 누가 부동산을 팔러왔구만.'이라고 생각할 것이다. 그런데 이때 당신이 부동산을 살 것이라고 밝힌다면 태도가 180도 바뀌어 극진히 대접할 것이다. 중개사들의 인격을 나쁘게 표현하고 싶은 것은 아니다. 그들의 입장이 그러니 당연히 이해할 만하다.

대접받고 사고
대접받고 팔아야 한다

부동산을 사든지 팔든지 중개사무소에서 당신이 주인공이 되지 못하고 있다면 그건 당신이 지금 매매를 잘못하고 있다는 것이다. 경기가 안 좋을 때외에도 앞에서 살펴본 것처럼 행정수도 위헌 소식이 나왔을 때, 재개발에서 조합장이 구속됐을 때, 신도시가 무산된다고 했을 때, 경의선 복전철이 연기된다고 했을 때, 이런 때에 사러가면 된다.

이때 당신은 주인공이 되고 심지어 사는 가격도 당신이 결정할 수 있게된다. "물건들이 너무 비싸요." 하면 중개사무소 소장은 많은 물건 중에 제일 급하고 제일 싼 물건을 골라줄 것이다. 당신은 투자의 주인공이 되어야한다. 내가 오늘 어떤 부동산을 갔는데 불친절함을 느꼈다면 그 소장이 불친절한 게 아니라 당신이 잘못 간 것임을 알아야 한다.

이런 것들은 경제학에서도 그 원리를 찾아볼 수 있다. 구매자 시장이란구매자의 의사가 지배적인 힘을 발휘하는 시장이다. 시장이 공급과잉 상태이든지 값이 하락하는 추세에 있어 수요자가 상대적으로 적어진다. 이때 구매자는 자기 뜻대로 상품을 선택하고 가격이나 수량에 관하여 의사를 관철시킬 수 있게 된다.

이 반대의 개념은 판매자 시장이다. 시장의 수요 공급의 관계에서 수요쪽이 공급 쪽보다 많아서 판매자에게 유리한 상황을 말한다. 한 마디로 물건이 모자란 것이다. 물건이 모자라니까 물건을 갖고 있는 자가 주인공이되는 것이다. 파는 사람이 가격도 결정하고 파는 시기도 결정할 수 있다.

우리는 이런 원리를 이해하여 반드시 대접받고 사고 대접받고 팔아야 한다. 부자의 거만함이란 그런 것이 아니겠는가? 부자가 거만해보이는 것은 그의 천성이 거만해서 그런 것이 아니다. 오히려 부자는 항상 남의 말에 귀기울이는 사람일 확률이 높다. 부자가 거만해 보이는 것은 시장이 그를 갑으로 있게 만들기 때문이다.

규제 정책이 나오면 팔 때가 온 것이다

그렇다면 현재 상황이 구매자 시장인지 판매자 시장인지를 어떻게 알 수 있을까? 현재 경기가 좋은지 나쁜지를 봐야 한다. 이러한 정보는 뉴스 기사, 블로그, 인터넷 검색 등을 통하여 쉽게 알아낼 수 있다.

부동산 규제 정책이 22개나 나왔다면 경기가 좋다는 이야기일까, 안 좋다는 이야기일까? 경기가 막 바닥을 치고 있는데 규제를 할 이유가 있을까? 규제 정책이 많다는 것은 경기가 좋다는 이야기다. 반대로 부동산 완화 정책이 나왔다면 이건 현재 부동산 경기가 굉장히 안 좋다는 이야기가 된다. 이처럼 부동산 규제 정책의 수를 가지고 현재의 경기를 판단할 수 있다.

06

긍정적 마인드를 가지면 뭘 해도 돈이 벌린다

제약회사 화이자가 우리나라에 들어와 두 번 정도 사옥 부지를 사고판 적이 있다. 파는 과정에서 한 번은 2,000억원 정도를 벌었고 한 번은 600억원 정도를 벌었다. 이 회사는 부동산 전문회사가 아니라 제약회사다. 그런데 그냥 부동산을 사서 사옥으로 썼고 큰 돈을 번 것이다.

이처럼 돈을 버는 사람을 보면 '저 사람은 뭘 해도 되는구나.'라는 생각이 드는 경우가 많다. 딱히 똑똑한 사람도 아니고 그 방식으로 돈을 벌려는 계획도 없어보였는데 그 사람이 손만 댔다 하면 어디선가 돈이 생겨 굴러들어온다.

정말로 되는 사람은 뭘 해도 되는 걸까? 내 경험상 이런 이들은 그저 운이 좋은 것이 아니라 좋은 운이 굴러들어오게끔 인생을 살아온 경우가 많았다.

돈을 벌어본 사람은
확신이 있다

학원에서 수강생들을 가르치면서 안타까웠던 일이 하나 떠오른다. 두 클래스를 운영하고 있었는데 A클래스는 부동산 매매를 해봤던 경험이 있는 사람들이었고 B클래스는 부동산 매매에 대한 경험이 전무한 사람들이었다. 두 클래스 모두 나에게 똑같이 교육을 받았고 시작할 때의 열정도 똑같았다. 그런데 시간이 지나면서 B클래스 사람들의 열정이 점점 더 빨리 식어가는 게 보였다. 반면 A클래스 사람들은 계속해서 확신에 차있었고 열정이 식지 않았다. 이 차이는 왜 나는 것이었을까?

A클래스의 사람들은 부동산으로 돈을 벌어봤던 사람들이었다. 그 확신이 열정을 지탱해 주었기에 그들은 계속 열정을 이어갈 수 있었다. 반면 B클래스의 사람들은 확신이 없었기에 열정을 유지할 수 없었다. 근거 없는 열정은 오래 가기 힘들다.

긍정적인
마인드에 관하여

성공한 사람들의 강연을 보면 가장 많이 강조하는 것이 하나 있다. 바로 긍정적 마인드다. 나 역시 당신에게 이 긍정적 마인드를 강조하겠다. 나도 초보일 때는 긍정적 마인드의 중요성을 잘 깨닫지 못했다. 하지만 돈 버는 사람들을 쭉 옆에서 지켜보고 나도 돈을 벌어보면서 그것이 얼마나 중요한지를 깨닫게 되었다.

긍정적인 마인드란 무엇일가? 예를 들어 설명해보겠다. 부동산 시장에서 어떤 지역에 대해 "거기 청약률이 몇 %래, 몇 대 몇이래. 요즘 부동산 경기가 엄청 좋대. 누구는 돈 많이 벌었대. 그 동네에 GTX가 들어오고 3기 신도시가 들어온대." 이런 말들이 오가고 있다고 해보자.

만약 당신이 긍정적인 사람이라면 그런 시류에 합승해 부동산 투자를 하면서 "거기 돼. 거기 행정수도 들어와. 거기 재개발 돼. 복전철 돼. 신도시 돼." 이런 말을 하고 다닐 것이다.

반대로 당신이 부정적인 사람이라면 "거기 행정수도 안 들어오면 어떡하지? 3기 신도시 안 되면 어떡하지? 경의선 복전철 안 되면 어떡하지?" 이렇게 얘기하고 다닐 것이다. 바로 이런 차이다. 똑같이 투자해놓고 누구는 희망을 갖고 달려가는데 누구는 부정적인 생각에 사로잡혀 걱정을 하며 멈칫거린다.

그러다가 행정수도 위헌이 나오고, 신도시 축소·철회가 나오고, 복전철 반대, 재개발 무기한 연장이 나오면 부정적인 사람들은 "거봐 내 말이 맞지. 안 된다고 그랬잖아. 이놈의 부동산 괜히 사가지고 말이야."라며 투덜거릴 것이다.

하지만 긍정적인 사람들은 그럼에도 불구하고 "된다니까. 기다려봐." 이렇게 말한다. 지금까지 내 얘기를 들은 사람이라면 누구의 사고방식이 더 옳은지를 알 것이다.

부정적 마인드의
문제점들

부정적 마인드가 왜 문제냐면 첫째는 본인이 성공하질 못한다. 둘째는 본인과 가까이 있는 사람들도 성공을 못 하게 영향을 미친다. 예를 들어 자기만 안 사면 될 것을 "야 미쳤어? 행정수도 위헌 났는데 그걸 사냐?"라면서 주변 사람들까지 부추기는 것이다.

인간의 뇌는 부정적인 것을 쉽게 받아들이는 구조를 갖고 있기에 열 명 중 다섯 명이 긍정적인 이야기를 한다 해도 한명이 부정적인 이야기를 하는 순간 그 집단은 깨지게 되어 있다.

부정적 마인드의 또 다른 문제는 남 탓을 한다는 데 있다. 내 잘못을 알아야 개선하여 발전할 수 있을 텐데 이런 성향을 고치지 못하는 사람은 발전이 없다. 결국 부정적 마인드를 가진 이의 주변 사람들은 그를 떠난다. 자꾸 남 탓을 하니 주변에 좋은 사람들이 모이질 않는 것이다. 이런 원리로 성공과는 점점 멀어진다.

인간의 생각회로는 그냥 놔두면 부정적 마인드로 흐르는 구조로 되어있다. 부정적 마인드는 분명 돈을 못 번다. 돈을 못 벌 뿐 아니라 스트레스까지 늘려 당신의 인생을 불행하게 만든다.

당신이 이런 성향을 지녔다면 그것을 억제하고 교정하기 위해 끊임없이 노력하고 자아성찰해야 한다. '걱정할 때 걱정하지 말아야 한다.' '남 탓을 할 때 남 탓을 하지 말아야 한다.'는 걸 기억하기 바란다. 적어도 이런 인식은 하고 있어야 돈을 벌 가능성이 생긴다.

인식에 따른
결과의 변화

긍정적인 사람들을 보면 어떤 상황이든 긍정적으로 인식하는 경향이 있다. 그리고 그들은 어느새 실제로도 그 상황을 긍정적으로 만들어낸다. 이런 사람들을 보면 존경스럽기까지 하다.

하지만 반대로 평범한 것도 전부 부정적으로 생각하는 사람들도 있다. 이들은 아무리 좋은 일이 생겨도 이를 부정적으로 인식한다. 그리고 마침내 진짜로 부정적인 상황을 만들어낸다.

아파트를 매매하는 상황을 하나 가정해보자. 강남 아파트가 10년 전에 10억원이었다. 어떤 사람은 9억원에 샀고 어떤 사람은 11억원에 샀다. 당시 대중은 전자를 보고 고수라 하고 후자를 보고 하수라 했다. 그런데 지금 강남 아파트의 평균 가격은 20억원 수준이다. 9억원에 사든, 10억원에 사든, 11억원에 사든 지금까지 보유했다면 10억원은 번 것이다.

그런데 9억원에 산 사람은 매사에 부정적인 사람이었고 11억원에 산 사람은 매사에 긍정적인 사람이었다. 9억원에 산 사람은 비교적 긍정적인 상황에 있었지만 미래를 부정적으로 받아들여 아파트 가격이 조금 오르자 소액의 이득을 보고 팔아버렸다. 하지만 11억원에 산 사람은 처음엔 약간의 손해를 보고 시작했지만 미래를 긍정적으로 받아들여 아파트를 계속 보유했고 결국 20억원이 될 때까지 아파트를 팔지 않았다. 이것이 긍정적 마인드와 부정적 마인드가 가져다주는 결과적 차이다.

부정적 생각을
멈춰라

자신이 부정적 마인드의 소유자라면 일단 부정적 생각이 들 때 그 생각을 멈추는 작업이 필요하다. 내가 산 아파트가 갑자기 오르기 시작한다. 이때 부정적 마인드의 소유자는 '갑자기 떨어지면 어떡하지?'라는 생각으로 불안해한다. 그러면서 팔아버리는 경우가 대부분이다.

이때 부정적 생각을 멈추고 이를 긍정적 생각으로 바꾸는 작업을 해야 한다는 것이다. 예를 들면 '계속 오르겠지!' 하고 확신을 갖는 것이다. 이것이 긍정적 마인드를 갖는 첫 번째 단계다.

모든 일은
자신의 탓이다

내 친구가 1억원을 빌려갔는데 돈을 갚지 않는다. 그럼 이게 누구의 탓일까? 열이면 열 친구 탓이라 말하겠지만, 이제부터는 내 탓으로 여겨야 한다. 이게 왜 내 탓이 될까? 내가 안 빌려줬으면 이런 일도 없는데 내가 빌려줘서 친구도 잃고 돈도 잃은 것이다. 물론 긍정적인 사람들도 때로는 친구 탓을 한다. 객관적으로 그게 맞긴 하기 때문이다.

하지만 당신이 긍정적인 마인드를 지닌 사람이 되고 싶다면 이를 훈련으로 생각하여 무리하게라도 자신의 탓을 해버릇 해야 한다. 이것이 긍정적 마인드가 되는 두 번째 단계다. 이런 훈련을 하다 보면 긍정적 마인드가 무엇인지 조금씩 배우게 될 것이다.

만약 나이가 60세인 사람에게 지금부터 50년 후를 바라보고 장기보유를 하라고 한다면 어떨까? 부정적 마인드를 지닌 사람은 "50년 후에 내가 죽으면 뭔 소용 있냐?"고 반박할 것이 당연하다. 하지만 긍정적 마인드를 지닌 사람은 "그럼요! 자식들에게 물려주면 되죠."라고 대답할 것이다.

긍정적 마인드를 지닌 사람에게서는 타인에 대한 배려와 헌신이 자연스레 묻어나온다. 손해본다고 생각하지 말길 바란다. 이런 마인드를 지닌 사람이 투자를 잘한다는 것을 기억하기 바란다.

생각에 머물지 말고
실천해야 한다

사람이 어떤 목표를 실천하지 않는 이유 중에는 '그것을 할 필요가 없어서'도 있지만 '해봐도 얼마 못가 포기할 것 같아서'도 있다.

나는 수강생들에게 긍정적 마인드를 바탕으로 부동산을 구입한 뒤 50년간 보유하고 있을 것을 권유했다. 이때 내가 가르쳤던 수강생 중 일부는 "그래요. 무슨 말인지는 알겠는데 저는 얼마 못 가 포기할 거예요."라고 대답하며 실천을 포기했다. 그와 달리 어떤 수강생들은 "제가 얼마 못가서 포기할 것 같긴 한데 일단 해볼게요!"라고 말했다.

결과적으로 두 유형의 수강생 모두 땅을 팔아버렸다. 하지만 전자의 수강생들은 소액의 이익을 보거나 손해를 보고 팔아버렸고 후자의 수강생들은 그래도 몇 년 씩은 보유하다가 수억원의 이익을 보고 팔았다.

이처럼 내가 그 목표를 어차피 이루지 못할 것 같다고 하여 아예 실천해보려 하지 않는 사람과 목표를 이루지 못할 것 같더라도 실천해보는 사람에게는 엄청난 결과적 차이가 있다. 실천하는 것은 긍정적 마인드를 갖는 마지막 단계다.

07

경매가 나쁘다는 편견을 버려라

투자다운 투자란 무엇인가? 거주 중인 집이 있는데 운 좋게 집값이 올라 돈을 벌었다면 이것은 운이 좋아 돈을 번 것이지 투자로 돈을 벌었다고 보기는 어렵다. 무언가를 투자로 보기 위해선 좀 더 적극적인 행위가 필요하다. 돈 벌 목적을 가지고 뛰어들어야 하며 이에 맞춰 투자자로서의 노력을 해야 한다. 그런 점에서 부동산 경매는 투자다운 투자라 할 수 있다.

투자는
불로소득이다?

불로소득, 말 그대로 일하지 않고 가만히 앉아서 벌어들이는 소득을 말한다. 한때는 사람들이 부동산과 주식으로 돈을 버는 것 전체를 불로소득이라 하여 '투기'로 몰아세우던 시절도 있었다. 당시 기준으로는 부동산과 주식으로 돈을 버는 사람들이 아무런 노력 없이 돈을 버는 것처럼 보였기 때문이다.

과거 '일'이란 무조건 노동과 연관되어 있는 개념이었다. 그래서 그 시대 사람들은 부동산 투자로 돈을 버는 것은 일^{노동}하지 않고 돈을 버는 것이라 생각했다.

그보다 더 과거로 올라가면 노동이란 무조건 노역^{勞役}이라 생각하던 시절도 있었다. 농부와 짐꾼처럼 인력을 써 가치를 만들어내는 사람만이 일을 하는 것이라 생각한 것이다.

하지만 지금 우리 사회에서는 노역 외의 방법으로 돈을 버는 사람도 당연히 일을 하는 것이라 보고 있다. 사무직들은 노동보다 머리로 돈을 버는 직업이며 기획자들은 아이디어를 통해 돈을 버는 사람들이다. 몸 외에 머리를 쓰고 네트워크를 통하여 돈을 버는 것도 일이 되는 시대를 살고 있는 것이다. 이처럼 부동산과 주식 투자로 번 돈이 불로소득이라는 이미지 또한 바뀌어 가고 있다.

무엇보다 투자가 일이라는 인식은 투자자의 머릿속에 깊이 박혀 있어야 한다. 성공하는 투자를 하기 위해서는 전문지식을 공부해야 하며, 특히 부동산의 경우 실제 현장에 나가 발품을 팔아야 한다.

만약 임대 사업을 해본 사람이라면 투자가 가만히 앉아서 할 수 있는 일이 아님을 알고 있을 것이다. 물품이 고장나면 수리해줘야 하고 임차인과 좋은 관계를 맺기 위해 노력해야 한다. 그럼에도 대중은 임대 사업자를 '조물주 위에 건물주'니 하며 놀고먹음의 대명사로 만들어버린다. 이러한 수고들은 죄다 무시하고 투자로 인한 소득을 불로소득이라 한다면 투자로 돈을 번 많은 이들이 코웃음을 칠 것이다.

부동산 경매는
어렵다?

부동산 경매 투자가 매력적인 건 알겠는데 하는 과정이 복잡해보여 쉽게 접근하지 못하는 사람들도 있다. 일반적인 수준에서 부동산 투자가 주식 투자보다 어렵고 부동산 경매 투자가 부동산 매매 투자보다 어려운 것은 사실이다. 하지만 생각해보기 바란다. 당신에게 어렵다면 남에게도 어렵다. 어려운 만큼 경쟁은 적고 수익의 기회가 많다.

또한 어려운 만큼 운에 의해 결정되는 영역은 적어진다. 세상에서 제일 하기 쉬운 투자는 로또다. 그냥 구매한 뒤 800만분의 1이라는 당첨 확률을 기다리기만 하면 된다. 모든 것이 운에 의해 결정되니 내가 노력을 들여 나의 수익 가능성을 올릴 만한 부분이 전혀 없다.

조금 더 노력해서 확실히 돈을 벌 수 있다면 그 길을 선택해야 하지 않겠는가? 투자란 적극적인 행위이고 노동이다. 그런 점에서 경매에 뛰어드는 사람들이야 말로 가장 노력이 필요한 투자를 택하는, 투자다운 투자를 하는 사람들이라고 볼 수 있다.

부동산 경매에는
하자 있는 물건이 나온다?

사실 부동산 경매에 나오는 물건 중에는 하자 있는 것들이 많다. 그래서 하자 있는 물건을 취급하기 싫다는 선입견을 가진 투자자들은 선뜻 경매에 뛰어들지 못한다.

우리가 마트에 가서 상품을 살 때 하자 있는 상품을 꺼리는 심리가 경매에 그대로 적용되는 것이다. 하지만 마트에서도 하자 있는 상품, 예컨대 모양이 상한 과일 같은 경우 매우 싸게 판다. 경매 물건도 마찬가지다. 하자가 있기에 매우 싸게 살 수 있다.

또한 부동산은 우리가 마트에서 사는 상품과는 다른 성격을 갖고 있다. 마트의 하자 있는 상품은 회복이 불가능하지만 부동산은 회복이 가능하다. 그리고 그렇게 했을 때 차익을 더 많이 올릴 수 있게 된다. 여기에 경매 투자의 매력이 있다.

경매는
깡패들이 하는 것이다?

혹시 경매가 어둡고 음침한 곳에서 이뤄지는, 정의롭지 않은 방법으로 돈을 버는 것이라는 이미지가 있다면 그런 인식은 버리기 바란다. 부동산 경매 업계의 이미지를 제고시키고 싶어 이런 말을 하는 것이 아니다. 그런 부정적 인식을 가진 채로는 결코 투자에 성공할 수 없기 때문이다.

깡패들이 경매를 하던 것은 과거의 일이다. 당시 깡패들은 권리분석을 잘하는 '브레인' 한 명을 데리고 경매 산업을 독식했다. 1993년 5월 이전까지 경매는 손을 들고 하는 '호가제'였기 때문이다. 미술품을 경매하는 장면을 떠올리면 이해하기 쉽다. "이거 얼마?" 하면 "1,000달러.", "1,100달러." 하는 식이다. 깡패들끼리 짜고 경매를 하는데 어떤 사람이 "1억원."을 부르면 덩치 있는 깡패들이 책상을 들었다놨다 하면서 "왜 이거 입찰 하냐, 죽고 싶냐?"고 위협을 했다고 한다.

이런 말도 안 되는 모습을 법원도 막지 못하는 상황이었다. 이처럼 경매판에 깡패들이 성행을 하니 일반인들은 경매판에 얼씬도 하기 힘든 시절이 있었다. 꼭 사야 될 경매 물건이 있는 경우 깡패들에게 수수료를 주고 물건을 사야만 했다.

1993년 이후 경매는 문서로 진행되는 '입찰제'로 바뀌었다. 각자 입찰할 가격을 써낸 뒤 가장 높은 사람이 낙찰을 받는 단순한 구조다. 한번 최고가 매수인낙찰자이 정해지면 다른 입찰자가 추가 가격을 제시할 수 없다.

나는 입찰제로 바뀐 후 경매에 뛰어들었기에 깡패에 대한 이야기는 전설로만 들었다. 하지만 경매 판의 판도가 바뀌었음에도 불구하고 경매에 대한 인식은 여전히 안 좋았다. 내가 경매를 한다고 하자 내 주변 사람들은 하나같이 내가 나쁜 세계로 빠진다며 걱정을 했다. 하지만 나는 그런 말들에 귀를 기울이지 않았다. 그것은 경매를 잘 모르는 사람들이 하는 말이었기 때문이다.

경매는
나쁜 짓이다?

경매는 채무자의 물건을 빼앗는 나쁜 짓이라는 인식이 있다. 아마도 불쌍한 채무자와 관계된 일이라는 생각 때문에 생겨난 말일 테다. 이것에 대한 얘기를 잠깐 해보자.

A라는 사람이 돈이 필요해 B라는 사람이 돈을 빌려줬다. 그런데 A가 돈을 안 갚고 있다. 이때 객관적으로 A가 불쌍할까, B가 불쌍할까? 당연히 B가 불쌍하다. 이때 B를 구제해주려고 만든 것이 바로 경매다. 그래서 낙찰을 받으면 B가 A에게서 못 받은 돈을 받게 해주는 셈이 된다. 그런데도 경매가 나쁜 짓이라고 생각되는가?

경매가 나쁘다는 인식은 너무 비논리적인 생각이다. 그런데도 불구하고 왜 일반인들은 그렇게 느끼는 걸까? 그것은 B가 A보다 돈이 많기 때문에 그렇다. B가 누구인가? 대체로 은행이다. A보다 당연히 돈이 많다. 그래서 B보다 A가 불쌍해 보이는 것이다.

그렇다면 이제 낙찰받은 경매인 C를 설정해보자. C와 A 중 누가 더 돈이 많을까? 이 또한 당연히 낙찰자 C가 더 돈이 많을 것이다. 그래서 A가 불쌍해 보이는 것이다.

어디서부터 어떻게 잘못되었는지 모르겠지만 우리나라는 이상하게 돈이 많은 사람은 나빠 보이고 돈이 없는 사람은 착해 보인다는 이상한 인식이 있다. 불쌍해 보이는 것과 정의로운 것은 다르다. 경매는 합법적으로 진행되는 제도이며 여기에 선악에 대한 판단을 입힐 수는 없다.

경매를 하면
재수가 없다?

경매가 나쁜짓이라는 것 말고도 경매는 재수없는 짓이라는 인식이 있다. 내가 20여 년 전 경매를 시작할 때만 해도 그런 인식이 굉장히 심할 때였다. 그때 내가 가장 많이 들었던 말이 "그 재수없는 걸 왜 해?"였을 정도다. 오죽하면 어떤 사람은 내가 경매를 해보라고 물건을 소개해줬더니 재수없다고 침까지 뱉기도 했다.

사람들이 경매를 재수없다고 여기는 이유는 무엇일까? 씁쓸한 얘기지만 어떤 물건이 경매로 넘어왔다는 것은 부동산의 원래 주인이 망했다는 얘기가 된다. 그렇다 보니 경매는 망한 이의 물건을 사는 것이라 보는 것이고 그런 물건을 가지면 재수가 없겠다는 것이다. 이처럼 샤머니즘적 믿음이 우리가 경매를 재수없다고 생각하게 하는 원인이라 볼 수 있다.

그러나 경매는 나의 돈을 투자하여 채무자와 채권자의 불행한 관계를 끝내주는 행위다. 경매가 진행되지 않는다면 물건을 처분해 돈을 받아야 할 채권자는 더 오랜 기간 고통을 받아야 한다. 또한 대승적 의미에서 경매는 채무자에게 파산이 난 현재의 삶을 접고 회생의 길로 들어갈 기회를 주는 셈이 된다. 채무자는 내가 낙찰을 받아서 망하는 것이 아니다. 그는 이미 망했으며 그의 물건은 내가 아닌 법원이 뺏은 것이다. 내가 경매를 하는 것은 채무자에게도 채권자에게도 도움이 된다는 말이다.

세상 어떤 나라의 샤머니즘에도 선행을 한 사람이 재수없다고 보는 경우는 없다. 이것은 재수없는 일이 아니라 재수 있는 일이라 보아야만 한다. 당신이 경매를 하는 경매인이라면 경매를 이런 시각으로 봐야 한다.

08

돈 없는 20대가 경매로 성공하기 더 쉽다

젊은 나이에 경매를 시작한 나를 주변 지인들은 모두 부러워한다. 그 포인트는 바로 경매에는 은퇴가 없다는 점이다.

나는 그들의 얘기를 듣기 전까진 내 삶이 바빠서 그런 생각을 한 적이 없었다. 그런데 그 얘기를 듣고 주변에 있는 다른 사람의 삶을 살펴보니 그들모두 은퇴 후에 무슨 일을 할지를 고민하고 있었다.

반면 나는 살면서 딱히 재테크를 해야 한다거나 투자 공부를 해야 한다는 고민을 해본 적이 없다. 내가 종사하고 있는 일 자체가 투자 공부이며재테크였던 셈이다. 내가 현재 하고 있는 생업에 평생 종사할 수 있다는 것은 어떻게 보면 정말 큰 축복일 것이다.

경매는
누구나 할 수 있다

나이가 어리든 많든 학벌이 어떻든 사회경험이 있든 없든 할 수 있는 게 경매다. 40년 동안 가정주부로 살았더라도 관계없다. 심지어 절차가 상당히 복잡하긴 하나 미성년자도 가능하다. 경매는 글을 읽고 쓸 수 있으며 거동만 자유롭다면 누구나 할 수 있다. 그래서 한 번 배워두면 죽을 때까지 평생 직업으로 할 수 있다.

나는 막 군대를 전역한 20대 초반부터 경매를 시작했다. 사회 경험이 아예 없다보니까 주민등록등본, 인감증명서, 등기부등본 등에 대한 상식도 없을 때였다. 이 때문에 내가 할 수 있는 일이 매우 한정적이었고 돈도 아주 조금 받고 일했다.

거기에 부동산 투자자로서는 매우 불리하게도 길치였다. 몇 번 갔던 길도 제대로 찾지 못할 정도로 지독한 길치였다. 이런 최악의 조건임에도 불구하고 열심히 노력하니 제법 규모 있는 부동산 투자회사를 경영하고 있게 되었다.

방향과
꾸준함의 중요성

부족한 인간이지만 그래도 지나온 길을 돌아보면 나는 경매 투자에 있어

두 가지를 잘했다.

첫째는 방향의 설정이다. 나는 경매투자의 방향을 '장기투자'로 설정한 뒤 이를 지켰다. 부동산은 다른 투자와 달리 방향을 잘못 설정하더라도 폭삭 망하거나 돈을 아예 못 버는 경우는 드물다. 하지만 잘못된 방향은 더 큰 수익의 기회를 놓치게 만든다.

나는 행운으로 돈을 벌겠다는 생각을 철저히 버렸다. 운 좋게 돈을 벌더라도 그 돈은 내가 벌은 돈이 아니라고 여겼다. 그리고 철저히 인내했다. 장기투자는 말 그대로 단거리 경기가 아닌 마라톤이다. 운에 기대지 않는 만큼 투자의 시간은 길어진다. 그때그때 올바른 선택을 내리는 것도 중요하지만 기다림 그 자체가 가장 중요하다.

둘째는 꾸준함이다. 여기서 말하는 꾸준함이란 '꾸준히 경매로 돈 버는 방법을 배운다.'는 의미다. 꾸준함이 부족한 사람들은 얼마 못 가 목적지가 안 보인다며 포기해버린다. 이래서는 우리가 원하는 목표 지점에 이를 수 없다.

경매를 처음 할 때 나는 아주 사소한 일부터 시작했지만 꾸준히 경매 시장에 붙어있었다. 이후 투자로 어느 정도 성과를 거두고 난 뒤에도 계속해서 경험을 쌓기 위해 갖은 도전을 했다. 배우는 속도도 남들보다 늦는 나였지만 꾸준히 하다 보니 어느 순간 이 자리에 와있었다.

다양한 성공학 서적들은 열정이 중요하다고 가르친다. 하지만 성공한 사람들의 열정은 꾸준한 열정임을 알아야 한다. 벼락치기를 통한 성공은 없다. 있다한들 없어진다.

방향을 잘 잡았다면 이제부터는 꾸준함이 중요하다. 만약 당신이 경매에 성공하고 싶다면 방향과 꾸준함 이 두 가지를 갖추는 것이 가장 중요하다.

돈을 빨리 벌고 싶은
욕심

물론 투자를 하는 과정에서 속도의 차이는 있을 수 있다. 재능이 있는 사람은 빨리 부자가 되고 재능이 없는 사람은 좀 늦게 부자가 된다. 경매는 재능이 있든 없든 꾸준히 하고 장기보유만 하면 누구나 돈을 벌 수 있다는 사실을 명심하라.

그런데 이런 꾸준한 열정을 방해하는 것이 바로 돈이다. '돈이 꾸준한 열정을 방해한다니?' 고개를 갸우뚱하는 사람들이 많을 것이다. 여기서 말하는 돈이란 마침내 내 수중에 들어온, 그렇게 원하던 돈을 말한다.

예를 들어 당신이 지금 결혼을 하고 싶은 열정에 가득 찬 사람이라고 쳐보자. 그런데 그런 당신이 결혼을 하고 나면 어떻게 되겠는가? 당연히 결혼하고 싶은 열정은 사라질 것이다. 결혼하고 나서도 결혼하고 싶은 사람이라면 그건 좀 문제가 있다.

마찬가지로 당신이 투자로 돈을 벌고 싶은 열정이 있는 사람이라고 쳐보자. 내가 운영하는 굿프렌드 학원에 들어와 열심히 돈 버는 방법을 배우고 그 과정에서 좋은 물건을 발견해 투자도 했다. 덕분에 공부를 시작한 지 몇 달 만에 꽤 쏠쏠하게 돈을 벌었다. 이 과정에서 많은 사람들이 그동안 지켜온 꾸준한 열정을 잃어버리고 만다. 마치 결혼하고 싶은 열정이 결혼하면 사라지는 것처럼 돈을 벌고 싶은 열정도 돈을 어느 정도 벌면 사라져버리고 만다. 그래서 더 이상 성장하지 못하고 멈추게 된다.

이렇게 되면 투자 자체는 계속하더라도 그동안 자신이 해봤던 투자 방식만 고수한다. 더 많은 공부를 하고 그 이상의 경험을 쌓을 생각을 하지 않는다. 게다가 돈을 벌면 투자해야 할 자본이 더 늘어나게 되니 투자하는 데에만 정신이 팔려 더 이상 배우는 데에 시간을 투자하지 못한다. 이런 일이 반복되다 보면 성장은 정체되고 적당한 수준의 이익만 보는 그저 그런 경매인이 되고 만다. 돈이 꾸준한 열정을 방해하여 일어나는 일이다. 물론 이 과정에서 작은 돈을 벌 수 있겠지만 부자가 된다는 목표는 중단되고 만다.

투자란 큰돈을 버는 일이며 부자가 되기 위해 하는 적극적 행동이다. 나는 당신에게 작은 돈을 버는 잔기술을 알려주고 싶지 않다. 작은 목표 때문에 큰 목표를 향한 꾸준한 열정이 방해받아서야 되겠는가? 당신의 재산을 늘리는 것도 당신의 돈 버는 기술을 갈고 닦는 것도 끊임없이 지속하기 바란다.

나는 그동안 굿프렌드 경매 학원을 경영하면서 수많은 사람들을 가르쳐왔다. 그중에는 10년 만에 어마어마한 부자가 된 사람이 있는 반면 여전히 10년 전과 똑같은 사람도 있다. 이들 모두 똑같이 경매를 했는데 어디서 이런 차이가 났을까? 그 차이는 꼭 '부자가 되고야 말겠다.'는 목적의식과 '당장 내가 가진 돈으로는 내 목표의 일부밖에 달성하지 못할 것이다.'라는 현실인식의 보유 여부에 있었다. 그래서 적당히 돈 있는 사람보단 돈 없는 20대가 경매를 더 수월하게 배우기도 한다. 지금 돈이 없으니까 무조건 배우는 데 전념할 수 있기 때문이다.

배우는 데만 전념하면 시간이 흘러도 돈이 없는 그대로일 텐데 그런 사람이 실력만 쌓은들 무엇하냐고 생각할 수도 있을 것이다. 하지만 이렇게 해서 톱클래스의 실력을 쌓아놓으면 돈은 누군가가 들고 오기 마련이다. 실력 있는 사람에게는 좋은 곳에 투자 좀 해달라며 찾아오는 사람들이 줄을 선다. 그들의 돈을 통해 부자가 되면 된다. 돈은 실력에서 나오게 되어 있다. 어떤 물건 하나를 잘했다고 해서 부자가 되는 것이 아니다.

탈무드에 '너무 빠르게 부자가 되는 것을 경계해야 한다.'는 말이 있다. 사람들은 1년 안에 부자 되는 방법을 원하지만 나는 그런 건 못해봤기에 알려줄 수가 없다. 주변에 그런 사람이 있다는 이야기는 들었지만 그들을 보면 하나 같이 왠지 모르게 불안해 보인다.

경매 지식과
경매로 돈 버는 방법은 다르다

경매 공부를 한다고 하면 경매와 관련된 지식을 배운다고 착각하는 사람들이 있다. 이렇게 경매 지식을 배우려 하는 사람들의 특징은 아는 경매 제도와 법령이 많고 외우고 있는 용어가 많으면 경매를 잘하고 돈을 벌 수 있으리라 여긴다는 점이다. 우리가 포커스를 맞춰야 할 것은 경매 지식이 아니라 경매로 돈을 버는 방법이다.

조금 과하게 말해 지식은 돈 버는 것에 반대되는 길을 제시하기도 한다. 예를 들어 '법정지상권°에 대한 성립 여부'는 지식이다. 이럴 때는 성립하고 저럴 때는 성립하지 않고……. 지식을 중요하게 생각하는 사람들은 법정지상권이 낙찰자의 소유권을 제한한다는 지식만 가지고 판단해 법정지

● 토지주와 건물주가 다를 때 건물주가 토지주에게 건물을 철거당하지 않을 권리.

상권이 성립되는 물건은 아예 입찰하지 않는다.

반대로 경매로 돈을 버는 사람들은 법정지상권의 성립 여부를 그리 중요하게 생각하지 않는다. 그들은 더욱 더 큰 본질, 돈을 버는 본질에 집중한다. 그들은 물건의 미래가치에 집중한다. 법정지상권이 지금 당장의 소유권은 제한하더라도 장기간 보유한다고 가정했을 때 그 물건을 낙찰받는 것이 이득일지를 계산하는 것이다. 때로는 법정지상권 보유자와 협상하여 물건의 가치를 높일 궁리를 하기도 한다.

이 둘의 가장 중요한 차이는 투자의 포커스를 '법정지상권'에 맞췄는지 '돈'에 맞췄는지다. 경매에 있어 가장 중요한 것은 물건의 가치를 분석하는 일이다. 지식을 중요하게 생각하는 이들은 가치분석은 등한시한 채 돈 버는 것과 관련이 적은 지식에 몰두한다. 그리고 그런 자잘한 지식을 많이 알고 있으면 언젠가 자신이 큰돈을 벌 수 있으리라 착각한다. 경매 지식과 경매로 돈을 버는 것은 다르다. 당신은 경매를 하는 방법을 배우는 게 아니라 부동산 경매로 돈 버는 방법을 배운다는 점을 항상 인지하길 바란다.

통계는
실전과 다르다

무슨 일을 할 때 통계에만 의존하는 사람들이 있다. 나는 적어도 실전에 있어서 통계를 들이대는 것을 딱히 좋아하지 않는다. 통계와 현실은 유리되어 있어 실전에 활용하기 힘들다는 걸 알기 때문이다.

예를 들어 '일산 지역 30평대 아파트의 평균 낙찰가는 3억원이다.'라는 통계 자료가 있다고 해보자. 이 통계를 알고 있다고 한들 경매 투자를 하는 데에 아무런 도움이 되지 않는다.

오히려 이 통계를 바탕으로 투자할 방법을 궁리하다가 큰 실수를 하는 사람이 많다. 일산 지역 30평대 아파트 중 3억원보다 비싼 물건은 입찰하지 않고 3억원보다 싼 물건은 입찰하는 식이다.

경매 물건 중에는 하자 있는 물건, 하자 없는 물건, 유치권* 있는 물건, 유치권 없는 물건, 대출이 되는 물건, 대출 안 되는 물건 등 다양한 것들이 있다. 그리고 개별 물건의 낙찰가를 결정하는 건 이러한 특징들이다. 이런 특징을 고려하지 않고 만든 통계를 바탕으로 입찰의 기준을 세우는 건 얼마나 몰상식한 일인가?

이 정도로 심각하지는 않더라도 통계를 실전에 활용하길 고집하는 사람들 상당수가 이에 버금가는 식으로 그릇되게 통계를 활용하고 있다. 그저 통계를 참고용으로만 사용한다고 말하는 사람도 마찬가지다. 잘못된 정보를 바탕으로 결론을 내놓고 자신이 합리적인 투자를 했다고 자부한다. 모든 기준을 만족시키는 완벽한 통계는 이 세상에 없다. 만든다고 해도 오랜 세월이 걸리고 금방 새로운 정보로 갱신되어버려 다시 만들어야 한다. 이것이 통계의 한계다.

---

* 부동산에 대한 채무가 변제될 때까지 부동산 점유자가 부동산에 있을 권리.

투자에 있어서
가장 중요한 것은 객관성

투자의 기본 중 하나가 객관성이다. 예를 들어 주택을 사는 사람과 파는 사람이 있다고 가정해보자. 오늘 계약을 한 뒤 2년 후에 잔금을 내기로 했다. 이 상황은 사는 이에게 유리한 것인가 파는 이에게 유리한 것인가?

정답을 먼저 말하자면 사는 이에게 유리하다. 그러나 객관적이지 못한 사람들은 파는 사람이 유리하다는 대답을 내거나 사는 사람이 유리하다고 골라도 왜 유리한 것인지에 대해 제대로 된 이유를 말하지 못한다.

객관적이지 못한 이들은 우선 미래에 주택 가격이 내려갈지 올라갈지에 대해서 고민한다. 가격이 내리면 이 집을 고가에 구매한 것이 손해가 되기 때문에 사는 사람이 손해일 수 있고 반대로 가격이 오르면 파는 사람이 손해일 수 있다는 점을 생각한다. 그리고 이 두 상황을 고민하다가 결국 자기 감에 따라 찍거나, '그래도 부동산은 오르게 되어 있지!'라며 사는 사람이 유리하다고 고른다. 하지만 주택 가격이 오를지 내릴지는 아무리 고민을 해도 답이 나오지 않는다. 이와 같은 불확정 요소에만 집중해 고민하는 것 자체가 객관적이지 못한 것이다.

객관적인 사람들은 이렇게 생각한다. 계약 후 2년 뒤에 잔금을 낸다. 주택의 가격이 앞으로 오를지 떨어질지는 모른다. 하지만 사는 사람은 잔금 지급 전까지 2년간 잔금을 활용할 수 있는 기회가 있다. 반대로 파는 사람은 잔금을 받기 전까지 2년간 주택을 활용할 수 있다.

이 상황은 돈을 가진 사람에게 이득이다. 돈은 '동산動産', 주택은 '부동산不動産'이다. 2년간 활용하다 매매를 한다고 할 때 유동성 높은 자산을 가지고 있는 측이 무조건 유리하다. 계약금을 매매가의 40% 정도로 설정하지 않는 한, 이런 계약을 맺어주는 판매자는 없을 것이다. 하지만 나는 계약금에 대해선 일절 언급하지 않고 누구에게 유리한지를 물어봤다. 그렇다면 당연이 유리한 사람은 사는 사람이다. 잔금을 내일 낸다. 내년에 낸다. 내후년에 낸다. 10년 후에 낸다. 이렇게 지불 기한이 길어지면 길어질수록 사는 사람은 무조건 이득이다. 지불 기한이 미뤄진 2년간 주식을 통해 돈을 벌 수도 있고 또 다른 수익의 기회를 창출할 수도 있다. 그것이 돈이다.

이런 이야기를 하는 이유는 투자의 객관성에 대해 이야기하고 싶어서다. 내가 보건데 객관성이란 누구나 갖고 있는 사람의 기본적인 능력같은 것은 아니다. 오히려 대부분의 사람들은 객관적이지 않다. 본인이 보고 싶은 것만 보고 행동한다.

실제로 나는 학원에서 이런 상담을 자주 한다. "제가 부동산을 하나 갖고 있는데, 이게 옛날에 사기당해서 산 거예요. 시세보다 비싸게 샀어요. 그래서 팔아버리고 싶습니다." 이 상담 문의에도 객관성이란 없다. 물건을 팔고 싶은 이유가 예전에 사기를 당했기 때문이라니? 그래서 기분이 나빠서 없애버리고 싶어서라니 말이 안 된다. 팔아버리는 행위의 기준이 이익이 아닌 자신의 기분이 되었으니 투자의 본질을 잃은 셈이다.

우리는 이익을 취하기 위해 모든 행위를 한다. 파는 행위를 할 때도 단 하나의 기준은 '이익'이다. 만약 이 사람이 객관성을 가지고 있었다면 물건을 얼마에 샀는지보다 얼마에 팔 수 있는지에 집중할 것이다. 내가 좀 비싸게 사긴 했지만 좀 더 보유하면서 내가 산 가격보다 오를 때를 기다려야 한다. 어디까지나 투자의 기본은 객관성이다.

객관성을
기르는 요령

그렇다면 어떻게 해야 이런 객관성을 기를 수 있을까? 나의 입장만 생각하는 것이 아닌 상대방의 입장에서도 생각해보는 것, 이것이 객관성을 기르는 첫걸음이다.

앞서 질문한 상황을 다시 생각해보자. 오늘 계약을 맺으면서 잔금은 2년 후에 치른다. 당신이 구매자이든 판매자이든 이것이 상대방에게 좋은지 나쁜지를 생각하고 또 나에게 좋은지 나쁜지를 생각해보라. 단순히 현재 제시된 것들만 생각하는 게 아니라 그로 인해 앞으로 어떤 상황에 부딪히게 될지 상상력을 발휘해야 한다.

앞서 시장 가격의 변화와 같은 불확정 요소에 집중하지 말라고 했지만 이 부분도 한 번씩은 고민을 해봐야 한다. 시장이 좋게 혹은 나쁘게 변화할 수도 있는 상황에서 사는 사람과 파는 사람의 선택지를 모두 고려해봐야 하니 고민해야 할 상황은 두 배로 늘어날 것이다.

나는 굳이 투자의 객관성과 일상에서의 객관성을 구분하지 않는다. 우리가 삶에서 자신의 입장만 생각하고 살다보면 투자에서도 그런 특징이 나타날 수밖에 없다. 일상에서도 각각의 입장이 되어서 생각하는 습관을 기른다면 투자의 객관성도 향상시킬 수 있을 것이다.

2년 만에 3.9배 오른
마포구 빌라

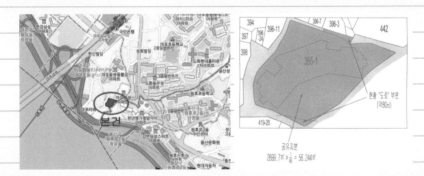

자료 옥션원

2019년 11월 서울시 마포구에 있는 17평짜리 대지를 1억 6,600만원에 낙찰받았다. 이 물건은 마포대교랑 굉장히 가까운 킹덤힐스라는 고급 빌라의 부지 1/48 지분이었다.

토지는 300평 정도 되었고 건물 면적은 810평 정도 되었는데 48분 하니 건물의 17평 정도는 내 땅인 셈이었다. 마포 요지에 있는 17평 빌라 부지를 1억 6,600만원에 낙찰받은 것이니 매우 싸게 산 것이다.

1/48짜리 땅주인으로서 땅 위에 올라가 있는 빌라 주인에게도 1/48짜리 임대료를 청구했다. 임대료를 청구하기 위해서는 감정평가를 받아야 했기에 건물에 대한 감정평가를 요청하기도 했다.

감정평가 결과는 2021년 9월에 나왔다. 그런데 감정가로 평방미터당 1,152만원이 나온 게 아닌가? 낙찰받을 때 평당 1,000만원이 안 되게 샀는데 평방미터당 1,152만원이 된 것이었다. 평으로 따지면 3,800만원 정도가 된 것이고 내 지분의 가치는 6억 4,700만원이 되었다. 2년이 채 안 되어 평당 가격이 3.9배가 뛴 것이었다.

부동산 경매를 둘러싼 이해관계

2장

09

경매 제도는 누구 때문에 만들어졌는가?

경매 공부를 시작하면 제일 먼저 경매절차와 경매용어 같은 것들을 만나게 된다. 사실 경매의 경우 절차나 용어가 다른 투자에 비해서 매우 복잡해 보이는 것이 사실이다. 그래서 초보자들은 시작부터 괜히 큰 벽에 부딪친 느낌에 사로잡혀 쉽게 포기하기도 한다.

그러나 경매절차와 경매용어는 지식이다. 내가 지식은 별로 중요하지 않다고 말한 것을 기억할 것이다. 경매하는 데 필요한 것이긴 하지만 경매로 돈을 버는 데는 크게 중요한 일이 아님을 미리 말해두는 바이니 쭉 읽어보며 흐름을 익히고 넘어가기만 해도 충분하다.

누구 때문에 경매가 만들어졌는가?

경매와 관련된 이해관계자로는 우선 채권자_{돈을 빌려준 사람}가 있고 채무자_{돈을 빌린 사람}와 낙찰자_{경매 투자자}가 있다. 이 세 명이 경매의 주요 이해관계자다. 이밖에 채무자가 꼭 물건을 소유자고 있으란 법도 없기에 별도의 소유자가 있을 수도 있다. 또 부동산의 경우 소유자나 채무자가 거기 산다는 법도 없기에 거주자_{임차인}가 따로 있을 수 있고 유치권자*도 있을 수 있다.

경매를 잘 하려면 경매를 둘러싼 이해관계를 파악하는 것이 매우 중요하다. 각각의 이해관계자들이 무엇을 원하는지를 알아야만 객관성 있는 투자 선택을 할 수 있기 때문이다.

그 첫 단계는 경매의 주인공이 채권자라는 사실을 인정하는 것이다. 경매라는 제도가 누구 때문에 만들어졌는가? 경매는 채무자가 채권자의 돈을 안 갚기 때문에 그것을 수월히 받게 해주려고 만들어진 제도다. 그래서 이 제도의 주인공은 기본적으로 채권자다.

이 때문에 경매법은 채권자에게 포커스가 맞춰져있다. 낙찰자인 우리도 아니고, 채무자도 아니다. 낙찰자나 채무자가 법원에 가서 이렇게 해달라 저렇게 해달라 해도 법원은 잘 들어주지 않는다. 그런데 채권자의 말은 잘 들어준다.

---

* 공사대금을 받지 못한 공사자 등.

경매의 절차

우선 경매 제도의 주인공인 채권자의 입장에서 경매 절차를 살펴보자. 채권자의 입장에서 경매의 전체 과정은 다음과 같은 세 단계로 이루어진다.

① 압류

② 현금화

③ 배당

'압류'는 채무자가 빚을 갚지 못하는 상황에서 채무자 물건의 소유권을 국가가 강제로 확보하는 행위다. 채권자의 가압류 신청 및 경매신청에 의해 압류가 이뤄진다. 자동차나 선박과 같은 물건을 압류할 경우 국가가 그 물건을 가져가지만 부동산의 경우 보통 압류가 되더라도 경매를 통해 소유권이 넘어가기 전까진 채무자 혹은 현 점유자가 거주할 수 있다.

이렇게 하여 압류된 물건은 경매로 나오게 된다. '현금화'는 압류된 채무자의 물건을 현금으로 만들기 위해 법원이 이를 매각하는 과정이다. 실질적인 경매 매각 단계라 생각하면 된다.

'배당'은 경매의 결과로 만들어진 현금을 채권자에게 돌려주는 단계다. 배당까지 이루어지면 해당 경매 사건은 정식적으로 끝나게 된다.

위 세 단계는 채권자의 입장에서 경매라는 제도의 흐름을 나타낸 것이다. 이와 달리 우리와 같은 경매 투자자의 관점에서 경매 시스템을 그려보면 다음과 같다.

① 경매개시

② 매각^{입찰 및 낙찰}

② 매각 _{입찰 및 낙찰}

③ 대금납부

④ 명도

채권자가 경매를 신청하면 '경매개시'를 거쳐 '매각'까지는 1년 정도의 시간이 걸린다. 이 시간 동안 투자자는 경매에 대한 준비를 해야 한다. 경매 물건은 경매 사이트에서 확인할 수 있는데 이를 보고 해당 물건에 입찰할지와 얼마로 입찰할지를 결정해야 한다.

그리고 매각일 법원에 가서 보증금을 내고 입찰을 한다. 만약 자신이 가장 높은 가격을 써냈다면 자신이 낙찰자가 된다. 낙찰을 받았다고 곧바로 내 물건이 되는 것은 아니다. 경매 낙찰 사실에 대해 법원이 검토하고 매각을 허가하는 단계를 거친다.

이후 보증금을 제외한 낙찰 금액의 잔금을 지불하는 '대금납부' 과정을 거치면 그 물건은 낙찰자의 소유가 된다.

'명도'는 낙찰자가 경매 물건을 실질적으로 확보하는 단계다. 해당 물건을 불법으로 점유 중인 자가 있다면 낙찰자는 다양한 조치를 통해 물건의 점유 상태를 확보해야 한다.

위 과정은 중간에 아무런 문제가 없었을 경우의 이야기다. 경매를 진행하다보면 이의제기와 같은 다양한 변수가 등장하는데 이 같은 것들이 들어올 경우 과정은 더욱 복잡해진다. 이를 상세히 나누어보면 다음 도표와 같다. 딱 봐도 어려운 절차와 거기서 파생되는 용어들이 보일 것이다. 그러나 처음부터 어려운 절차나 용어에 휘둘리지 말길 바란다. 차분히 따라가다 보면 이런 것들은 자연히 알게 될 것이기 때문이다.

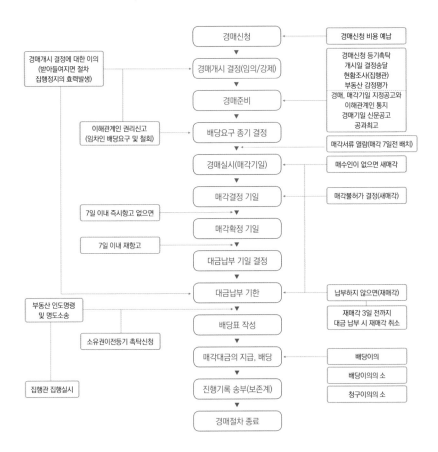

경매 초보자들은 '만약 내가 경매로 낙찰을 받으면 잔금은 언제 내야 되는 거지?' 같은 고민을 한다. 다시 말하지만 절차와 지식을 세세하게 배우고 외운다고 돈이 벌리는 것이 아니다. 낙찰자가 잔금 납부 관련 지식을 몰라도 낙찰받는 순간 낙찰자는 잔금을 언제까지 내라는 통지를 받게 되어 있다.

경매절차나 경매용어에 관한 지식은 실제로 경매에 한 번만 도전해보면 자연스럽게 다 알 수 있는 것들이다. 여기서는 부담 갖지 말고 흐름만 이해한 뒤 넘어가도록 하자.

10

근저당권 설정만 잘 하면 돈 잃지 않는다

부동산 등기란
무엇인가?

부동산 등기란 토지와 건물 등에 관련된 권리를 설정하고 공시하는 제도다. 공시하는 자료이기 때문에 기본적으로 누구나 열람할 수 있다. 등기부의 종류로는 토지에 대한 권리를 기재하는 '토지등기'와 건물에 대한 권리를 기재하는 '건물등기', 토지와 건물의 권리를 함께 기재하는 '집합건물등기'가 있다. 일반 주택을 제외한 아파트, 다세대 빌라, 상가 등은 보통 집합건물등기에 토지와 건물에 대한 권리를 함께 기재한다.

등기부의 유지 및 관리는 대법원에서 하며 온라인을 통한 등기부의 확인은 '대한민국 법원 인터넷 등기소' 사이트에서 할 수 있다. 이밖에도 각급 동사무소와 구청, 시청 등에 설치된 등기 확인 무인기기를 통해서 실물 등기를 발급받을 수 있다.

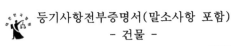

등기사항전부증명서(말소사항 포함)
- 건물 -

[건물] 서울특별시 서초구 서초동

【 표 제 부 】	(건물의 표시)			
표시번호	접 수	소재지번 및 건물번호	건 물 내 역	등기원인 및 기타사항
1				

【 갑　　　구 】	(소유권에 관한 사항)			
순위번호	등 기 목 적	접　　수	등 기 원 인	권 리 자 및 기 타 사 항
1				

【 을　　　구 】	(소유권 이외의 권리에 관한 사항)			
순위번호	등 기 목 적	접　　수	등 기 원 인	권 리 자 및 기 타 사 항
1				

　부동산 등기 문서는 표제부와 갑구, 을구로 나뉜다. 표제부는 부동산의 소재지, 소속 건물 등 부동산의 정체를 밝히는 부분이다. 갑구는 부동산의 소유권과 소유권의 변동에 영향을 미치는 사항을 적는 부분이다. 소유권의 변동에 영향을 미치는 사항으로는 소유권 이전, 압류, 경매, 가처분 등이 있다. 을구는 소유권에 직접 영향을 미치지 않는 기타 권리에 관한 사항을 적는 부분이다. 근저당권, 저당권, 전세권, 지상권법정지상권과 같은 것들이 있다.

　기본적으로 모든 권리의 우선순위는 접수일자에 의해 정해진다. 먼저 등기를 접수한 권리의 보유자가 자신의 권리를 우선적으로 발효시킬 수 있는 것이다. 등기부 상에 권리의 해제가 신청되지 않는 한 등기 내의 권리는 유효하다.

채권과
근저당권의 설정

이제 채무자와 채권자에 대한 이야기를 해보도록 하자. 예를 들어 나에게 4억원짜리 아파트가 있는데, 내가 당신에게 이 아파트를 담보로 2억원을 빌려달라고 요청했다. 당신은 나에게 2억원을 빌려줘도 될지 고민하고 있다. 이 상황에서 나에게 2억원을 빌려주면 과연 안전할까? 앞서 말한 객관성을 발휘하여 한번 생각해보기 바란다. 안전하다고 대답하는 사람도 있고 안전하지 않다고 대답하는 사람도 있을 것이다. 또는 나에게 다른 빚이 있는 건 아닌지 봐야 한다고 대답하는 사람도 있을 것이다.

정답은 '안전하지 않다.'다. 이 또한 상대방의 입장에서 생각해보면 알 수 있는 문제다. 당신이 돈을 빌리러온 사람이라고 생각해보라. 만약 내가 이 아파트를 담보로 은행에서 2억원을 빌릴 수 있었다면 은행에 가서 빌려썼으면 될 일이다. 군이 지인에게 돈을 빌려달라고 할 필요가 없다. 내가 당신에게 돈을 빌리러왔다는 것은 현재 내가 은행에 가서도 돈을 못 빌려쓰는 상황이란 뜻이며 다른 채무가 많을 가능성이 농후하다는 뜻이다. 담보물에 대한 정보가 제한적일 때는 이렇게 판단하는 것이 맞다.

담보물에 대한 정보를 확인할 수 있는 상황이라면 당신은 무엇을 봐야할까? 바로 근저당권 설정 관계를 확인해야 한다. 흔히 '담보를 설정한다.'라는 표현을 많이 쓰는데 우리는 부동산으로 돈을 벌어야 되는 사람이기 때문에 좀 더 전문적 용어인 '저당권을 설정한다.', '근저당권 설정한다.'라는 표현을 쓰도록 하자.

저당권·근저당권을 설정한다는 말은 내 소유의 부동산 등기부등본에 '이 물건은 누구누구에게 저당 잡혀 있음'을 등기^{기재}하는 것이다. 이것은 공증의 효력을 지닌다.

저당권과
근저당권의 차이

저당권과 근저당권의 차이는 '채권 금액의 변동 여부'다. 우리는 일반적으로 그냥 돈만 빌려주는 경우는 없다. 돈을 빌려주면 월 단위로 이자를 받는 것이 일반적이다. 그런데 채무자가 이자를 못 갚는 상황이 지속되면 어떨까? 채무의 양은 계속해서 늘어난다. 이런 때를 대비하여 등기부 상에 '채무자가 이자를 지불하지 못하면 이 채권의 규모가 이 정도까지 늘어날 수 있음'을 표시한 것이 근저당권이다. 그렇게 표시하지 않고 빌려준 채권액만 표시한 것이 저당권이다.

근저당권의 경우 등기부 상에 '채권최고액'으로 금액을 표기한다. 이자를 못 갚아 늘어날 수 있는 채권 양의 상한선을 말하는데 일반적으로 채권 원금의 120~130% 규모로 설정된다. 원래 얼마를 빌려줬는지는 표기가 안되어 있는 경우가 많다. 만약 채무자 주택의 등기부등본에 근저당권으로 채권최고액 1억 3,000만원 설정되어 있으면 실제로는 채무자가 1억원 정도를 빌려쓴 것이라 생각하면 된다.

다시 내가 당신에게 돈을 빌리러 왔을 때의 상황을 가정해보자. 만약 내 아파트의 등기부등본을 확인했더니 별다른 근저당권 및 저당권 설정 사항이 없다면 당신의 근저당권을 설정해주는 조건으로 돈을 빌려줄 만하다. 하지만 이미 다른 은행의 이름으로 2억원 혹은 3억원씩 근저당권이 설정되어 있다면 돈을 빌려줘선 안 된다.

경매 신청 및
원금 회수

이런 절차를 거쳐 당신은 내 아파트에 근저당권을 설정하고 2억원을 빌려줬다고 가정해보자. 하지만 결국 나는 당신에게 돈을 못 갚았고 당신은 법원에 이 집에 대한 경매를 신청했다. 그러면 법원은 내 아파트를 경매로 매각해 현금화시켜준다.

그렇다면 여기에서 이런 질문을 해볼 수 있다. '4억원짜리 아파트가 2억원 이상에 낙찰되겠느냐?' 하는 것이다. 2억원을 빌려준 당신의 입장에서 낙찰가가 2억원보다 낮거나 비슷하면 손해를 볼 수도 있을 것이다. 시세 4억원짜리 아파트는 얼마 정도에 낙찰이 될까?

위 자료는 경매에 나온 지역별 4억원대 아파트 물건의 리스트다. 4억원 정도의 아파트는 포항에도 있고 대구에도 있고, 인천에도 있고, 서울에도 있다. 리스트에는 물건마다 감정가^{검정색}, 최저가^{파란색}, 낙찰가^{빨간색}가 표시되어 있다.

제일 위에 있는 포항권의 아파트는 감정가가 3억 5,500만원으로 잡혔는데 2억 4,850만원까지 최저가가 떨어졌다가 결국 3억 4,861만원에 낙찰되었다. 대구권은 감정가 3억 3,800만원인데 낙찰가가 3억 4,100만원, 인천권은 감정가가 3억 8,200만원인데 낙찰가가 4억 500만원이다. 마지막으로 서울은 감정가가 4억원인데 낙찰가가 4억 3,201만원이다.

시세는 변동될 수 있지만 4억원대 아파트들이 위와 같은 가격 선에서 감정과 낙찰을 받는다는 사실을 알 수 있다.

다시 당신과 나의 상황을 생각해보자. 나의 4억원짜리 아파트는 모르긴 몰라도 3억원 이상에 낙찰될 것이다. 따라서 별도의 근저당권자 이력이 없다면 당신은 원금뿐 아니라 이자까지 받을 수 있다. 누군가에게 돈을 빌려줄 때 근저당권 설정만 잘 한다면 원금과 이자를 잃을 일은 없다.

근저당권과
가압류

채권자 중에는 채무자의 부동산 등기에 근저당권을 설정한 채권자가 있을 수도 있고 등록하지 않은 채권자도 있을 수 있다. 금융권에서는 이렇게 근저당권을 설정하지 않은 대출을 '신용대출'이라고 한다. 당연히 담보가 있는 것보다 대출 허가가 잘 안나오고 금액도 적다.

많은 사람들이 채무자의 도장이나 지장, 사인이 찍혀있는 차용증만 있으면 추후 돈을 받을 수 있을 것이라 생각한다. 하지만 채무자가 줄 돈이 없다면 아무리 차용증_{설사 공증 차용증이라 하더라도}이 있다 하더라도 돈을 받을 수 없다.

만약 돈을 빌려줄 때 근저당권을 설정하지 못했더라도 추후 채무자가 살고 있는 집이 있고 등기부등본을 떼보니 이게 채무자의 이름으로 되어 있다면 채무자에게 현물 재산에 대한 근저당권을 설정해달라고 요구할 수 있다. 하지만 내 경험상 이때 근저당권 설정해주는 채무자는 없다. 오히려 나쁜 마음을 먹고 채무를 갚지 않기 위해 부동산을 팔아버린다거나 명의를 변경한다거나 다른 근저당권을 설정해놓을 수도 있다.

근저당권을 설정해놓지 못했다 하더라도 돈을 받을 수 있는 방법이 없는 것은 아니다. 우리나라 법에서는 채무자가 돈을 갚지 못하는 경우 채권자가 채무자의 현물 재산을 일방적으로 현금화시킬 수 있는 제도를 만들었는데 이를 '가압류'라 한다.

가압류는 근저당권을 설정하지 않은 채권자가 경매로 가기 위한 조치 중 첫 단계다. 이후 채권자는 민사소송을 통해 법적으로 채권의 사실 여부를 검증받아야 한다. 이후에 법원에다 경매를 넣으면 경매를 진행시켜준다.

법적 효력을 봤을 때 채무자가 인정하여 쌍방에서 설정해놓은 근저당권이 셀까? 채권자 일방에서 하는 가압류가 더 셀까? 만약 가압류가 더 세다면 은행에서 담보 대출을 해줄 때 근저당권을 설정하려 하지도 않을 것이다. 둘 모두 돈을 못 갚은 채무자의 재산을 현금화시켜 빚을 상환받는 절차다. 하지만 근저당권은 파산이라는 사건이 일어나기 전에 거는 사전 구속의 개념이고 가압류는 파산이 일어난 후에 거는 사후 구속의 개념이다. 당연히 근저당권이 더 세다.

자세한 내용은 이후 배당 과정에서 설명하겠지만 근저당권은 가압류보다 우선하여 배당을 받을 수 있는 권리를 가진다. 등기부등본 상에서 날짜의 우선관계는 절대적이지만 근저당권은 앞서 설정된 가압류 등기 채권과 동일선상에서 매각대금을 배분받을 권리를 지닌다.

반면 가압류는 자신이 먼저 등기했더라도 이후에 들어오는 가압류 등기 채권자 및 근저당권자와 함께 경매 매각금을 나눠 갖는다. 가압류는 사전 구속을 설정하지 못한 채권자의 차선책일 뿐이다.

11

9천원짜리 땅도 있다고?

임의경매와
강제경매

부동산 경매에는 크게 임의경매와 강제경매 두 가지 종류가 있다. 근저당권을 설정한 채권자가 해당 담보물에 대해 경매를 신청하면 이를 '임의경매'라고 한다. 이와 달리 근저당권을 설정하지 않은 채권자가 채무자의 현물을 가압류하여 경매를 신청하는 경우 이를 '강제경매'라고 한다.

세금 체납자에 대한
공매

경매와 달리 '공매'라는 게 있다. 채무 연체로 인해 실시되는 것이 경매라면 세금 체납으로 인해 국가에서 채납자의 자산을 매각하는 것은 공매다. 공매의 경우 한국자산관리공사에서 매각을 진행하는데 100% 인터넷으로 한다. 그런 점에서 법원 현장에서 입찰을 하는 경매와는 다르다.

공매에 참여하려면 공동인증서를 사용해 로그인한 뒤 온라인 상으로 입찰에 참가해야 한다. 온라인으로 이뤄지나 기본적인 절차는 경매와 비슷하다.

하지만 공매 물건의 개수는 매우 적다. 개수가 적다는 것은 좋은 물건을 찾을 확률도 그만큼 떨어진다는 것을 뜻한다. 또 그런 만큼 경매보다 경쟁이 조금 덜하다는 장점이 있다.

공매는 경매법과 거의 비슷하게 적용을 받으나 '인도명령'이라는 제도가 없다. 인도명령이란 경매에서 낙찰받은 물건을 불법으로 점유하고 있는 자가 있을 경우 경매를 진행한 법원이 즉각 물건을 확보해주는 제도를 가리킨다.

같은 상황에서 비교적 손쉽게 점유자를 내보낼 수 있는 것이 경매인데 반해 공매는 명도소송_{점유자가 부동산을 비워주지 않을 때 진행하는 소송}이라는 걸 통해서만 가능하다. 때문에 그만큼 시간이 많이 걸린다.

일괄매각과
개별매각

다음으로 '일괄매각'이 있는데 이것은 매우 중요하니 잘 알아두어야 한다. 일괄매각이란 동일 채무자의 경매 물건 2개 이상을 묶어서 경매하는 것을 말한다. 일괄매각을 하는 이유는 묶어서 매각을 할 때 더 이익이 되기 때문이다.

예를 들어 채무자의 경매 물건으로 밭과 그 밭 위에 지어진 창고 2건이 있다고 했을 때 이것을 따로 매각하면 가치가 떨어질 것이다. 그러나 일괄매각으로 이 둘을 묶어서 매각하면 가치가 올라간다.

일괄매각의 반대말은 '개별매각'이다. 채무자 소유의 담보 물건이 두 개 이상 있을 때 이를 따로따로 경매에 붙이는 것이다. 이 또한 따로따로 매각할 경우 현금화에 더 용이하므로 그렇게 하는 것이다.

유찰

경매에서 낙찰되지 않은 물건은 어떻게 해야 할까? 가격이 점점 싸져야 물건을 살 사람이 나타날 것이다. 이를 '유찰'이라 한다. 법원은 유찰이 발생하면 해당 물건의 입찰 최저가를 깎은 뒤 다시 경매를 진행한다.

유찰 시 가격 하락의 폭은 지역마다 다르다. 하지만 보통 한 번 유찰이 발생할 때마다 20~30%씩 깎인다고 보면 된다. 유찰 횟수에 대한 제한은 없어 물건은 한 없이 싸질 수 있다. 보통 경매 한 건이 진행되는 데 걸리는 시간은 한 달이다. 만약 A 물건이 3번 유찰됐다면 그 물건이 처음 경매에 올라온 지는 세 달 정도 되었으리라 예상해볼 수 있다. 반대로 A 물건이 오늘 유찰됐다면 1달 후에 다시 접속해보면 그 물건이 재매각되어 입찰일이 임박한 것을 확인할 수 있다.

물건	소재지	감정가 / 최저가	유찰	입찰일
18-71839(2) 농지	경상남도 함안군 법수면 사정리 668-1 외 1필지 [농지(전) / 토지 24.4㎡ / 전 / 토지지분매각]	571,400 9,000	유찰 19회 (2%)	2020.10.15 (10:00) 입찰 17일전
18-4636 근린상가	부산광역시 사상구 괘법동 529-1, 르네시떼 6층 6058호 [대지권 9.116㎡, 건물 14.267㎡]	38,000,000 1,338,000	유찰 15회 (4%)	2020.10.20 (10:00) 입찰 22일전
17-732 근린상가	서울특별시 강서구 등촌동 658-2, 상금오피스텔 1층 101호외25개호 [건물 905.12㎡ / 건물만 매각]	1,606,200,000 336,844,000	유찰 14회 (21%)	2020.10.07 (10:00) 입찰 9일전
18-3297 다세대(빌라)	경상남도 진주시 망경동 535-15, 망경빌라 3층 302호 [대지권 37.19㎡, 건물 70.75㎡]	110,000,000 4,838,000	유찰 14회 (4%)	2020.10.05 (10:00) 입찰 7일전
18-55872 중장비	충청북도 보은군 탄부면 사직리 64-7 [타워크레인 / 서울27가6687 / 2016년식 / 세미오토 /]	180,000,000 12,370,000	유찰 13회 (7%)	2020.10.19 (10:00) 입찰 21일전
18-4814 다세대(빌라)	부산광역시 해운대구 반여동 1291-418, 태광빌라 3층 301호 [대지권 14.08㎡, 건물 33.98㎡]	34,000,000 1,869,000	유찰 13회 (5%)	2020.10.20 (10:00) 입찰 22일전
18-2973 아파트	충청북도 제천시 하소동 353, 하소주공2단지아파트 203동 15층 1504호 [대지권 31.96㎡, 건물 58.74㎡]	81,000,000 5,566,000	유찰 12회 (7%)	2020.11.02 (10:00) 입찰 35일전

자료 옥션원

위 물건들은 다수 유찰이 이뤄진 사례들이다. 첫 번째 물건을 보면 감정가와 최저가가 쓰여 있고 그 옆에 '유찰 19회'라고 적힌 것을 볼 수 있다. 그 밑에 '2%'라고 적혀 있는데 이는 물건의 처음 감정가 대비 현재 최저가가 어느 정도 수준인지를 나타낸다. 실제 57만 1,400원의 2% 수준인 9,000원까지 해당 물건의 입찰 최저가가 떨어진 것을 확인할 수 있다. 열 평 가까이 되는 토지를 9,000원에 사는 것이다. 재미있지 않은가?

기타 경매용어

슬슬 어려운 용어가 나오니 겁부터 먹는 사람이 있을지도 모르겠다. 기본적인 개념 정도만 익히면 되니 내용을 깊게 이해를 한다거나 암기한다거나 하기 보다는 차근차근 읽어 보길 바란다.

- 압류 : 법원의 판결에 따라 개인의 특정 재산을 압류하는 것 혹은 그에 대한 처분을 제한하는 것
- 가압류 : 이해관계자의 요청에 따라 특정 재산의 소유자가 해당 재산을 처분하는 것을 일시적으로 제한하는 법원의 임시처분
- 가처분 : 금전 이외의 특정물을 처분하지 못하도록 법원이 가하는 임시명령
- 가등기 : 정식 등기 기재의 요건이 충족되지 못한 상황에서 등기의 순위 보전을 위해 미리 해두는 예비 등기
- 변경 : 경매 진행 도중 이해관계인의 신청이 있거나 조건이 변동되어 경매 조건을 변경하거나 매각기일을 미루는 것

- 연기 : 이해관계인의 신청 또는 법원의 판단으로 매각기일을 미루는 것
- 취소 : 경매 요건 불충족으로 법원이 사건을 취소시키는 것
- 취하 : 경매를 신청한 채권자의 요청에 의해 해당 경매 사건이 철회 되는 것
- 유찰 : 입찰자가 없어 경매가 중단된 뒤 법원이 입찰 최저가를 깎고 다시 경매를 진행하는 것
- 특별매각조건 : 경매 물건 매각 시 법원이 필요하다고 판단하여 추가 한 입찰 조건
- 이해관계인 : 해당 경매 사건에 득실 관계를 가진 모든 이들
- 대항력 : 부동산 임차인이 부동산 소유자에게 자신의 임대차 관계를 주장할 수 있는 권리
- 우선변제 : 한 채권자가 다른 채권자에 우선하여 변제받는 것
- 확정일자 : 해당 문서가 그 날짜에 존재하고 있었다는 것에 대한 공공 기관의 공증, 그 확인 도장 날인
- 인수주의 : 부동산이 매각되었을 때 경매 신청 채권자의 채권에 우선 하는 부동산 등기 위의 권리를 매수인에게 인수시키는 것, 그런 종류 의 권리
- 소제주의 : 매수인이 부담하지 않는 부동산 등기 위의 모든 권리가 소 멸하여 없어지는 것, 그런 종류의 권리
- 말소기준권리 : 매수인이 인수하는 권리와 매수인이 부담하지 않는 권리를 구분하는 권리, 소멸되는 권리 중 첫 번째 권리
- 잉여주의 : 부동산을 매각할 때 경매를 신청한 채권자에게 돌려줄 잉 여가 있을 경우에만 법원이 매각을 허가하는 것

- 대위변제 : 채무자의 빚을 대신 갚아주고 기존 채권자로부터 채권을 넘겨받는 일
- 토지별도등기 : 토지등기 상에 설정된 근저당권이나 가압류가 해소되지 않은 상태에서 건물 등기와 대지권이 설정되어 집합건물등기로 정리되는 경우 토지등기와 집합건물등기가 중복되어 존재하는 것, 집합건물등기 상에 표기되는 사항

12

낙찰받은 경매도 취소될 수 있다

무잉여와
경매 취소

경매 취소란 진행된 매각 절차를 없던 것으로 한다는 이야기다. 경매가 취소된 사유에 따라 그 부분을 보완해 다시 경매가 열리기도 하고 경매가 완전 중단되어 다시 열리지 않기도 한다. 경매가 중단되는 절차로는 '취하'도 있는데, 취하는 채권자가 경매를 하지 말아달라고 법원에 신청할 경우 이뤄지는 절차다. 취하에 대해서는 뒤에서 설명하겠다.

  이득 없는 경매는 취소된다. 경매에 입찰한 투자자의 이득이 없는 경우를 말하는 것이 아니다. 경매를 신청한 채권자에게 줄 이득이 없는 경우를 말한다. 앞서 살펴본 경매용어 중 '잉여주의'가 바로 이러한 원리를 가리킨다.

만약 낙찰까지 이뤄졌다 해도 무잉여가 되면 얼마든지 법원에 의해 경매가 취소될 수 있다. 물론 이렇게 취소되는 경우 낙찰자의 입찰 보증금은 보전받는다경매 보증금은 일반적으로 최저가의 10%로 책정된다. 하지만 시간적 비용을 날리게 되는 셈이므로 입찰 전 물건을 조사하는 과정에서 취소의 가능성을 계산해보아야 한다.

그렇다면 무잉여 현상은 왜 생기는지에 대해서 알아보도록 하자. 무잉여란 낙찰가가 0원이란 이야기인 걸까? 그렇기 때문에 채권자가 돈을 못 받아가는 것일까? 부동산 등기부를 살펴보면 가장 위에 등기된 1순위 권리로 소유권이 고정되어 있다. 그리고 그 부동산이 경매 물건이라면 2순위 권리부터 그 아래 어딘가에 경매의 원인이 된 채권에 대한 등기가 있을 것이다. 낙찰이 되면 당연히 경매를 신청한 채권자부터 돈을 받아갈 것이다. 그러면 그 채권자는 무잉여가 될 리가 없는데 왜 무잉여가 발생하는 것일까?

◦ 등기부현황 (채권액합계 : 1,153,200,000원)

No	접수	권리종류	권리자	채권금액
1(갑2)	2010.12.28	소유권이전(매매)	이■	
2(을1)	2010.12.28	근저당	(주)유■	403,200,000원
3(갑3)	2011.01.07	소유권이전(매매)	이■	
4(을2)	2013.01.30	근저당	최■	750,000,000원
5(갑4)	2019.11.22	임의경매	최■	청구금액: 750,000,000원

자료 옥션원

위 자료는 '등기부현황'으로 경매 물건을 소개하기 위해 필요한 등기부 등본 내용을 정리한 것이다. 등기부현황은 실제 등기부와 달리 갑구, 을구의 내용 구분 없이 등기 날짜 순으로 수록되어 있다. 등기부현황에서 근저당권 설정 사항만 확인해 보면 2010년 12월 '(주)유○○'이 첫 번째 근저당권자로 등록되었고 2013년 1월 '최○○'이 두 번째 근저당권자로 등록되었다. 그리고 2019년 11월 두 번째 근저당권자인 '최○○'이 경매를 신청했다.

위와 같은 상황에서 경매가 이뤄지면 무잉여가 발생하기 쉽다. 경매가 완료되면 배당을 하는데 첫 번째 근저당권자의 채권 4억 320만원을 전부 해결한 뒤에야 경매 신청인인 두 번째 근저당권자에게 돌아갈 돈이 생기기 때문이다. 만약 첫 번째 근저당권자가 경매를 신청했다면 무잉여가 될 가능성은 거의 없을 것이다. 하지만 위 상황에서 경매를 신청한 것은 두 번째 채권자다. 만약 이 물건의 낙찰가가 4억원이라고 가정해보자. 그러면 경매신청자인 두 번째 근저당권자는 돈을 한 푼도 받지 못한다는 결론이 나온다. 이럴 경우 이 경매 사건은 잉여주의에 의해 취소가 되고 해당 경매 건은 사라진다.

한 가지 더 덧붙이자면 이런 경매 취소에 대한 판단은 무조건 낙찰 이후에 이뤄진다. 법원에서 입찰 전부터 "두 번째 채권자도 받아갈 돈이 있어야 하니 무조건 입찰 금액은 4억 320만원 이상씩 쓰세요."라고 사전에 중재하지는 않는다.

잉여주의에 걸리지 않을 가능성이 거의 없다고 하더라도 법원은 낙찰이 되고 나서야 낙찰이 성립될 수 있는지를 따진다. 입찰자가 알아서 관련 사항을 확인한 뒤 1순위 채권자의 채권금액인 4억 320만원 이상을 써야만 2순위 채권자에게 잉여가 생기고 낙찰이 허가되는 것이다.

입찰 전 권리분석 시 이런 부분을 판단해야 한다. 좋은 물건을 낙찰받았어도 무잉여로 인해 헛고생하게 되는 경우가 생긴다는 걸 알기 바란다.

무잉여를 알아도
모른 척하라

나는 지식도 지혜도 경험도 없이 그냥 밑바닥에서부터 경매를 시작했다. 이런 상황에서 경매를 이것저것 받았는데 한 번은 낙찰 불허가가 났다. 하지만 법원은 왜 이 낙찰 건이 불허가됐는지 이유를 알려주지 않았다. 지금도 법원이 그렇게 친절하진 않지만 20년 전에는 정말 불친절했다.

그리고 한 1년 정도 지나서 귀가 좀 들리고 이해가 가기 시작했을 때 왜 내가 낙찰 불허가를 받았는지를 알게 되었다. 나의 낙찰가로는 경매를 신청한 사람이 받아갈 것이 아무것도 없던 것이었다.

이런 사실을 깨달은 뒤 1년 동안 내가 낙찰받았던 물건들을 다시 들여다봤다. 그런데 낙찰 허가가 나서 내 소유까지 된 물건들 중에 분명 2순위 채권자가 경매를 신청했는데 1순위 채권자의 채권금액보다 낮은 낙찰가로 낙찰 허가까지 난 사례도 있던 것이다.

그날 이후로 나는 경매를 할 때 해당 물건에 무잉여 소지가 있더라도 그냥 모른 척하고 있다. 왜냐하면 분명 무잉여인데도 낙찰이 허가된 사례가 내게는 꽤 많았기 때문이다. 어떻게 이런 현상이 생길 수 있을까?

나는 이 원인을 파악하기 위해 물건의 등기부등본을 하나하나 다 떼봤다. 그랬더니 다음과 같은 결과가 나왔다. 경매 정보지와 경매 사이트에는 경매 물건의 제반 정보와 등기부현황이 수록되어 있다. 하지만 그 정보는 잘못되어 있거나 갱신되지 않은 정보인 경우도 꽤 많았다. 경매가 접수되고 조금 시간이 지나서 등기를 떼어보니까 첫 번째 근저당권자도 경매를 접수를 했더라는 것이다. 이해가 되는가? 경매 정보지에 나와 있는 등기부현황은 실시간으로 업데이트 되는 게 아니다. 이런 현상은 온라인 경매 사이트도 마찬가지다.

여기에서 새로운 용어를 접할 때 가져야 할 마인드에 대해 잠깐 이야기 해보자. 아마도 당신은 무잉여라는 개념을 접하면서 '아 이런 게 있구나.' 하고 넘어갔을 것이다. 이렇게 되면 용어는 지식에 그칠뿐 별 힘을 발휘할 수 없다. 모름지기 지식을 가졌다면 그것으로 "어떻게 돈을 벌 것이냐?" 또 는 "어떻게 위험을 피할 것이냐?" 하는 결론을 내릴 수 있어야 한다. 그렇 지 않는 한 그것은 '유용한 지식'이 아니다. 단순 지식은 기억하기도 힘들 뿐더러 잘못 쓰면 독이 되기도 한다.

세간에는 무잉여에 대해 자세히 알고 있지만 정작 중요한 부분은 2% 부 족하게 이해하고 있는 이들이 너무 많다. 그런 이들은 시도때도 없이 이렇 게 말한다. "이거 무잉여라 취소될 것 같네." 만약 당신도 위와 같은 결론을 내버리면 그냥 좋은 물건을 떠나보내고 마는 꼴이 된다. 이것이 바로 '지식 의 불편한 진실'이다. 그래서 내가 지속적으로 지식을 지혜로 바꾸고 경험 으로 바꿔야 한다고 얘기하는 것이다.

무잉여에
대처하는 법

당신이 무잉여를 알았다고 했을 때 어떻게 대처하는 것이 지혜로운 방법일까? 그 대처방법 1단계는 배웠더라도 그냥 안 배웠다 생각하고 잊어버리는 것이다. 대개 무잉여와 취소에 대해서 배우면 이걸 '하자'라 생각하고 말아 버린다. 그러나 무잉여는 하자가 아니다. 하자란 내가 낙찰을 받은 뒤에도 내 소유권을 제한하는 사항을 가리키는 것이지 낙찰 허가 자체를 제한하는 사항을 가리키는 것이 아니다.

만약 내가 낙찰을 받고 경매가 완료된다면 무잉여는 더 이상 문제가 아니게 된다. 그런 것은 하자라 볼 수 없다. 하자는 아니지만 낙찰이 불허가 되어 헛고생이 될 수는 있다. 그러나 초보자들에게는 이것 또한 좋은 경험이 될 것이다. 하자와 헛고생은 엄연히 다르다. 하자를 터트리면 손해가 남지만 헛고생은 보증금도 돌려받고 좋은 경험으로 남기 때문에 이득이다. 그래서 무잉여를 알아도 없는 셈 치고 경매하라는 것이다.

무잉여에 대처하는 법 2단계는 최신 등기를 발급해보는 것이다. 등기를 발급해봤더니 1순위 근저당권자가 경매를 접수한 게 등기에 나와 있다면 어떨까? 남들은 무잉여라고 여겨 그 물건을 포기할 때 나만 그 물건에 입찰할 수 있게 된다는 이야기다. 남들이 보지 못한 등기사항을 혼자 확인했다면 이득을 보는 것이 당연하다.

하지만 위와 같은 상황이 흔한 것은 아니다. 대부분의 물건은 등기를 새로 떼도 별다른 변동사항을 잡기 힘들 것이다. 그래도 집이 좋은 물건이라면 한 번 도전해봄직하다. 당신이 1순위 근저당권자라면 2순위 근저당권자가 경매를 신청했는데 가만히 있겠는가? 자신이 이득을 볼 방법을 강구할 것이다.

　나 같은 경우 경매 매각일이 가까워지면 등기를 떼어보고 당일이나 오후에 마지막으로 한 번 더 떼어본다. 이때도 1순위 근저당권자가 경매신청을 안 했을 경우 3단계 대처법이 필요하다. 이때는 1순위 근저당권자를 찾아가야 한다. 2순위 근저당권자가 신청해 진행되고 있는 경매 사건에 1순위 근저당권자가 추가로 경매를 신청하면 경매 신청자의 자격이 1순위 근저당권자에게 부여되며 진행되고 있던 사건은 그대로 진행된다. 즉 경매 일정은 그대로 유지되면서 무잉여의 가능성은 배제할 수 있는 것이다.

　당신이 이런 상황에서 1순위 근저당권자를 만난다면 무슨 이야기를 하겠는가? "이번에 이 경매 건이 잉여주의로 인해 취소된다면 다음 번에는 당신이 직접 경매를 신청해야 할 수도 있습니다. 그렇게 되면 당신은 굉장한 시간과 노력, 비용을 들여야 합니다. 하지만 지금은 경매가 진행 중이라 맛있는 밥상이 차려져 있으니 그냥 숟가락만 올려놓을 수 있습니다. 지금 당장 법원에 가서 경매신청을 하세요." 1순위 근저당권자에게 이렇게 말해 줬을 때 신청을 안 하는 사람을 나는 본 적이 없다. 이렇게 하여 1순위 근저당권자가 경매를 신청하면 나는 어떻게 될까? 남 모르게 무잉여를 벗어난 사건을 독점할 수 있는 것이다.

　경매하는 사람들 중에는 무잉여가 뭔지, 취소가 뭔지 찾아보며 공부하는 단계에 있는 사람도 있다. 그리고 그 위에는 무잉여와 취소에 대한 지식을 단순하게 활용하여 해당 물건에는 입찰을 포기해버리는 경지에 있는 사람도 있다. 그리고 그 위에 무잉여를 통해 단독 입찰의 기회를 노리는 경지의 사람들이 있다. 높은 경지에 올라갈수록 그 위치에 도달한 사람은 적어지고 경쟁률은 그만큼 줄어든다. 이런 노하우를 차곡차곡 쌓다보면 진정한 단독 입찰의 기회가 당신의 눈앞에 펼쳐질 것이다.

단독 입찰이란 당신이 쓰는 금액이 바로 낙찰가가 된다는 이야기다. 무잉여를 치명적이라 생각하는 헛똑똑이는 아무리 좋은 물건이 나와도 기회를 날려버릴 것이다. 하지만 무잉여를 통한 수익 노하우를 가진 사람은 무잉여를 단지 지식으로 알고 있는 사람보다 경쟁 우위에 설 수 있게 된다.

경매에 아무리 좋은 물건이 나와도 그 좋음을 사람들이 다 알고 있다면 그건 이미 좋은 물건이 될 수 없다. 누군가 경매의 경 자를 가벼울 경輕자를 써서 '경매란 싸게 사는 것'이라고 말했다하는데 경매의 경 자는 가벼울 경 자가 아니다. 경쟁할 경競이다. 누구나 다 알고 있다는 건 경쟁이 어마어마하게 높다는 이야기 아닌가? 그 물건은 이미 좋은 물건이 아니다. 이런 상황에서는 절대 싸게 살 수가 없다. 경매를 할 땐 그 요인이 무엇이건 나만 입찰할 수 있는 물건을 찾아내야 된다.

1순위 근저당권자
설득하기

이제 무잉여 물건 입찰 시 주의할 점을 살펴보자. 1순위 근저당권자가 있는데 2순위 근저당권자가 경매를 신청해서 무잉여가 예상되고 있는 상황을 가정해보자. 나는 무잉여 요인을 제거하기 위해 1순위 근저당권자를 설득하여 경매를 신청하게끔 했다. 그런데 생각해보니 경매의 매각일까지 한참 남은 상황이었다. 그 기간이 너무 길다 보니까 경매정보지에 떡하니 나오는 것이 아닌가? 결국 모두가 그 정보를 보고 입찰에 달려들었다. 노력은 내가 했는데 이득은 남이 보게 한 꼴이다.

이런 상황을 방지하기 위해 나는 경매하기 2~3일 전에 1순위 근저당권자를 찾아간다. 그리고 이렇게만 말한다. "내일모레 할 경매 있잖아요. 그게 지금 이렇게 낙찰되면 당신은 못 받아 갑니다. 빨리 가서 경매 신청을 하세요. 오늘밖에 시간 없어요." 이때 1순위 근저당권자가 경매를 신청하면 결국 이 정보는 공지되지 않은 채 경매가 실시된다.

그런데 이 방법은 엇나갈 확률도 있다. 당신이 1순위 근저당권자의 입장이라고 생각해보라. 일면식도 없는 사람이 들이닥쳐서 내가 손해볼 수 있다고 말하면 곧바로 신용할 수 있겠는가? 오히려 담당 변호사니, 지인에게 자문을 구하느라 곧바로 신청을 하지 않을 확률도 있다. 이 과정에서 1순위 근저당권자가 법원에다가 연기를 신청해버리거나 무잉여로 한 번 취소되게끔 해버릴 수도 있다. 이럴 경우 경매는 다시 한 달 이상 길어져버리고 무잉여를 통한 단독 입찰의 기회도 날아가버릴 수 있다.

이런 현상까지 방지하기 위해서는 열흘에서 보름 전에 우선 1순위 근저당권자와 접촉만 하는 것이 좋다. 서서히 친분을 쌓아 경매신청의 필요성을 어필하되 아직 신청은 안 하더라도 신청을 고려해볼 시간을 주는 것이다. 이렇게 하여 매각일에 다가와 1순위 근저당권자가 경매를 신청하게 만들면 당신은 경쟁이 거의 없는 입찰을 할 수 있게 되는 것이다.

13

경매 중에 채무자가 빚을 갚아버렸네

채권자는 빚을 받을 때 안전하고 빠른 것을 좋아한다. 안전하다는 얘기는 원금과 이자를 깎이지 않고 다 받는 걸 뜻하고, 빠르다는 얘기는 내일이 아닌 오늘 받는 것을 뜻한다. 빠르게 받지만 안전하지 않은 것, 안전하지만 느리게 받는 것 모두 채권자에게는 탐탁지 않다.

채권자에게 경매는
차선책이다

채권자는 경매로 낙찰받아서 배당받는 것을 더 좋아할까? 아니면 채무자로부터 대출 원금과 이자를 상환받는 걸 더 좋아할까? 경매는 채권자의 원금과 이자를 100% 확보해주는 제도가 아니다. 그럴 수도 있지만 이건 낙찰까지 가봐야 알 수 있다. 또 경매를 하면 돈을 받기까지 시간이 오래 걸린다. 경매 낙찰 이후 수개월이 지나서야 채권자에게 배당이 떨어지는 사례도 많다. 따라서 채권자 입장에서 경매는 언제나 차선책이다.

채권자가 경매를 취하하는 데에는 이런 동기가 있다는 것을 이해하고 있어야 한다. 채무자가 채권자에게 돈을 갚을 의사를 보일 경우 채권자는 웬만하면 그 경매를 취하해준다.

채권자가 경매신청을 철회할 수 있는 시기는 경매개시 결정에서부터 낙찰자가 대금을 납부하기 전까지의 기간이다. 낙찰이 된 이후까지도 경매를 취하할 수 있으나 낙찰자가 대금을 납부한 이후부터는 경매를 취하할 수 없다. 법원도 물건에 대한 낙찰자의 소유권을 우선시한다.

채무자가 원금을 갚아버리는 경우

경매에서 낙찰을 받았다는 것은 부동산 매매 계약을 한 것에 지나지 않는다. 부동산 매매 계약을 했다고 곧바로 소유자가 되지 않는 것처럼 낙찰을 받았다고 소유자가 되는 것은 아니다. 낙찰자가 낙찰 잔금을 내고 그것을 등기해야 소유자가 되는 것이다. 잔금을 내기 전까지는 채권자와 채무자가 합의만 하면 부동산을 마음대로 할 수 있다. 팔아서 빚을 갚아도 된다. 이런 이유로 낙찰을 받아도 소유자가 되지 못하는 경우가 생긴다.

매매의 경우 계약 상태에서 돈을 더 많이 준다는 사람이 있으면 위약금을 물더라도 그 사람에게 팔려고 할 것이다. 예를 들어 어떤 부동산을 1억원에 팔기로 계약하고 10%인 1,000만원을 계약금으로 받았다. 그런데 누가 그 부동산을 2억원에 사겠다고 한 것이다. 이때 소유주는 당연히 위약금 2,000만원을 물더라도 2억원에 팔려고 할 것이다. 이건 법적으로나 도덕적으로나 문제될 게 전혀 없다. 이미 사회적으로 통용되고 있는 문화다.

내가 5억원짜리 아파트가 있는데 담보로 1억원을 빌려 썼다. 그런데 어떤 사정으로 이자도 못내는 상황이 생겼다. 채권자가 그 집에 대해 경매 신청을 넣었다. 이런 경우 나는 어떻게 해야 할까? 나는 5억원짜리 아파트를 팔아서라도 어떻게든 갚으려 할 것이다. 담보물 부동산의 가격이 나의 채무액보다 월등히 높으니 당연한 선택이다. 경매까지 넘어갈 경우 시세보다 낮게 부동산을 매각할 가능성이 있기 때문이다.

이런 경우는 채권자가 개인인 경우에 많이 발생한다. 만일 채권자가 은행이라면 채무자가 1억원의 이자를 못 갚고 있다고 하여 근저당을 잡은 5억원짜리 부동산을 바로 경매에 넣지는 않는다. 지금 당장 채권을 청산하는 것보다 채무자가 못 갚은 이자에 할증을 붙이면 나중에 더 큰 금액을 가져갈 수 있기 때문이다. 그럼에도 불구하고 이런 상황에서 경매신청을 넣었다는 건 채권자가 은행이 아닌 개인이며 지금 돈이 급하기 때문이리라 판단해볼 수 있다. 이런 경우 채권자와 채무자 간의 감정싸움도 함께 이뤄지는 경우가 많은데 "내 돈 빨리 안 갚으면 네 집 진짜 경매 넣는다."고 위협하는 식이다. 그러면 채무자는 그때서야 부랴부랴 갚고 경매가 취하되는 상황이 연출된다.

이렇게 헤프닝으로 경매에 올라온 물건인 경우 우리가 알아보는 방법이 있을까? '이 물건은 채무자와 채권인 간의 감정적 갈등으로 인해 올라온 물건입니다.' 하고 써놓는 그런 친절한 시스템은 경매 사이트에 없다. 그저 부동산 시세에 비해 채권액이 현저히 낮은데도 경매에 나온 경우, 경매를 신청한 채권자가 개인인 경우 그렇지 않을까 유추해볼 수 있다.

취하될 물건은 경매하면 안 된다?

2019타경4728 · 서울동부지방법원 본원 · 매각기일 : 2020.08.31(月) (10:00) · 경매 3계(전화:02-2204-2407)

소 재 지	서울특별시 송파구 오금동 165, 상아아파트 6동 10층 1007호 [도로명검색] [지도] [지도]						
새 주 소	서울특별시 송파구 오금로 407, 상아아파트 6동 10층 1007호						
물건종별	아파트	감 정 가	591,000,000원		오늘조회: 1 2주누적: 2 2주평균: 0 [조회동향]		
대 지 권	22.69㎡(6.864평)	최 저 가	(100%) 591,000,000원	구분	입찰기일	최저매각가격	결과
건물면적	45.77㎡(13.845평)	보 증 금	(10%) 59,100,000원		2020-08-31	591,000,000원	취하
매각물건	토지·건물 일괄매각	소 유 자	박■■		본사건은 취하(으)로 경매절차가 종결되었습니다.		
개시결정	2019-09-11	채 무 자	김■■				
사 건 명	임의경매	채 권 자	한국스탠다드차타드제일은행				

· 등기부현황 (채권액합계 : 144,540,000원)

No	접수	권리종류	권리자	채권금액	비고	소멸여부
1(갑2)	2000.11.15	소유권이전(매매)	박■			
2(을3)	2007.02.02	근저당	남동농협 (간석북지점)	27,300,000원	말소기준등기	소멸
3(을4)	2013.08.13	근저당	한국스탠다드차타드제일은행	117,240,000원	구) 한국스탠다드차타드은행	소멸
4(갑7)	2019.09.16	임의경매	한국스탠다드차타드제일은행 (소매여신운영부)	청구금액: 91,725,711원	2019타경4728	소멸

자료 옥션원

그렇다면 취하될만한 물건은 애초에 입찰하면 안 되는 것일까? 위 사례를 보자. 송파구에 있는 5억 9,100만원짜리 아파트인데 경매 절차 이력란에 붉은 글씨로 '본사건은 취하로 경매절차가 종결되었습니다.'라고 적혀있다. 등기부현황을 보면 근저당권으로 2,730만원짜리 하나와 1억 1,724만원짜리 하나가 있다. 두 채권액을 합쳐도 물건 감정가의 반도 안 된다. 딱 보기에도 취하가 될 가능성이 높아 보인다.

하지만 나는 취하될 가능성이 높으니까 포기하라 말하지 않는다. 그건 두 가지 이유 때문이다. 첫 번째는 취하가 되더라도 어차피 보증금은 돌아오고 초보에게는 경험으로 남기 때문이다. 두 번째는 겉으론 이래도 경매를 끝까지 진행해야 하는 사정이 생겼을 가능성도 있기 때문이다. '취하될 것 같다.'는 어디까지나 예상의 영역이지 함부로 속단해서는 안 된다.

2020타경612 · 서울북부지방법원 본원 · 매각기일 : 2020.09.21(月) (10:00) · 경매 1계(전화:02-910-3671)

소 재 지	서울특별시 도봉구 창동 31, 주공아파트 1803동 2층 202호 도로명검색 D지도 지도						
새 주 소	서울특별시 도봉구 노해로70길 119, 주공아파트 1803동 2층 202호						
물건종별	아파트	감 정 가	420,000,000원	오늘조회: 1 2주누적: 8 2주평균: 1 조회동향			
대 지 권	38.5㎡(11.646평)	최 저 가	(100%) 420,000,000원	구분	입찰기일	최저매각가격	결과
건물면적	45.9㎡(13.885평)	보 증 금	(10%) 42,000,000원		2020-09-21	420,000,000원	취하
매각물건	토지·건물 일괄매각	소 유 자	정▉	본사건은 취하(으)로 경매절차가 종결되었습니다.			
개시결정	2020-01-28	채 무 자	정▉				
사 건 명	강제경매	채 권 자	창동주공18단지아파트입주자대표회의				

· 등기부현황 (채권액합계 : 1,830,900원)

No	접수	권리종류	권리자	채권금액	비고	소멸여부
1(갑1)	1989.04.04	소유권이전(매매)	정▉			
2(갑6)	2017.03.13	압류	북부수도사업소		말소기준등기	소멸
3(갑10)	2019.04.08	압류	서울특별시북부수도사업소			소멸
4(갑12)	2020.01.28	강제경매	창동주공18단지아파트입주자대표회의	청구금액: 3,577,710원	2020타경612	소멸
5(갑13)	2020.02.06	가압류	창동주공18단지아파트입주자대표회의	1,830,900원	2020카단36	소멸

자료 옥션원

그러나 위와 같은 사례도 있다. 부동산 감정가가 4억 2,000만원인데 경매를 신청한 채권액 합계가 183만원이다. 이런 물건은 하지 않아도 된다.

아마도 관리비 때문에 싸움이 나 경매에 나온 물건일 가능성이 높다. 이런 물건은 100% 취하될 것이다.

채무자의 기타 채무를 살펴야 한다

대부분의 채무자는 그 빚만 지고 있는 게 아니라 다른 자잘한 빚도 함께 지고 있기 마련이다. 세금도 채납하고 있고 건강보험료도 안 내고 있고 카드값도 연체 중이다. 그런 자잘한 빚과 부동산에 걸린 채권을 다 합쳐보면 채무자 부동산의 시세보다 빚이 더 커지는 경우도 있다.

만약 이런 경우라면 위와 같이 등기 상의 채권이 부동산의 시세에 못 미치는 경우라도 경매가 그대로 진행될 수 있다. 만약 당신이 채무자를 직접 만나 조사했더니 이런 부분이 확인된다면 꼭 도전해봐야 한다.

채권액이 시세에 비해 높은 경우

아래 물건은 서울 강서구에 있는 아파트로 감정가가 6억 6,800만원이나 1회 유찰되어 최저가가 5억 3,440만원으로 떨어졌다. 그런데 이 부동산의

2020타경893 · 서울남부지방법원 본원 · 매각기일: **2020.10.28(水) (10:00)** · 경매 10계(전화:02-2192-1340)

소재지	서울특별시 강서구 내발산동 749, 마곡수명산파크5단지 504동 6층 604호 도로명검색 🅓지도 🅝지도							
새 주소	서울특별시 강서구 수명로2길 105, 마곡수명산파크5단지 504동 6층 604호							
물건종별	아파트	감 정 가	668,000,000원	오늘조회: 28 2주누적: 825 2주평균: 59 조회동향				
대 지 권	41.723㎡(12.621평)	최 저 가	(80%) 534,400,000원	구분	입찰기일	최저매각가격		결과
건물면적	59.84㎡(18.102평)	보 증 금	(10%) 53,440,000원	1차	2020-08-12	668,000,000원		유찰
매각물건	토지·건물 일괄매각	소 유 자	남■■	2차	2020-10-28	**534,400,000원**		
개시결정	2020-02-06	채 무 자	회생채무자 (주)프■의 관리인 남■■■					
사 건 명	임의경매	채 권 자	하나은행					

· 등기부현황 (채권액합계 : 5,696,564,979원)

No	접수	권리종류	권리자	채권금액	비고	소멸여부
1(갑2)	2008.08.06	소유권이전(매매)	남■■			
2(을5)	2019.10.28	근저당	하나은행 (논현역지점)	558,241,200원	말소기준등기 사십오만칠천이백불 (적용환율:1221원)	소멸
3(갑3)	2019.12.26	가압류	대구은행	390,000,000원	2019카단4309	소멸
4(갑4)	2019.12.27	가압류	신한은행	734,488,643원	2019카단41038	소멸
5(갑5)	2019.12.31	가압류	신용보증기금	500,000,000원	2019카단822926	소멸
6(갑6)	2020.01.16	가압류	한국무역보험공사	1,993,439,463원	2020카단200103	소멸
7(갑7)	2020.01.29	가압류	우리은행	245,019,381원	2020카단30595	소멸
8(갑8)	2020.02.06	임의경매	하나은행 (여신관리부)	청구액: 453,407,680원	2020타경893	소멸
9(갑9)	2020.03.12	가압류	국민은행	184,006,247원	2020카단459	소멸
10(갑10)	2020.03.30	가압류	중소기업은행	1,091,370,045원	2020카단805745	소멸

자료 옥션원

등기에 기재된 총 채권금액은 약 56억원이다. 최저가의 열 배가 넘는다. 내가 이 물건에 입찰할 경우 이 물건은 취하될 가능성이 있을까?

애초에 이런 물건은 어떻게 만들어진 것일까? 6억원대 부동산에 채무가 56억원이 달렸으니 말이다. 6억원대 물건을 담보로 56억원을 빌려주는 은행은 없다. 그러나 등기를 자세히 보면 총 채무액 56억원 중 근저당권이 잡힌 채무는 5억 5,824만원뿐이고 나머지는 전부 가압류다. 원래는 대부분의 채무가 이 아파트와 무관한 채무였는데 채권자들이 소유주의 재산인 이 아파트에 가압류를 걸면서 등기상에 전부 기재된 것이다.

예를 들어 내가 제조공장을 하는 사람인데 56억원 어치 부도를 내서 갚아야 될 돈을 못 갚았다. 그리고 회사는 망했다. 재산이라고는 집 한 채뿐이어서 56억의 채무가 내가 가진 집에 고스란히 붙었다. 내 집이 5억원짜리든 5,000만원짜리든 빚이 있고 그걸 못 갚는다면 내가 가진 모든 재산은 추징의 대상이 된다.

채무자의 모든 재산은 가압류의 대상이 된다. 5억원짜리 집에 56억원의 채무가 붙은 것은 대부분 이런 이유 때문이다. 이런 상황에 있는 사람이 이걸 안 날리기 위해 취하를 시키겠는가? 채권 하나를 갚는다고 해도 나머지 56억원이 그대로 남아있기 때문에 이건 취하가 될 리가 없다. 경매로 나온 물건의 대부분은 채무액의 합계가 부동산 값보다 높다. 이렇게 나온 것들은 취하가 될 확률이 적은 편이며 더군다나 낙찰될 때까지 방치해놓은 것들은 거의 취하될 확률이 없다는 사실을 알아두어야 한다.

취하에 따라
낙찰자가 받는 수고비

우선 취하의 법률적 정의를 살펴보자. '경매신청 채권자가 경매신청을 철회하여 경매가 취하되면 사건이 종결된다. 철회는 경매개시 결정에서부터 낙찰자가 대금을 납부하기 전까지 가능하다. 최고가매수인이 결정된 후에는 최고가매수인의 동의가 필요하다^{최고가매수인, 최고가매수신고자, 경락자, 경락인 모두 낙찰자를} 가리키는 말이다. 법률적으로는 최고가매수인이라는 용어로 통일되었다.'

최고가매수인의 동의가 필요하다는 말에 주목하기 바란다. 낙찰자의 동의가 필요하긴 한데 그 다음 줄이 없다. 낙찰자가 동의를 안 해주면 어찌 되는 것일가? 내가 이 다음 줄을 굳이 쓰자면 '최고가매수인이 동의를 안 해줘도 스스로 취하할 수 있다.'다. 안타깝게도 이것은 사실이다. 낙찰자의 동의 없이도 취하는 진행된다. 사실 낙찰을 받고 취하가 되면 굉장히 허무하고 더욱 아깝다는 생각이 든다. 오랜 시간 경매를 해온 나는 이런 사례를 꽤 많이 겪었다. 내가 열심히 임장^{부동산 현장에 가서 직접 살피고 주변을 탐문하는 일} 다니며 낙찰받은 것이 너무나 손쉽게 취하되어 버린다.

그리고 이렇게 낙심해 있을 때 누가 와서 내게 경매 취하에 대한 동의서를 써달라고 한다. 낙찰자에게 동의서를 받으러 오는 사람은 보통 채무자다. 법적으로 취하서를 작성하고 법원에 철회 신청을 하는 것은 채권자다. 그러므로 채권자가 동의서를 받으러 올 것 같지만 그렇지 않고 보통 채무자가 온다. 채무자가 불쌍한 얼굴로 와서 '동의 좀 해주세요.'라고 할 것이다.

슬프지만 내가 동의서를 안 써줘도 취하가 될 것이다. 하지만 쉽게 동의서를 써주긴 싫다. 내가 발품 팔고 돈 써가며 권리분석하고 임장 다녔는데 어떻게 쉽게 동의서를 써주겠는가? 이때 수고비를 달라고 해야 한다. 수고비는 500만원 이하로 하는 것이 좋다. 1억원짜리 물건이라면 보증금 1,000만원을 투자하고 500만원 벌었으니까 그것도 괜찮다. 만일 수고비를 지불하겠다고 한다면 미련 없이 동의서에 사인해주는 것이 좋다. 물론 돈을 입금받고 사인해주어야 한다.

재밌는 얘길 보태자면 내가 위와 같은 상황을 여러 차례 경험해본 결과 채무자들이 동의서만 받아가고 결국 경매는 취하되지 않는 경우도 있더라는 것이다. 취하 동의서를 써주긴 했는데 어쩌다보니 내가 낙찰 잔금을 지불해야 하는 기일까지 경매가 취하됐다는 소식이 들리질 않는다. 만약 이런 경우라면 그냥 잔금을 내고 소유자가 되는 것이 제일 좋다.

상대방의 입장에서 생각해보자. 당신이 채무자고 경매를 취하시키고 싶다면 우선 채권자와 합의를 볼 것이다. 채무를 곧바로 갚거나 언제까지 갚을 테니 경매는 취하해 달라고 말이다. 그러고 나서는 낙찰자의 동의를 받으러 갈 것이다.

그러나 채무자는 기본적으로 돈이 모자란 사람들이다. 채권자에게 언제까지 채무를 갚겠다고 약속을 했어도 그 약속을 지키지 못할 수도 있다. 막연히 갚겠다고 약속만 한 것일 수 있고 아니면 어디서 돈이 생길 예정이었는데 일이 틀어질 수도 있다. 아무튼 낙찰자에게 취하 동의서를 받으러 올 때엔 채무를 상환할 계획이었지만 그게 틀어져 채무를 상환하지 못하고 경매도 진행될 수 있는 것이다. 이럴 경우 동의서를 써주었는데도 취하되지 않는 경우가 생긴다. 법원은 경매를 그냥 진행하게 된다. 그럼 내가 부동산 소유자도 되고 아까 받았던 수고비도 챙길 수 있게 된다.

또 중요한 점은 내가 경매 취하 동의서를 써줬더라도 경매 취하에 대한 소식이 없다면 잔금 납부 기일에 칼같이 잔금을 내야 한다는 것이다. 만약 잔금을 지불하라고 법원으로부터 통보까지 받았다면 그냥 내야 한다.

취하 동의서를 써줬기에 경매가 취하되리라 생각해 잔금을 지불하지 않으면 오히려 내 보증금만 떼일 수 있다. 경매 취하가 완전히 이뤄지기 전까지 경매는 끝난 것이 아니다. 수고비 조금 받고 보증금 떼이는 일이 일어나서는 안 되지 않겠는가?

한 가지 더 알아두어야 할 점은 위에서 제시한 상황은 임의경매로 경매가 시작된 상황에서의 얘기다. 임의경매를 취하하는 것은 낙찰자의 동의서가 없어도 채권자가 쉽게 할 수 있다. 그런데 강제경매의 취하는 다르다. 낙찰자가 동의를 안 해주면 굉장히 어렵고 복잡해지며 시간, 비용이 발생한다.

이때는 수고비를 더 크게 요구해야 한다. 임의경매에서 제시했던 수고비의 2배 정도를 부르면 좋다. 단 시비에 걸릴 수 있으니 입찰 보증금보다는 적게 불러야 한다.

왜 임의경매와 강제경매의 취하 과정에 난이도 차이가 발생하는 것일까? 임의경매 시의 취하는 등기의 근저당을 말소하면 자동으로 경매가 취하되기 때문이다. 이미 근저당권자는 돈을 받았기에 법원은 경매를 진행할 사유가 사라졌다고 본다. 근저당권이 말소된 등기부등본을 법원에 제출하면 직권으로 취하를 시켜준다.

그러나 강제경매 시에 경매를 취하시키기 위해서는 채무자가 이 채권을 갚았다는 것을 소송을 통해 확인해야 한다. 채무자와 채권자는 시간과 비용을 들여 소송을 하기보다는 낙찰자와 합의를 보아 경매를 취소시키길 희망한다. 그래서 더 높은 금액을 낙찰자에게 수고비로 주는 것이다.

14

헛걸음 시키는 물건이 대박 물건이다

경매절차에서 변경이란 기본적으로 '이해관계인의 사정에 의해 해당 경매 사건의 어떤 사항이 바뀌는 것'이라고 표현할 수 있다. 경매에 새로운 매각조건이 추가되든 권리가 변경되든 날짜가 바뀌든 뭔가가 바뀌는 것을 전부 다 가리킨다. 넓게는 경매를 취하시키는 것 또한 일종의 변경이라 할 수 있다.

그러나 일반적으로 '변경이 났다.'고 하면 채무자의 요청에 의해 경매 매각일이 뒤로 미뤄지는 것을 말한다. 기타 경매 조건을 변경함으로 인해 부수적으로 경매기일이 연기되기도 하지만 경매기일 자체를 미루기 위해 변경을 요청하는 경우가 대부분이다.

기본적으로 채무자는 자신의 물건이 경매에 나오길 원치 않는 사람들이다.
그래서 가능한 채무를 상환하고자 변경을 요청하는 경우가 많다. 하지만
경매에 걸린 채무액이 물건의 감정가보다 월등히 높은 경우라면 어떨까?
이런 경우에도 채무자가 변경을 하려할까?

소재지	전라북도 익산시 낭산면 석천리○○○○ 외 1필지 도로명검색		D 지도	回 지도					
물건종별	주유소(위험물)	감 정 가		267,420,480원	오늘조회: 1 2주누적: 175 2주평균: 13 조회동향				
토지면적	1661㎡(502.453평)	최 저 가		(100%) 267,420,480원	구분	입찰기일	최저매각가격		결과
건물면적	190.16㎡(57.523평)	보 증 금		(10%) 26,750,000원		2019-09-30	267,420,480원		변경
매각물건	토지·건물 일괄매각	소 유 자	박■■			2020-10-19	**267,420,480원**		**변경**
개시결정	2019-02-15	채 무 자	박■■		본사건은 변경 되었으며 현재 매각기일이 지정되지 않았습니다.				
사 건 명	임의경매	채 권 자	논■■						

* **건물등기부** (채권액합계 : 842,000,000원)

No	접수	권리종류	권리자	채권금액	비고	소멸여부
1(갑9)	2011.10.17	소유권이전(매매)	박■■			
2(을5)	2011.12.30	근저당	논■■	182,000,000원	말소기준등기	소멸
3(을8)	2012.01.26	근저당	이■■	460,000,000원		소멸
4(을9)	2014.10.28	근저당	서■■	200,000,000원		소멸
5(갑13)	2015.01.06	압류	익■■			소멸
6(갑14)	2015.10.16	압류	논■■			소멸
7(갑15)	2015.12.07	압류	익■■			소멸
8(갑16)	2019.02.15	임의경매	논■■	청구금액: 145,923,178원	2019타경966	소멸
9(갑17)	2019.11.29	압류	논■■			소멸

자료 옥션원

　위 물건은 실제 경매 과정에서 변경이 이뤄진 사례다. 오른쪽 사건 이력
을 보면 2019년 9월과 2020년 10월에 두 차례의 변경이 있었다는 걸 알 수
있다. 그런데 이 부동산의 감정가는 2억 6,742만원이고 등기부현황을 보면
채권액 합계가 8억 4,200만원이다. 3억원도 안 되는 물건에 8억원이 넘는

채권이 붙었는데 모종의 이유로 계속해서 변경이 일어나고 있는 것이다. 애초에 채무자가 상환을 시도할 필요가 없는 상황에서 말이다.

이런 경우에서 변경은 다른 의미가 되기도 한다. 특히 위와 같이 감정가보다 채무액이 월등히 높은 상황에서의 변경은 해당 물건에 감정가 이상의 가치가 있다는 단서가 된다.

채무자는 대한민국에서 그 부동산을 제일 잘 알고 있는 사람이다. 채무자는 그 땅의 소유자로서 지금까지 수개월에서 수년 또는 수십 년을 보유하며 그 땅을 보살피고 주변에서 정보를 들었을 것이다. 그래서 그 부동산에 현재 어떤 하자가 있으며 어떤 숨은 가치가 있는지 속속들이 알고 있다.

이런 물건의 경우 현재 감정가가 낮게 측정된 것이며 사실 그보다 높은 가치를 지니고 있을 확률이 높다. 감정평가사가 방만해 시세를 제대로 파악하지 못하고 감정을 한 것인지, 아니면 시세에도 반영되지 않은 비밀스런 미래가치를 지닌 것인지는 모르지만 채무자는 이 부동산을 뺏기고 싶지는 않은 것이다. 그렇게 생각하면 위 상황이 맞아 떨어진다. 이런 것을 연구해야 실력이 향상됨을 기억하라.

변경은 입찰 경쟁을
낮춘다

소재지	경기도 파주시 야당동○○○○ 외 1필지 도로명검색 🗺지도 🗺지도						
물건종별	근린시설	감정가	2,596,538,000원	오늘조회: 1 2주누적: 0 2주평균: 0 조회동향			
				구분	입찰기일	최저매각가격	결과
토지면적	1707㎡(516.367평)	최저가	(70%) 1,817,577,000원	1차	2015-06-17	2,596,538,000원	유찰
건물면적	822.2㎡(248.716평)	보증금	(10%) 181,760,000원		2015-07-22	1,817,577,000원	변경
					2015-10-01	1,817,577,000원	변경
매각물건	토지·건물 일괄매각	소유자	이■■		2015-12-09	1,817,577,000원	변경
					2016-02-25	1,817,577,000원	변경
개시결정	2014-11-03	채무자	이■■		2016-05-06	1,817,577,000원	변경
사건명	임의경매	채권자	농■■		2016-06-09	**1,817,577,000원**	취하
				본사건은 취하(으)로 경매절차가 종결되었습니다.			

• 토지등기부 (채권액합계 : 2,708,000,000원)

No	접수	권리종류	권리자	채권금액	비고	소멸여부
1(갑2)	2004.12.21	소유권이전(매매)	이■■			
2(을14)	2011.03.11	근저당	농■■	2,058,000,000원	말소기준등기 양도전:지도농업협동조합	소멸
3(을16)	2014.04.10	근저당	성■■	300,000,000원		소멸
4(갑8)	2014.11.03	임의경매	농■■	청구금액: 1,355,212,509원	2014타경34214, 양도전: 지도농업협동조합	소멸
5(을17)	2014.11.07	근저당	이■■	350,000,000원		소멸
6(갑11)	2015.03.26	압류	파■■			소멸
7(갑12)	2015.06.11	압류	파■■			소멸

자료 옥션원

위 물건은 2015년 첫 경매로 나와 1회 유찰된 뒤 그 뒤로 계속 변경되다 결국 취하된 것이다. 파주시 야당동의 토지와 건물로 감정가는 25억 9,653만 원인데 전문가의 관점에서 봤을 때 굉장히 훌륭한 물건이다. 이 물건은 총 다섯 번의 변경이 이뤄졌다. 나는 이 물건을 낙찰받기 위해 2015년 7월부터 10월, 12월, 2016년 2월, 5월까지 총 다섯 번을 도전했다. 도전이란 말을 쓰는 이유는 입찰하러 갔다가 변경 때문에 입찰표도 못 넣고 돌아와야 했기 때문이다. 사람들은 내가 5번이나 헛고생을 했다고 생각할 것이다.

나는 변경이 잦은 물건들을 수도 없이 만나면서 나름대로 결론을 내보았다. 결론은 변경이 있거나 잦은 물건들은 부동산이 대체로 훌륭하다는 것이었다. 이 물건도 감정가는 약 25억원에 부동산에 붙은 총 채무액은 약 27억원이다. 1회 유찰되기까지 해 입찰 최저가는 18억원으로 떨어졌다. 채무자는 이런 물건을 지키기 위해서 27억원을 갚으려 수차례 변경을 시켰다는 의미가 된다. 결국 이 물건은 취하되었고 채무자는 이 물건을 지킨 셈이 되었다.

나는 만 1년, 햇수로 따지면 2년을 도전해놓고 아무 소득 없이 돌아가야 했다. 두 차례 정도 변경됐을 때는 나도 '그만할까?' 하는 생각이 들기도 했다. 나 혼자 도전한 것이었다면 그만했을지도 모른다. 하지만 함께하는 사람들이 있었기에 끝까지 갔던 것이다. 그리고 끝까지 도전한 결과가 취하였다. 2년 동안 헛짓거리를 한 것이었다.

그런데 이 헛짓거리는 나에게 두 가지의 큰 메시지를 안겨주었다. 첫 번째는 변경이 있거나 잦은 물건은 훌륭한 물건일 가능성이 굉장히 높다는 것이다. 18억원은 그냥 입찰가일 뿐이고 실제 부동산의 가치는 이보다 훨씬 더 훌륭하다.

두 번째는 변경이 잦으면 경쟁 입찰자가 점점 더 줄어든다는 점이다. 아마도 이게 취하가 안 되고 마지막에 경매에 들어갔다면 입찰자가 없거나 아주 적었을 것이다. 변경이 잦은 물건은 나름 전문가 정도 되어야 입찰에 들어온다. 변경이 잦은데도 여러 전문가들이 입찰하려 달려든다면 그건 그것대로 그 물건의 가치를 보증하는 인증서가 아니겠는가?

모두가 달려드는 물건은
하지 않는다

기억해야 할 것은 경매는 1등을 해야 낙찰받을 수 있지만 1등을 한다고 돈을 버는 것은 아니라는 사실이다. 아무리 싸게 나온 물건도 입찰자가 수십명, 수백 명씩 들어온다면 그 물건은 절대 낙찰받아선 안 된다. 아니 재수 없으면 내가 낙찰받는다. 낙찰 가격은 이미 그 물건의 가치보다 훨씬 높아진 상태일 것이다. 만약 9시 뉴스에 "이 경매 물건은 0원부터 진행합니다!"라고 매일 같이 떠든다면 당신은 어떻게 하겠는가? 나라면 절대 도전조차 하지 않는다. 남들이 다 하는 물건이기 때문이다.

시세가 30억원인 물건의 경매를 0원부터 시작한다. 그러면 0원에 살 수 있을까? 대한민국 사람들이 다 아는 물건이면 절대 싸게 살 수 없다. 어떻게 되든 입찰자는 적으면 적을수록 좋다. 최대한 경쟁자가 적은 물건, 최대한 입찰자가 적은 시장을 찾는 것이 좋다. 그런 의미에서 변경이 잦은 것을 찾는 것은 입찰 경쟁이 없는 시장을 찾는 하나의 방법이다.

소 재 지	서울특별시 마포구 공덕동○○○○	도로명검색	지도	지도			
					오늘조회: 1 2주누적: 15 2주평균: 1 조회동향		
물건종별	대지	감 정 가	9,195,020,000원	구분	입찰기일	최저매각가격	결과
				1차	2018-08-07	9,195,020,000원	유찰
토지면적	550.6㎡(166.557평)	최 저 가	(51%) 4,707,850,000원	2차	2018-09-04	7,356,016,000원	유찰
					2018-10-23	5,884,813,000원	변경
건물면적	건물은 매각제외	보 증 금	(10%) 470,790,000원		2019-02-19	5,884,813,000원	변경
				3차	2019-04-30	5,884,813,000원	유찰
매각물건	토지만 매각	소 유 자	김■■	4차	2019-06-11	4,707,850,000원	
					낙찰 : 6,130,000,000원 (66.67%)		
개시결정	2017-03-31	채 무 자	씨■■		(입찰3명,낙찰:고양시 주■■ /		
					차순위금액 6,100,000,000원 / 차순위신고)		
사 건 명	임의경매	채 권 자	농■■		매각결정기일 : 2019.06.18 - 매각허가결정		
					대금지급기한 : 2020.01.30		

* **토지등기부** (채권액합계 : 30,769,340,735원)

No	접수	권리종류	권리자	채권금액	비고	소멸여부
1(갑6)	2006.09.27	공█지분전부이전	김█		매매	
2(을18)	2008.01.29	근저당	(주)진█	11,968,000,000원	말소기준등기 확정채권양도전:농협은행	소멸
3(갑8)	2008.01.29	소유권이전 청구권가등기	지█		매매예약, 양도전:씨앤디 포주식회사	소멸
4(갑10)	2010.07.13	소유권일부이전	김█		매매, 0.1/550.6, 거래가 액:500,000원	
5(갑11)	2011.01.24	김█지분가압류	이█	390,000,000원	2011카합89	소멸
6(갑12)	2011.04.29	김█지분가압류	김█	86,698,630원	2011카단43724	소멸
7(갑13)	2011.05.24	김█지분압류	삼█			소멸
8(을19)	2011.09.02	김█지분전부근저당	현█	3,500,000,000원		소멸
9(갑14)	2011.12.14	김█지분압류	마█			소멸
10(갑15)	2012.02.10	김█지분압류	서█			소멸
11(갑16)	2012.03.22	김█지분압류	서█			소멸
12(을20)	2016.06.15	근저당	김█	360,000,000원		소멸
13(갑20)	2016.09.30	김█지분가압류	남█	139,642,105원	2016카단3753	소멸
14(갑21)	2017.03.23	김█지분가압류	농█	11,000,000,000원	2017카단33477	소멸
15(갑22)	2017.03.31	임의경매	(주)진█	청구금액: 19,288,000,000원	2017타경2379	소멸
16(갑23)	2017.04.21	김█지분가압류	김█	25,000,000원	2017카단1029	소멸
17(을18)	2017.05.11	(주)진█질권	엘█	3,300,000,000원		소멸
18(갑25)	2017.10.12	임의경매	엘█	청구금액: 2,318,420,938원	2017타경7398	소멸

자료 옥션원

위 물건은 두 번 유찰된 뒤 두 번 변경되고 마지막으로 한 번 더 유찰된 뒤 낙찰이 이뤄진 것이다. 총 세 번의 유찰로 최저가는 47억 785만원까지 내려갔는데 결국 61억 3,000만원에 낙찰됐다.

낙찰받은 것은 내가 조력하던 투자자였다. 입찰에는 3명밖에 안 들어 왔는데 61억원을 쓰고 차순위 신고를 한 사람이 있었다. 그는 채무자 쪽 사람이었다. 빚을 털어버리고 새로이 소유권을 얻고 싶어 작전을 짜고 뛰어든 것이다.

이 물건의 총 채무는 자그마치 307억원인데 이것 말고도 다른 채무가 많을 것이 분명했다. 그럼에도 불구하고 변경을 두 번 하고 경매까지 뛰어들어 차순위 신고까지 한 것은 상식적으로 이해가 안 되긴 한다. 하지만 역으로 생각해보면 분명 이 물건에 뭔가 있기 때문에 그런 것이다.

이 물건은 마포 공덕오거리 족발시장에 마지막으로 남은 재건축 대상 건물이었다. 그래서 앞으로의 가치가 어마어마 하다보니 채무자가 안 뺏기려고 변경 등 온갖 수를 쓰고 있던 것이었다. 우리는 그런 물건을 낙찰받는 데 성공했다.

내가 이 물건의 가치를 알아보고 결국 낙찰을 받아낼 수 있었던 원인에는 전에 살펴본 첫 번째 물건에서의 경험이 있었다. 나는 다섯 번이나 변경으로 인해 허탕을 치면서 변경이 잦은 물건은 가치가 있는 물건이라는 사실을 깨달았고 두 번째 물건에서 낙찰에 성공할 수 있었던 것이다. 헛고생은 경험이지 위험이 아님을 알아야 한다.

이제 변경에 관한 결론을 내보자. 경매 과정에 변경이 생겼다. 이때 대부분의 사람들은 경매 이력에 변경이 있으니까 결국 취하될 가능성이 높다고 생각하고 빠지려 한다.

진실은 변경이 잦은 사건은 훌륭한 물건일 가능성이 높다는 것이다. '변경이 있으면 취하될 가능성이 높다.'고 생각하는 사람들은 입찰에 안 들어올 것이고 '이번에도 변경이 이뤄져 헛고생 할 가능성이 높다.'고 생각하는 사람들도 안 들어올 것이다. 이 때문에 낙찰가도 낮게 책정된다. 물건도 좋은데 낙찰가까지 낮다면 이보다 훌륭한 물건이 어디 있겠는가?

최저가가
변경되는 이유

"유찰이 되지도 않았는데 최저가가 변경되는 이유는 무엇인가요?" 가끔 이런 질문을 해오는 사람이 있다. 경매 물건의 매각 가격에 변경이 이뤄지는 경우를 짚고 넘어가겠다.

이에 대한 이해를 돕기 위해 우선 예를 들어보겠다. 어떤 건물에 101호부터 104호까지를 보유한 A라는 사람이 있었다. A가 어떤 사람에게 빚을 못 갚아 A의 건물이 경매로 나왔는데 어떤 사유로 인해 A의 물건이 아닌 105호까지도 경매로 나온 것이다. 뒤늦게 법원이 이 사실을 알고 경매 대상 물건에서 105호를 제외시키면서 가격이 내려가는 케이스가 있다.

반대로 104호까지가 A의 물건인데 어떤 착오로 101호에서 103호까지만 경매에 나온 경우도 있다. 이런 경우 채권자가 104호도 A의 물건이라고 이의를 제기하면 법원이 104호도 경매 물건에 포함시켜 경매를 진행한다. 이런 경우 경매 물건의 감정가와 최저가가 상향 변경된다.

위 두 가지가 물건의 최저가나 감정가가 달라지는 가장 대표적인 케이스다. 물건 목록에 새로운 항목이 추가되는 경우 이미 여러 회 유찰되었음에도 불구하고 다시 감정가로 나오기도 한다.

15

법원이 자꾸 경매 일정을 연기시키는 이유는?

코로나19 후폭풍…서울 아파트 경매, 줄줄이 연기

9월 서울 아파트 입찰, 단 2건…법원 잇단 휴정
코로나19에 법원 방문도 꺼린다…평균 응찰자수 하락

(서울=뉴스1) 이철 기자 | 2020-09-21 07:05 송고 | 2020-09-21 09:25 최종수정

2020년 9월에 난 신문기사다. 코로나19로 인해 서울권의 아파트 경매가 줄줄이 연기됐다는 내용이다. 이처럼 법원은 코로나로 인해서 사람이 모이는 걸 막으려고 경매를 연기하기도 한다.

채권자가 원하거나 채무자가 원하거나 아니면 낙찰자가 원해서 그런 것이 아니다. 이해관계인들이 원해서 경매가 미뤄지는 게 아니라 법원이 법정 자체를 열지 않은 것이다. 쉽게 이야기하자면 연기는 '법원의 사정'에 의해서 이뤄진다. 이것이 연기의 정의다.

송달 오류로 인한
일정 연기

위 상황에서 연기가 일어난 법원의 사정은 코로나였다. 이외에 또 어떤 사정이 있을까? 코로나 같은 일이 없다면 실제로 법원의 사정에 의한 연기가 그렇게 자주 있는 편은 아니다.

내가 본 케이스 중 가장 많은 연기 사유는 송달과 관련해 문제가 있던 경우다. 법원은 경매를 접수받으면 그 부동산에 관련된 각각의 이해관계인들에게 '이 물건이 경매로 진행됩니다.' 하고 우편 송달을 해야 한다.

하지만 법원에서 이해관계자들에게 전부 송달한 줄 알고 경매를 진행했는데 중간에 누군가 송달을 못 받았다는 걸 인지한 것이다. 이런 경우 법원은 보통 경매를 한 달 연기하고 그 이해관계자에게 다시 송달을 한다. 도통 연락이 안 된다면 계속해서 경매는 연기된다.

법원 송달은 반드시 우체부가 이해관계인에게 전달을 해줘야만 송달된 것으로 처리된다. 어떤 피해 사례가 생길지 모르니 송달을 철저히 하는 것이다. A, B, C, D, E 다섯 명의 이해관계인이 있다면 이들 다섯 명이 전부 받아서 법원의 고지 사항을 봤다는 확정이 있어야 송달 절차가 마무리된다. 혹시 C가 어떤 사유로 송달 사항을 못 받아봤다면 C가 받을 때까지 절차는 계속해서 지연된다.

경매나 소송이 오래 걸리는 이유 중 하나가 바로 이런 송달의 문제 때문이다. 경매의 내용에 따라 이해관계인들은 무수히 많아질 수 있다. 예를 들어 해당 물건에 가압류를 건 채권자가 500명이면 500명에게 다 보내줘야 한다. 이러려면 시간이 정말 오래 걸린다. 만약 이런 과정을 **빼먹고** 그냥 진행한다면 배당을 받을 수 있는 이해관계자가 배당 신청을 못하는 경우가 생길 수 있기 때문이다.

공고 오류로 인한
일정 연기

법적으로 법원이 경매를 개시하면 신문에 해당 경매에 대한 공고를 하도록 되어 있다. 그런데 예를 들어 '마두동 1-1번지'가 경매로 나왔는데 오타가 나서 '마두동 10-1번지'라고 공고했고 경매가 시작된 뒤에 이 사실을 법원이 인지했다면 법원은 일정을 연기하고 공지를 다시 올린 다음 경매를 진행하게 된다. 또 경매물건이 100평인데 100평방미터로 잘못 표기한 경우도 재공고 및 연기의 대상이 된다. 하지만 법원이 이런 실수를 자주하지는 않기 때문에 이런 연기는 그리 많지 않다.

과거에는 법원의 사정에 의한 연기가 횡행한 적도 있었다고 한다. 내가 처음 경매를 시작했을 때만 해도 대한민국은 공정과는 살짝 거리가 멀었다. 그래서 어떤 세력들은 절차상의 하자를 살짝 남겨놓고 경매를 진행하는 경우도 있었다. 절차상의 하자를 왜 만들었을까? 그들은 법원 모르게 절차상의 하자를 만들어놓고 경매를 진행시킨다. 만약 그들이 낙찰을 받는다면 그대로 넘어가지만 일이 뜻대로 풀리지 않을 경우 그 하자를 법원에 고

발하는 것이다. 이럴 때 법원은 경매 절차상의 하자가 있기 때문에 낙찰을 불허가하고 하자를 고친 후 다시 경매를 진행한다.

이를 모르고 낙찰받은 낙찰자의 입장에서는 좋은 물건을 열심히 조사해서 낙찰까지 받아놨더니 불허가됐다는 이야기를 들으니 뒤통수를 맞는 격이다. 법원에 가서 따져봐도 법원은 무심하게 "No."라고 말할 뿐이다. 만약 당신이 이런 경우에 처한다면 얼마나 억울할까? 그저 '이런 것도 좋은 경험이다.' 생각하면서 긍정적으로 받아들이는 태도를 갖는 것이 당신의 미래를 위해 도움이 된다.

경매 절차상의 하자는 이처럼 경매에 안 좋은 영향을 주므로 법조인 중에는 이러한 하자를 찾아주는 직업을 가진 사람도 있다. 물론 그것에 대한 수수료가 굉장히 세지만 '괜히 나중에 낙찰이 취소되는 것보단 수수료 내는 게 낫다.'라고 생각하는 부류도 있기 때문에 이런 직업에 의뢰하는 수요도 많다.

연기가 이뤄질 사건을 사전에 조사해서 피할 방법은 없다. 하지만 연기된 물건이 어디 사라지는 것은 아니다. 경매 투자를 하다 연기가 나올 경우 억울해하거나 조급해하지 말고 덤덤히 기다리는 것만이 답이다.

16

좋은 물건을 가려내는 안목을 길러라

좋은 물건의 기준은
계속해서 올라간다

A라는 물건을 2005년에 구입해서 2006년에 팔았다. 살 때는 좋았다고 생각해 수강생들에게도 말하지 않고 나 혼자만의 돈으로 무리하게 구매한 물건이었는데 팔 때 다시 보니 그다지 좋은 물건이 아니었다. 수익도 미미했다. 나중에 생각해보니 '내가 왜 1년 전에 이 물건을 좋다고 생각했지?', '왜 이렇게 욕심이 나서 안달을 냈지?' 하고 후회가 들었다.

이때 나는 나의 스승인 굿프렌드 원장님^{태양바람}에게 가서 물었다. "원장님 왜 제가 작년에 A 물건을 한다고 했을 때 말리지 않으셨죠? 지금 보니까 좋은 물건도 아니던데요?" 나는 왜 원장님께서 1년 전 A 물건을 하지 말라고 말씀하시지 않으셨는지가 궁금했다. 이런 물건에선 수익이 나지 않을 거라는 걸 충분히 아셨을 만한 분이기 때문이었다. 그때 원장님은 이렇게 답변하셨다. "나도 그걸 왜 한다는 건지 몰랐어. 네가 하고 싶다니까 하라고 한 거야." 그러면서 한마디를 더 해주셨다. "너는 너무 욕심이 많아."

1년 전 A 물건을 샀을 무렵의 나와 1년 후의 나를 비교하면 마인드와 실력 면에서 차이가 있었다. 그때만 그런 것이 아니라 그 후의 1년, 그 이후의 1년 모두 나는 계속해서 성장하고 있었다. 그리고 그렇게 성장할 때마다 1년 전 내가 산 물건들에 대해서 후회하고 있었다. 1년 전에 살 때는 대박 매물이었는데 1년 후에 성장한 안목으로 물건을 다시 보니 쪽박 매물이었던 것이다. 이런 상황이 반복되었다. 이런 나의 고민에 대해서 원장님은 위와 같이 답변을 해주셨다. "나도 그걸 왜 한다는 건지 몰랐어. 네가 하고 싶다니까 하라고 한 거야.", "너는 너무 욕심이 많아."

나는 원장님의 대답에서 두 가지 지혜를 배웠다. '하고 싶은 게 보일 땐 해봐야 한다.', '욕심은 내지 말아야 한다.' 이건 굉장히 중요한 이야기다. 지금 이 순간 투자라는 행위를 하는 많은 사람들이 새겨들어야 한다. 과거에 좋아보였던 물건이 나중에 가서 보니 그렇게 좋은 물건이 아닌 것이다. 왜일까? 당신의 실력이 그만큼 향상됐기 때문이다. 그럼 지금 좋아보이는 물건이 미래에도 좋은 물건이냐? 그것도 아닐 것이다. 왜냐하면 당신은 앞으로도 계속해서 성장할 거니까.

그러면 어차피 안 좋아질 물건이니 투자하지 말아야 할까? 그게 아니다. 지금 좋아보이는 물건이라면 들어가봐야 한다. 다만 욕심내선 안 된다. 무리가 가지 않는 선에서 투자해야 하고 혼자 들어가기에 부담이 되는 물건이라면 공동투자 등 부담을 줄일 방법을 알아봐야 한다. 중요한 점은 어차피 당신이 투자한 그 물건은 나중에 가서 보면 별로인 물건일 될 것이라는 점을 인정하는 것이다. 이것이 실력이 성장하는 단계에 있는 투자자들이 가져야 할 가장 기초적인 마인드다.

실력과 수익은
비례하지 않는다

인간은 실수를 통해서 굉장히 많은 걸 느낀다. 그리고 그것을 곱씹는 과정에서 실력이 성장한다. 나는 1년마다 물건을 보는 스스로의 안목이 점점 성장하는 것을 경험했다. 그렇다면 나의 수익도 1년마다 점점 커졌을까?

시간의 흐름에 따른 실력과 수익의 변화

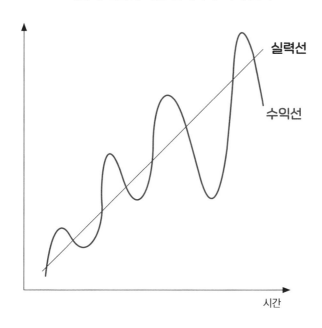

위 자료는 시간에 따른 실력과 수익의 변화를 설명한 그래프다. 수익선은 그때그때 들쑥날쑥한데 반해 실력선은 꾸준하게 늘고 있는 것을 확인할수 있다. 심지어 수익선이 아래로 꼬꾸라질 때도 실력은 점점 늘어나고 있다. 다만 실력은 한 번에 오르지 않고 서서히 오른다. 부동산 투자판에 계속 머물러만 있다면 실력이 떨어지는 일은 없을 것이다. 오르는 정도의 차이는 있을지 몰라도 계속해서 올라갈 수밖에 없다.

욕심을
내지 마라

욕심을 내게 되면 결국 큰 손해를 보게 된다. 그리고 이렇게 입은 큰 손해는 당신으로 하여금 부동산 투자판으로부터 떠나게 할 것이다. 손해를 봐도 수익을 봐도 꾸준히만 하면 실력이 늘어날 수 있는데 투자판을 아예 떠나버리니 이런 선순환도 끊길 수밖에 없다. 무엇보다 이것이 가장 큰 손실이다. 이건 내가 경험해보고 하는 말이기에 귀담아 들어주었으면 한다.

나는 같은 실수를 몇 차례 더 하다 보니 이제 물건에 욕심이 안 난다. 오늘 그 물건을 놓치더라도 내일 더 좋은 물건이 나올 것이라는 걸 알기 때문이다. 시장이 추가적인 기회를 주기 때문이 아니다. 오늘보다 내일 나의 실력이 향상될 것이기 때문에 일어나는 현상이다. 그러니까 오늘 남에게 좋은 물건을 빼앗기더라도 편안한 것이다. 덕분에 나는 더 좋은 물건을 고를수 있게 됐다. 이건 곧 당신이 생생하게 체감할 이야기다.

꾸준한 열정과
자기자신에 대한 불신

처음 부동산에 입문한 수강생은 조금만 시장을 뒤져도 좋은 물건을 찾을 수 있다. 왜 금방인지 아는가? 수강생의 수준이 1단계라면 1단계의 눈에는 거의 모든 물건이 좋은 물건으로 보일 수밖에 없기 때문이다.

수강생 중에는 이렇게 발견한 좋은 물건을 학원 측이나 지인들에게 아무런 자문도 구하지 않고 덜컥 사는 사람이 많다. 이야기하면 소문날지 모른다는 우려 때문이다. 물어보는 동안 기회가 사라질지 모른다는 위기감과 좋은 기회를 눈앞에 두고 얼른 움켜쥐고 싶다는 마음도 들 것이다. 나도 그런 과정을 겪어왔기에 이해한다.

그러나 그 물건이 정말 좋은 물건일 리는 없다. 초보자는 좋은 물건을 따져보기 위해 볼 줄 아는 것이 아무것도 없기 때문이다. 이것은 마치 장님 코끼리 만지기와 비슷하다. 장님이 코끼리 다리를 잡고는 기둥처럼 생겼네, 코를 잡고는 뱀처럼 생겼네 하고서 뱀과 기둥을 만졌다고 생각하는 것이다. 하지만 장님이 만진 것은 코끼리다.

부동산 경매 공부도 시작했겠다 빨리 경매 하나 받아봐야겠다고 생각하는 사람들이 많다. 물론 앞에서 말한 것처럼 경험해보는 것이 중요하며 때로는 실수를 통해서 배우기도 한다. 그러나 항상 여기저기 최대한 많은 자문을 구해보고 발품을 팔며 철저히 조사해야 하고 천천히 조심스럽게 들어가야 한다. 그리고 무리하지 않게 투자해야 한다. 자기 자신에 대한 '불신', 투자자에겐 매우 중요하다. 이 모든 것은 자신의 열정을 꾸준하게 가지고 가기 위함이다.

5억의 수익을 만든
토지 용도변경

1,380평 토지를 9억원에 낙찰받아 5개월 만에 14억원에 판 사례를 소개해보
겠다.

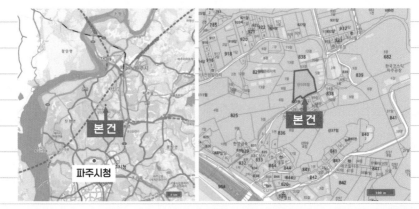

자료 옥션원

토지는 파주 월롱면 덕은리에 있는 임야였다. 이 땅 주변에는 LG디스플레이가 있어 본사와 협력업체 종사자들이 주거지역을 이루고 있었다.

자료 옥션원

임장을 가보니 풀이 무성하게 자라있었다. 나는 이 땅을 보유하고 있던 5개월 동안 어떤 손도 대지 않았다. 심지어 풀 한 포기 뽑지 않았다. 그런데 어떻게 5억원이나 남기며 팔 수 있었을까?

비밀은 바로 인허가에 있었다. 나는 이 땅의 경매에 입찰하기 전 사전조사를 했다. 조사 내용은 토지의 용도변경에 대한 허가를 받을 수 있는지에 대한 것이었다.

가장 먼저 파주시청에 들려 임야의 토지 용도를 근린 생활시설로 바꿀 수 있는지를 물어보았다. 뿐만 아니라 인허가에 관계된 사설 시설(측량설계사무소 등 인허가 관련 사무소)에도 알아보았다. 이렇게 이중으로 알아본 이유는 시청 담당자의 경우 언제나 용지변경 허가 여부에 대해 보수적이고 부정적으로 얘기하는 경향이 있기 때문이다.

예상대로 시청 담당자는 용도변경 허가 건이 쉽지 않을 거라는 답변을 내었다. 반면 인근의 사설 사무소에 자문을 구했더니 그 정도면 어렵지 않게 허가가 나올 것이라는 답변을 구할 수 있었다.

나는 이 땅의 용도변경 허가를 받을 수 있겠다는 결론을 내리고 이 땅의 경매에 입찰하여 2021년 2월 9억 2,468만원에 낙찰받았다. 그리고 계획대로 용도를 바꿔 2021년 7월 14억 4,900만원에 팔았다.

이 과정에서 7억원의 대출을 받았으므로 실제 들어간 돈은 2억원 대 초반이었고 차액 5억 2,000여 만원을 남긴 셈이었다.

일반 임야를 근린 생활시설로 바꾸는 허가가 가능한지만 알아보았을 뿐이다. 그런데 그 정도 알아보는 수고로 5개월 만에 2억원을 투자해 5억원을 번 것이다.

경매 절차 속에 숨어있는 진실

3장

17

감정가로 나온 물건을 잡아채야 돈을 번다

어떤 물건에 대한 경매신청이 들어간 경우 우리 같은 입찰자는 언제쯤 그 사실을 알 수 있을까? 사실 경매신청 단계에선 이것을 알 길이 없다. 심지어 우리 옆집이 경매신청에 들어갔어도 모를 것이다.

입찰자는 경매 실시가 확정되고 기일이 잡히면 그때 비로소 알 수 있다. 법원에서 '1차경매, 감정가경매, 신건경매' 등의 표현을 붙여 물건이 경매에 나왔음을 공고한다.

채권자가 경매를 신청하고 경매 물건이 우리 앞에 나올 때까지 걸리는 시간은 생각보다 길다. 그 이유는 앞에서도 언급했듯 이해관계인들에게 송달하는 것만으로도 수개월에서 심지어는 연단위까지 걸리기 때문이다. 또 매각 부동산에 대한 감정평가 등의 각종 조사와 매각준비를 하는 시간도 오래 걸린다. 어떤 물건에 대하여 경매 신청이 들어오면 법원은 이처럼 많은 것을 준비한다.

입찰자에게 중요한 것은
오직 감정평가

우리가 매각 준비 과정 가운데 기억해야 할 것은 단 하나다. 바로 '부동산 감정평가'다. 채권자가 경매를 신청하면 법원은 지체 없이 감정평가를 실시한다. 감정평가란 공인된 감정평가기관의 감정평가사들이 매각 물건이 있는 현장에 나가 가격조사를 하고 법원에 그것을 보고하는 과정이다. 법원은 보고받은 감정가를 바탕으로 경매를 실시한다.

이렇게 실시되는 경매를 '감정가경매'라고도 하고 '신건경매', '1차경매', '100%경매'라고도 한다. 감정을 받은 뒤 처음 실시되는 경매와 그 물건을 지칭하여 여러 가지 용어를 쓰는 것이다.

소 재 지	서울특별시 금천구 독○○○○, 푸른터 8○○ [도로명검색] [지도] [지도]						
새 주 소	서울특별시 금천구 남부순환로1○○○○, 푸른터 8○○						
물건종별	아파트	감 정 가	245,000,000원	오늘조회: 44 2주누적: 406 2주평균: 29 [조회동향]			
대 지 권	27.32㎡(8.264평)	최 저 가	(100%) 245,000,000원	구분	입찰기일	최저매각가격	결과
건물면적	81.56㎡(24.672평)	보 증 금	(10%) 24,500,000원	1차	2020-10-07	245,000,000원	
매각물건	토지·건물 일괄매각	소 유 자	박■				
개시결정	2016-11-03	채 무 자	(주)대■				
사 건 명	임의경매	채 권 자	최■				

• 등기부현황 (채권액합계 : 78,000,000원)

No	접수	권리종류	권리자	채권금액	비고	소멸여부
1(갑29)	2012.09.28	소유권이전	(주)대■		신탁재산의귀속	
2(을1)	2012.09.28	근저당	최■	52,000,000원	말소기준등기	소멸
3(갑30)	2012.10.08	소유권이전(신탁)	김■			
4(갑31)	2013.03.27	소유권이전	(주)대■		신탁재산의귀속	
5(을2)	2013.03.27	근저당	권■	26,000,000원	확정채권양도전:정■	소멸
6(갑32)	2013.04.02	소유권이전(신탁)	김■			
7(갑33)	2013.06.28	소유권이전	(주)대■		신탁재산의귀속	
8(갑34)	2013.06.28	소유권이전	권■		대물변제	
9(갑35)	2016.08.26	소유권이전(매매)	박■		거래가액:234,000,000	
10(갑36)	2017.09.29	임의경매	최■	청구금액: 52,000,000원	2017타경9456	소멸

자료 옥션원

감정가를 좀 더 이해하기 위해 예를 들어보겠다. 위 물건은 2020년 10월 7일에 매각이 나온 건이다. 그런데 등기부현황을 보면 이 물건의 경매신청은 2017년 9월 29일 있었다. 경매신청 후 경매 준비만 무려 만 3년이 넘은 사건이다. 다시 말하지만 경매 준비 과정이 왜 이렇게 오래 걸린지를 알 필요는 없다. 우린 감정평가가 어떻게 되었는지에 대해서만 신경 쓰면 된다.

(아파트)감정평가표

이 감정평가서는 감정평가에 관한 법규를 준수하고 감정평가이론에 따라 성실하고 공정하게 작성하였기에 서명날인합니다.

감 정 평 가 사

(인)

감정평가액	이억사천오백만원정 (\245,000,000.-)						
의 뢰 인	서울남부지방법원 사법보좌관 이■■		감정평가목적		법원경매		
채 무 자	-		제 출 처		경매9계		
소유자 (대상업체명)	박■■ (2017타경9456)		기 준 가 치		시장가치		
			감정평가조건				
목 록 표시근거	귀 제시목록		기 준 시 점 2017.10.24		조 사 기 간 2017.10.20~2017.10.24		작 성 일 2017.10.24
감 정 평 가 내 용	공 부 (의 뢰)		사 정		감 정 평 가 액		
	종 류	면적(㎡) 또는 수량	종 류	면적(㎡) 또는 수량	단 가	금 액	
	아파트 이	1개호 하	아파트 여	1개호 백	-	245,000,000	
	합 계					\245,000,000	

위 자료는 이 물건의 감정평가서다. 감정평가액이 2억 4,500만원으로 나와 있는데 이 가격은 2017년 10월 24일 기준으로 나온 것이다. 2017년 9월에 접수해서 2017년 10월에 나온 것이니 감정평가서는 한 달 만에 나온 셈이다. 그런데 이런저런 이유로 경매가 시작되기까진 3년이 걸렸다. 3년 전의 부동산 가격과 지금의 부동산 가격이 같을까? 같은 동네도 있긴 하지만 어떤 동네는 매우 많이 올랐다. 그런데도 경매는 3년 전 감정평가사가 감정한대로 2억 4,500만원에 나온다.

경매 물건을 살펴보는 대부분의 투자자들은 이런 물건을 잘 살펴보지 않는다. 그들은 유찰로 인해 가격이 떨어진 물건을 낙찰받아야 돈을 벌 수 있다고 생각하기 때문이다.

감정가가 시세보다
높은 경우

일반적으로 감정한 지가 오래됐을수록 감정가가 지금 시세보다 싼 경우가 많다. 앞서 본 경매 물건의 현재 시세가 5억원이라고 해보자. 그런데 경매 정보만 봐서는 현재 감정가 2억 4,500만원이 시세에 비해 굉장히 저평가된 상태라는 사실을 알 수 없다. 직접 조사를 해봐야 한다.

당신이 경매를 하며 열심히 발로 뛰어야 한다는 게 바로 이런 것이다. 우리는 최대한 많은 물건을 감정가 때부터 조사해서 단독으로 저가에 낙찰을 받아오는 것을 목표로 삼아야 한다. 이러한 사례는 너무 많다.

소 재 지	경기도 용인시 수지구 상현동 827, 상현마을금호베스트빌 157동 6층 601호 [도로명검색] [D 지도] [N 지도]							
새 주 소	경기도 용인시 수지구 상현로 59, 상현마을금호베스트빌 157동 6층 601호							
물건종별	아파트	감 정 가	530,000,000원	오늘조회: 125 2주누적: 1435 2주평균: 103 [조회동향]				
				구분	입찰기일	최저매각가격		결과
대 지 권	57.787㎡(17.481평)	최 저 가	(70%) 371,000,000원	1차	2020-07-10	530,000,000원		유찰
건물면적	122.857㎡(37.164평)	보 증 금	(10%) 37,100,000원		2020-08-27	371,000,000원		변경
매각물건	토지·건물 일괄매각	소 유 자	한██	2차	2020-10-06	**371,000,000원**		
개시결정	2020-03-25	채 무 자	한██	낙찰: 581,999,999원 (109.81%)				
사 건 명	강제경매	채 권 자	박██	(입찰34명,낙찰:차██ / 차순위금액 568,990,000원)				
				매각결정기일 : 2020.10.13				

　위 물건은 감정가 5억 3,000만원짜리 경기도 용인시의 아파트다. 1회 유찰되어 3억 7,100만원으로 최저가가 재설정되었고 결국 2차경매에서 입찰자 34명이 붙어 5억 8,199만원에 낙찰되었다. 2020년 7월 1차경매 때만 해도 5억 3,000만원에 유찰됐던 물건이 2020년 10월 5억 8,000만원에 나간 것이다. 왜 사람들은 1차경매 때 5억 3,000만원에 입찰하지 않은 것일까? 사람들은 5억 3,000만원이라는 감정가가 원래 이 물건의 제값이라고 판단해 실제로 시가를 조사해보지 않고 아직은 비싸다고만 판단한 것이다. 감정가를 시세라고 생각하는 사람들이 대부분이기 때문에 감정가 때는 입찰자가 적거나 거의 없다.

유찰된 물건엔
경쟁자가 붙는다

다음 물건을 보자. 경기도 오산시 청호동의 아파트로 1차경매 입찰가^{감정가}

소 재 지	경기도 오산시 청호동 321, 오산자이 101동 15층 1503호 도로명검색 [D]지도 [N]지도						
새 주 소	경기도 오산시 동부대로 332-14, 오산자이 101동 15층 1503호						

물건종별	아파트	감정가	206,000,000원	오늘조회: 2 2주누적: 15 2주평균: 1 조회동향			
대지권	54.155㎡(16.382평)	최저가	(70%) 144,200,000원	구분	입찰기일	최저매각가격	결과
건물면적	84.053㎡(25.426평)	보증금	(10%) 14,420,000원	1차	2020-08-18	206,000,000원	유찰
매각물건	토지·건물 일괄매각	소유자	이■	2차	2020-09-17	**144,200,000원**	
개시결정	2020-02-07	채무자	이■	낙찰: 240,330,000원 (116.67%)			
사건명	임의경매	채권자	현대캐피탈(주)	(입찰19명,낙찰:이■ / 차순위금액 238,380,000원)			
				매각결정기일 : 2020.09.24 - 매각허가결정			

가 2억 600만원에 나왔다. 1차경매에선 유찰이 되고 1달도 되지 않아 2차 경매가 열린다. 2차경매 입찰가는 1억 4,420만원이 된다. 상식적으로 2차 경매 낙찰가는 유찰된 1차경매 입찰가인 2억 600만원을 넘어선 안 된다. 하지만 예상과 달리 2차경매에선 2억 4,033만원에 낙찰된다.

왜 이런 현상이 생긴 걸까? 1차경매 때 유찰되어 1억 4,420만원으로 가격이 크게 떨어지니 이때부터 사람들이 너도나도 조사를 하러 다닌 것이다. 이렇게 조사해보니 시세가 2억 4,000만원 선으로 1차경매 때의 감정가보다 훨씬 높게 나온 것이다. 그리하여 낙찰가는 2억 4,033만원으로 결정되고 만다. 만약 누군가가 감정가일 때부터 이 물건을 조사하기만 했어도 현재보다 약 4,000만원 싸게 사올 수 있었을 것이다.

개중에는 1차경매 때부터 이 물건에 주목하고 있으면서도 '경매는 유찰시켜서 낙찰받는 게 좋다.'는 고정관념에 사로잡혀 유찰될 때까지 기다린 사람도 있었을 것이다. 2차경매 때도 똑같이 사람들이 이 물건에 관심을 주지 않을 것이라는 오판을 한 것이다. 경쟁자가 많은 때 입찰하는 것이 유리하겠는가 적을 때 입찰하는 것이 유리하겠는가? 이것을 이해했다면 누가 뭐래도 우리는 감정가 때부터 조사를 해야 한다.

유찰이 많다면
감정가가 높았던 것

유찰로 인한 입찰가 하락은 물건을 싸게 살 수 있는 기회를 만들어낸다. 앞서서 나도 유찰이 기회라는 것을 강조했다. 이런 이유로 인해 많이 유찰된 물건만 찾아다니는 입찰자도 있다. 하지만 많은 유찰은 그 물건이 '감정가 대비 싸다.'는 것을 말해주지 '시세 대비 싸다.'는 것을 말해주진 않는다.

2018타경100103　　・서울남부지방법원 본원　・매각기일 : 2020.12.02(水) (10:00)　・경매 10계(전화:02-2192-1340)

| 소 재 지 | 서울특별시 구로구 구로동 3-25, 신도림테크노마트 1층 249호 도로명검색 〔지도〕〔지도〕〔주소 복사〕 |
| 새 주 소 | 서울특별시 구로구 새말로 97, 신도림테크노마트 1층 249호 |

오늘조회: 1 2주누적: 1 2주평균: 0 조회동향

물건종별	근린상가	감 정 가	287,000,000원	구분	매각기일	최저매각가격	결과
				1차	2018-09-12	287,000,000원	유찰
				2차	2018-10-31	229,600,000원	유찰
				3차	2018-12-04	183,680,000원	유찰
				4차	2019-01-22	146,944,000원	유찰
대 지 권	2.36㎡(0.71평)	최 저 가	(4%) 12,622,000원	5차	2019-03-05	117,555,000원	유찰
				6차	2019-04-03	94,044,000원	유찰
					2019-05-07	75,235,000원	변경
				7차	2019-06-05	75,235,000원	유찰
				8차	2019-08-07	60,188,000원	유찰
건물면적	10.65㎡(3.22평)	보 증 금	(20%) 2,524,400원	9차	2019-10-30	48,150,000원	유찰
				10차	2019-12-04	38,520,000원	유찰
				11차	2020-01-22	30,816,000원	유찰
					2020-03-04	24,653,000원	변경
					2020-04-01	24,653,000원	변경
매각물건	토지·건물 일괄매각	소 유 자	이▢▢▢	12차	2020-05-06	24,653,000원	유찰
				13차	2020-06-09	19,722,000원	유찰
				14차	2020-08-12	15,778,000원	매각
				매각 17,778,000원(6.19%) / 1명 / 미납			
개시결정	2018-01-08	채 무 자	이▢	15차	2020-10-28	15,778,000원	유찰
				16차	2020-12-02	**12,622,000원**	
				매각 : 12,644,400원 (4.41%)			
				(입찰1명,매수인:광진구 박▢▢)			
				매각결정기일 : 2020.12.09 - 매각허가결정			
사 건 명	임의경매	채 권 자	(주)이코넥스대부	대금지급기한 : 2021.01.15			
				대금납부 2021.01.14 / 배당기일 2021.02.24			
				배당종결 2021.02.24			

자료 옥선원

위 물건은 서울시 구로구에 있는 상가건물이다. 법적인 하자는 없지만 감정가가 2억 8,700만원에서 16차까지 여러 번 유찰된 케이스다. 마지막엔 최저가가 1,262만원까지 떨어졌다. 감정가 대비 4%이니 무지하게 싸고 좋다. 하지만 이 물건은 그저 감정가가 너무 높게 책정되어 저 가격까지 유찰되었다는 걸 알아야 한다.

자료 옥션원

위 경매 물건의 실물 사진이다 테크노마트 1층에 위치한 3평짜리 가판 자리다. 주변도 텅 비어있는 걸로 보아 상권으로서 그리 가치가 높지 않음을 알 수 있다. 말 그대로 1,200만원에 적당한 매물인 것이다. 이런 물건을 이 이상의 가격을 주고 사거나 감정가대로 2억 8,700만원에 샀다면 최고의 골칫덩어리 물건을 갖는 사람이 되고 마는 것이다.

이런 물건이 한두 개가 아니다. 이것이 자기 손으로 직접 물건의 상태와 시세를 조사해봐야 하는 이유다. 그러나 대부분의 사람들은 이런 물건을 보고 기회라 한다. 실제로 내가 사람들을 가르치다보면 이 부분을 충분히 이해시키고 실천하게끔 했는데도 여전히 "이게 싸서요.", "유찰이 4번이나 됐어요." 하며 이 물건을 사도 되냐고 물어보는 사람들이 많다.

감정가와 1차 가격이
차이 나는 경우

2018타경72556　　● 의정부지법 본원 ● 매각기일 : 2019.03.26(火) (10:30) ● 경매 5계(전화:031-828-0361)

소재지	경기도 의정부시 가능동 672-24 [도로명검색] [지도] [지도] [주소 복사]							
물건종별	주택	감정가	396,178,220원	오늘조회: 1 2주누적: 0 2주평균: 0 [조회동향]				
토지면적	218.5㎡(66.1평)	최저가	(34%) 135,890,000원	구분	매각기일	최저매각가격	결과
				1차	2019-02-19	194,128,000원	유찰
건물면적	115.83㎡(35.04평)	보증금	(10%) 13,589,000원	2차	2019-03-26	**135,890,000원**	
				매각 : 256,650,800원 (64.78%)			
매각물건	토지·건물 일괄매각	소유자	박■	(입찰38명,매수인:곽■■)			
				매각결정기일 : 2019.04.02 - 매각허가결정			
개시결정	2018-03-09	채무자	박■	대금지급기한 : 2019.05.09			
				대금납부 2019.04.25 / 배당기일 2019.05.28			
사건명	임의경매	채권자	부천중앙새마을금고	배당종결 2019.05.28			
관련사건	2018타경7095(중복)-취하						

자료 옥션원

이런 물건도 있다. 물건 정보를 보면 감정가는 3억 9,617만원이라 나와있는데 1차경매 입찰가는 1억 9,412만원에서 시작하고 있다. 왜 이런 차이가 생긴 것일까? 이런 변화가 생긴 이유를 찾으려면 좌측 하단에 있는 관련사건 정보를 봐야 한다. '2018타경 7095(중복)-취하'라고 적혀 있다. 본 경매건과 관련 있는 다른 경매 건이다.

2018타경7095 (1)　　● 의정부지법 본원 ● 매각기일 : 2019.01.15(火) (10:30) ● 경매 5계(전화:031-828-0361)

소재지	경기도 의정부시 가능동 672-24 [도로명검색] [지도] [지도] [주소 복사]							
물건종별	주택	감정가	396,178,220원	오늘조회: 1 2주누적: 0 2주평균: 0 [조회동향]				
토지면적	218.5㎡(66.1평)	최저가	(49%) 194,128,000원	구분	매각기일	최저매각가격	결과
건물면적	115.83㎡(35.04평)	보증금	(10%) 19,412,800원	1차	2018-10-23	396,178,220원	유찰
매각물건	토지·건물 일괄매각	소유자	박■	2차	2018-11-27	277,325,000원	유찰
개시결정	2018-03-26	채무자	박■		2019-01-15	**194,128,000원**	취하
사건명	강제경매	채권자	0■■ 외 1	본사건은 취하(으)로 경매절차가 종결되었습니다.			
관련사건	2018타경72556(중복:모사건)						

자료 옥션원

위 사건이 2018타경7095다. 소유자와 감정가, 토지면적까지 전부 이전 사건과 같은 것으로 보아 같은 물건에 대한 경매임을 알 수 있다. 이 경우는 한 주택에 2018타경7095로 경매가 붙었다가 취하된 후 2018타경72556으로 다시 경매가 붙은 중복사건이다. 2018타경7095가 먼저 진행되다 취하된 것으로 보아 선순위 채권자의 경매 건임을 알 수 있다.

2018타경7095의 경우 3억 9,617만원에 감정을 받아 경매가 진행됐는데 유찰이 되면서 최저가가 떨어졌다. 그런데 채권자와의 합의로 2019년 1월 사건이 취하됐다. 그러나 2018타경7095가 취하된 후 2018타경72556을 건 채권자와는 합의를 보지 못해 경매가 다시 진행되었다. 법원에서는 2018타경7095 경매에서의 감정가와 최저가를 그대로 가져와 경매를 진행했다. 이로 인해 뒤에 열린 경매 건에서 감정가와 1차경매 입찰가 간에 차이가 난 것이다. 2018타경72556의 1차경매는 실질적으로는 1차경매가 아닌 3차경매가 되는 셈이다.

합리적인 입찰자라면 이 건을 어떻게 봐야 할까? 1차경매가인 1억 9,412만원이 사실은 감정가에서 상당히 떨어진 상태임을 알아채야 한다. 관련사건으로 적힌 것도 눌러보며 이 물건의 현상태를 알아차려야 한다.

그러나 대부분의 사람들은 감정가 3억 9,617만원과 1차경매 입찰가 1억 9,412만원 사이의 차이를 발견도 하지 못하고 지나친다. 설사 발견하더라도 뭔가 이상하다는 짐작도 하지 못한다. 1차경매가가 1억 9,412만원이라 적혀 있으니 이것이 감정가겠구나라고만 오판한다. 이런 사람들이 많다는 증거는 2018타경72556의 경매 이력을 보면 알 수 있다.

사람들은 결국 이 물건을 1억 3,589만원으로 재유찰시켰다. 그리고 나서 2차경매에선 결국 2억 5,665만원에 낙찰이 된다. 1차경매 땐 1억 9,412만원이 상당히 싼 가격이라는 사실을 몰랐다가 일단 한번 유찰이 찍히니 그때서야 제대로 조사한 것이다.

버튼 몇 번만 더 눌러봤으면 최종 낙찰가보다 6,000만원은 싸게 물건을 구매할 수 있었다. 그런데도 그런 사람이 하나도 없었다는 말이다. 경매시장에는 이렇게 어리숙한 사람이 많다. 어리숙하단 이야기는 바꿔 말하면 경매시장에 돈 벌 가능성이 너무 많다는 이야기이기도 하다.

18

잔금을 내기 전까진 내 물건이 아니다

경매신청 후 드디어 '매각일'이 다가온다. '입찰일' 혹은 '낙찰일'이라고 하는데 이날 입찰과 낙찰이 동시에 이루어지기 때문이다. 매각 후에는 법원에서 7일 이내에 '매각결정'을 내린다. 매각결정은 낙찰 결과에 따라 매각을 허가할지, 불허가할지 법원이 결정하는 단계다.

허가든 불허가든 법원이 결정을 내린 후 낙찰자를 포함해 기타 이해관계자는 법원의 결정에 이의를 제기하는 '항고'를 할 수 있다. 이해관계자가 항고를 할 경우 항고보증금으로 매각 대금의 10%를 당사자가 납입해야 한다. 항고가 인용될 경우 보증금을 돌려받지만 항고가 기각될 경우 항고보증금을 몰수당한다. 이 또한 매각결정 후 7일 이내에 해야 하는데 이때 항고를 하지 않으면 법원의 판단이 확정된다. 낙찰 허가에 대한 확정이라면 '매각확정'이 될 것이며 낙찰 불허가에 대한 확정이라면 해당 경매는 취소되고 새로운 경매가 열릴 것이다.

위 과정을 도식화하면 다음과 같다.

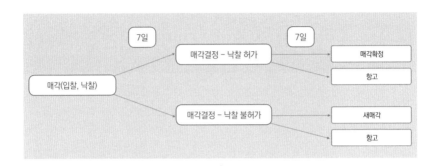

허가와 불허가,
낙찰자의 자격

낙찰의 허가, 불허가 여부를 판단할 때 법원은 경매신청부터 매각까지 절차상의 하자가 없는지 검토한다. 절차상의 하자를 검토한다는 것은 송달은 잘 되었는지, 공고는 잘 되었는지, 낙찰자의 자격은 합당한지 등을 보는 것이다. 송달과 공고에 대해서는 이미 설명한 바 있다.

그런데 낙찰자의 자격이 합당한지를 검토한다는 것은 무슨 뜻일까? 기본적으로 입찰 보증금을 내고 가장 높은 금액을 써냈다면 누구든 낙찰자가 될 수 있다. 하지만 몇 가지 결격사유는 있다. 흔하지 않지만 실수하는 사례 몇 가지에 대해 알아보자.

일단 채무자인 경우 낙찰자의 자격을 가질 수 없다. 보통 경매 물건을 압류당한 채무자는 물건에 저당잡힌 빚을 지불할 능력이 없는 경우가 많다.

이런 상황에서 채무자가 낙찰을 받게 해버리면 이상한 빚잔치를 하는 결과가 나오기 때문에 사건의 채무자는 낙찰자의 자격에서 제외된다. 그러니 만약 당신의 물건이 경매로 나오면 절대 입찰해서는 안 된다. 실제로 채무자들은 자신의 물건을 되찾고자 할 때 다른 사람 이름을 빌려 입찰을 하곤 한다.

이밖에도 해당 경매 건을 한번 낙찰받은 뒤 대금을 납부하지 않아 경매를 취소시킨 이는 낙찰받을 수 없다. 이 경우 재차 낙찰받더라도 경매는 취소되며 보증금은 날아가게 된다.

낙찰자의 자격이 안 되는 사람 중에는 감정평가사도 있다. 그 물건에 감정가를 매긴 감정인은 입찰하지 못한다. 물론 자신이 감정하지 않은 다른 물건은 낙찰받을 수 있다. 또 경매계장을 비롯한 해당 경매 과정에 참여하는 법관과 공무원도 낙찰자 자격에서 제외된다. 물론 이 또한 자신의 담당 혹은 소관 법원의 물건이 아닌 경매라면 얼마든 입찰할 수 있다.

경락잔금대출

경매 물건이라고 무조건 100% 자기자본으로 매입해야 하는 것은 아니다. 경매 물건을 담보로 은행에서 대출받아 잔금을 지불할 수 있는데 이를 '경락잔금대출'이라 한다. 그러나 낙찰 후 은행으로부터 대출 거부를 당하는 경우가 많으니 조심해야 한다.

대출이 안 나와서 포기한 사람들의 얘기를 들어보면 대부분 낙찰가의 70% 또는 80%까지 대출이 된다고 알고 있었는데 실제로 낙찰을 받은 뒤 은행을 가보니 대출을 거절당해 난감했다고 얘기한다.

낙찰가의 70~80%를 대출받을 수 있는 것은 어디까지나 감정가보다 낮게 낙찰됐을 경우다. 감정가보다 높은 금액으로 낙찰받더라도 감정가의 70~80%까지만 대출을 받을 수 있다. 요즘엔 대출 규제가 심해져서 감정가의 60%나 낙찰가의 70% 중 낮은 것으로 하기도 한다. 어떤 낙찰자는 은행 직원으로부터 "낙찰가의 80%를 대출해주겠다."는 약속까지 받고 입찰을 했는데 나중에 가서 "감정가보다 더 높게 쓴 낙찰가에는 그렇게 적용해드릴 수 없습니다."라며 거절당했다고 한다.

특별매각 조건

이렇게 낙찰자가 잔금을 지급하지 못해 낙찰이 취소되면 법원은 차순위매수신고자에게 낙찰자의 권리를 넘긴다. 그러나 차순위매수신고자가 없을 경우 다시금 경매를 시작한다. 이 경우 법원은 '특별매각 조건'을 걸어 물건의 보증금을 2배로 올린다. 최저가 1억원짜리 물건이면 보통은 보증금이 1,000만원인데 이것을 2,000만원으로 올리는 것이다.

매각확정과 항고

낙찰자 입장에서 매각결정^{낙찰 허가}까지의 7일은 그리 어려워 보이지 않는다. 설령 매각 불허가가 나더라도 보증금을 돌려받고 다른 물건을 알아보면 그만이다.

하지만 매각결정에서 매각확정까지의 7일은 이야기가 달라진다. 나는 초보 시절에 매각 절차 때문에 심지어 경매를 포기할 생각까지 했는데 그 이유는 바로 매각확정까지의 7일 때문이었다.

앞서 말했듯 이 기간 중에 경매의 이해관계인은 법원의 결정에 항고^{이의 제기 소송}를 걸 수 있다. 이 항고가 지긋지긋하고 힘든 이유는 항고가 한번 들어오면 기본 수년이 걸리기 때문이다. 수개월이 아니라 수년이 걸린다. 그야 말로 피를 말린다.

나는 보통 항고 재판 한 번을 하는 기간으로 1년을 책정한다. 아무리 기다려도 소식도 없고, 가끔 법원에 전화하면 퉁명스러운 말투로 아직 결정된 건 없다 한다. 다음 달에 전화해도 아직 결정된 건 없다 한다. 계속 이런 식이다.

그나마 친절한 직원을 만나면 "한 1년 걸릴 테니까 그런 줄 아세요."라는 답을 듣는 정도였다. 더 답답했던 것은 항고의 이유가 어이가 없거나 아니면 아예 없다는 점이었다.

항고 재판의 결과로는 인용과 기각, 각하가 있다. 만약 내가 매각허가를 받았는데 누군가 항고를 걸었고 그에 대한 결과로 '인용'이 난다면 나는 낙찰 자격을 박탈당한다. 법원의 결정이 매각허가에서 매각불허가로 바뀌는 것이다.

반대로 '기각'이나 '각하'가 난다면 법원이 나의 손을 들어준 것이다. 나는 낙찰자의 자격을 유지할 수 있다. 그러나 기각과 각하에는 큰 차이가 있다. 기각이 날 경우 항고자는 법원의 항고 판단에 한 번 더 항소할 기회를 얻게 된다. 이렇게 되면 경매 기간이 더블로 길어지게 된다. 이와 달리 각하가 나게 되면 항고자는 항소할 기회를 잃게 되고 항고 절차는 거기서 종료된다. 물론 각하가 나면 가장 좋다.

하지만 법원의 판단이 각하로 결정되는 경우는 거의 없다. 대부분 기각이 나오는데 이 경우 또 한 번의 소송을 해야 하므로 항고 재판을 하는 데 총 2년이 걸리게 된다. 항고 재판 기간도 대략 잡아서 1년이지 더 늘어날 수 있다.

이러니 낙찰을 받아놨는데 항고라는 놈이 들어오면 미칠 지경이 되는 것이다. 항고의 이유가 대단한 것도 아닌데 법원이 검토하는 시간은 무척 오래 걸린다. 경과라도 알면 대략 예측이라도 하겠는데 그런 것도 없다. 그냥 아무 이유도 없이 2년을 기다려야 하니 정말 환장할 노릇이다.

19

항고 소송으로 보증금만 내고 11억 벌었다

초보 때 겪었던 대표적인 사례 하나를 소개하고자 한다. 당시는 경매에 대해 굉장히 안 좋은 인식이 팽배해 있었기에 젊은 사람이 관심을 가지는 경우가 드물었다. 물론 지금도 드물지만 그 당시에는 더욱 심했다.

한 번은 경매에 관심을 가지게 된 신혼부부가 나에게 배우러 온 적이 있었다. 그들은 경매로 구입하는 게 매매로 구입하는 것보다 신혼집을 싸게 마련할 수 있다는 소문을 듣고 찾아온 것이었는데 정말 열심히 공부했다. 이들은 마침내 신혼집으로 쓸만한 집을 낙찰받았다. 그런데 기뻐하는 것도 잠시 항고가 들어왔다. 앞서 말한 매각확정까지 2년이 걸리는 지독한 항고였다.

다행히 그 신혼부부는 나랑 인연이 있어서 계속 연락하며 소송을 마무리했고 마지막에는 그 집의 매각확정을 받았다. 경매 낙찰 후 연년생 애 둘을 낳았는데 어쩌다보니 매각확정까지의 기간이 길어져 월세 방에서 아이를 키우며 2년을 보내야 했다. 항고 때문에 얼마나 지긋지긋했을까? 아마 지금 그 신혼부부는 경매 쪽은 쳐다보지도 않을 것이다.

항고가 들어오는 이유

이밖에도 나는 직접 항고에 대한 경험을 쌓으면서 지속적으로 연구했다. 항고라는 걸 왜 하는 걸까? 물론 여기서 말하는 항고는 매각허가 시의 항고만을 말한다. 매각불허가 시의 항고는 다루지 않겠다. 우선 이 항고는 경매 사건의 이해관계인만 할 수 있다. 이해관계인으로는 채권자, 채무자, 낙찰자, 임차인 등이 있다. 채권자는 빨리 돈을 받아야 할 사람이므로 항고를 할 이유가 없다. 낙찰자 역시 좋은 물건 잘 받아놓고 항고할 이유가 없다.

그렇다면 채무자는 어떨까? 채무자는 시간을 끌고 싶다. 본인이 부동산의 거주자인 경우 항고를 하면 본인이 2년 동안 더 살 수 있다. 그리고 일단 본인 물건이 다른 사람한테 경매로 팔린다는 것 자체만으로도 기분이 나쁠 수 있다. 이 부분만 보면 채무자가 항고를 할 확률은 꽤 높다. 하지만 법원은 채무자 편을 들어주지 않는다. 법원에서는 항고를 하고 싶을 경우 항고자에게 항고보증금공탁금을 걸라고 한다. 그런데 이 보증금이 얼마냐 하면 물건 가격의 10%다. 항고가 인용되면 이 금액을 돌려주지만 기각이나 각하가 되면 이를 몰수한다. 그런데 채무자가 건 항고 소송의 100건 중 99건은 기각이 되기에 채무자는 실질적으로 항고를 내기가 쉽지 않다.

또 항고를 걸 만한 사람은 임차인이 있다. 임차인은 항고하는 걸 좋아할까, 싫어할까? 당연히 2년 이상의 시간을 벌 수 있으므로 좋아할 것이다. 해당 부동산이 경매로 매각되는 동안에 임차인은 법적으로 월세를 내지 않아도 된다. 이 때문에 경매 항고 소송의 대부분은 임차인이 거는 것이라고 보면 된다. 임차인이 항고를 냈을 때 주택 같은 경우는 그냥 살면 된다. 상가도 마찬가지다. 특히나 잘되는 상가는 쫓겨나면 큰일 나므로 시간을 벌기 위해 손해를 보더라도 무조건 항고를 건다.

항고의 역설,
잔금은 내 손에 있다

나는 가끔 머리에서 전구가 빵 터지는 날이 있다. 상황을 뒤짚는 역설적 아이디어가 머릿속에서 번뜩인다. 위기가 기회로 변하는 순간이다. 항고에 대하여서도 이러한 경험을 한 적이 있다. 이후 항고에 대한 생각이 완전히 바뀌게 되었다.

이제부터 얘기할 항고의 역설은 항고를 피하는 방법 같은 건 아니다. 항고가 들어왔을 때의 대처에 관한 것이다. 항고가 걸려와 법원의 판결을 기다리는 기간을 지긋지긋하다 생각하면 안 된다.

특별히 문제도 없는데 걸려온 항고라면 2년 뒤에 어차피 그 경매 물건은 내 것이 된다. 이 점을 기억해야 한다. 그 물건은 2년 뒤에 어차피 내 것이 된다. 내가 2년 동안 실사용하진 못하지만 투자 자산으로서 2년 이상 보유할 것이라면 2년 뒤의 시세 그대로 내 것이 될 것이다.

항고에 관한 나의 경험 하나를 소개하겠다. 2018년 나는 대치동에 있는 동부 센트레빌 아파트 하나를 낙찰받았다. 입찰 전부터 느낌이 좋지 않았는데 역시 항고가 들어왔다. 이후 2년간 나는 그 물건에 대해서 까맣게 잊고 있었다. 그리고 2년 후 매각확정에 대한 우편물이 집으로 날아왔고 나는 물건의 시세가 어떻게 변했는지 찾아봤다.

2018~2020 동부센트레빌 평균 시세

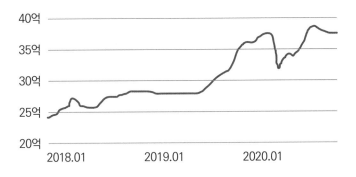

물건을 낙찰받았을 2018년 당시 동부 센트레빌 한 채의 평균 매매가는 27억 1,500만원이었다. 나는 그 물건을 27억원에 낙찰받았다. 고작 1,500만원 싸게 받았던 것이다. 당시엔 낙찰도 싸게 못 받아 죽겠는데 항고까지 들어와 환장할 노릇이었다.

그런데 2년이 지나 동부센트레빌의 시세를 보니 평균가 38억원이었다. 2년 동안 나는 엄청난 돈을 번 것이다. 현재 시세 38억원에서 2년 전 낙찰가 27억원을 빼면 총 11억원이다. 시세를 찾아보기 전까지만 해도 거지 같다면서 욕했던 나는 법원에 갈 때는 너무 신나 있었다.

그리고 이때 나는 가장 중요한 사실을 깨달았다. 앞서 말한 그 역설이다. 항고 기간 중에 낙찰 물건의 시세가 올라 결과적으로 큰돈을 벌 수도 있다는 생각까지는 누구나 할 법한 아이디어일 것이다. 하지만 나는 여기서 한 발 더 나아가 나에게 주어진 패牌를 하나 더 발견했다. 나는 2년간 11억원을 벌었다. 완전 공으로 번 것이다.

그렇다면 나는 얼마를 투자해서 11억원을 번 것일까? 2년 전 27억원에 물건을 낙찰받았으니 27억원을 투자한 것일까? 아니다. 항고기간 2년 동안 난 겨우 보증금 10% 2억 7,000만원만 투자했다. 잔금 25억원은 대출받아 납부하고 곧바로 아파트를 38억원에 팔아 상환하면 된다.

가장 중요한 사실, 계속해서 내가 강조하고 싶은 항고의 역설은 내가 투자한 금액이 27억원이 아니고 2억 7,000만원이란 사실이다. 항고는 2년의 유예다. 당신이 잔금을 내지 않아도 2년 뒤 당신의 소유권을 보장해주는 더 없이 좋은 기회다. 이런 이유 때문에 내가 현재 가치보다 미래 가치가 중요하다는 얘기를 항상 강조하는 것이다.

경매의 진짜 매력

일반적인 개인간의 매매 상황이라면 이런 일이 있을 수 있을까? 정상인이라면 오늘 계약하고 2년 후에 잔금을 받겠다는 사람은 없을 것이다. 설령 그런 사람이 존재한다 하더라도 그 계약은 다 깨지게 되어 있다. 왜냐하면 파는 사람이 이익을 추구하는 개인이기 때문이다. 지금 38억원 된 걸 알고 있는 사람이 계약금 2억 7,000만원을 내기 싫어 계약을 지키겠는가? 절대 자기 물건을 과거 가격으로 팔려하지 않을 것이다. 나라면 2억 7,000만원의 2배를 물더라도 딴 사람한테 38억원에 팔 것이다.

일반적인 부동산 매매에서는 있을 수 없는 이야기다. 하지만 경매에서는 가능하다. 골칫덩어리였던 항고가 사실은 경매의 가장 매력적인 장점이었던 셈이다. 따라서 낙찰을 받고 항고가 들어올까 노심초사 할 필요가 없다. 제발 항고가 좀 들어와 주기를 바래야 한다.

항고에 대한 생각을 이렇게 바꿨더니 그때부터 정말로 경매할 맛이 제대로 났다. 10건 중 9건이 항고가 들어와도 쾌재를 부르기 시작했다. 항고가 들어오지 않는 나머지 1건에 대한 생각도 바뀌었다. '이 물건은 왜 항고도 안 들어오지? 다음 달에 바로 돈 내야 되네.'라면서 과거에는 상상도 못했던 생각을 하고 있는 것이다. 어떻게 이런 반전이 일어날 수 있었는가. 바로 철저한 객관성 유지를 통한 생각의 전환 때문이었다.

생각의 전환이 있어야
돈을 번다

만약 당신이 나처럼 21년 전부터 경매를 했으면 돈을 많이 벌었을 것이다. 일찍 경매를 시작한 것 또한 생각의 전환이었다. 21년 전 남들이 경매에 대해 안 좋은 시선을 갖고 있을 때 나 혼자만이 생각의 전환을 이뤄 경매에 도전했다. 그리고 지금은 경매에 도전하는 사람들이 많아졌다. 항고의 진실 또한 마찬가지다. 항고의 정체를 선구적으로 깨닫고 활용하는 이는 많은 돈을 벌겠지만 점차 그런 생각은 '일반화'된다. 항고가 수익을 낼 수 있는 기회라는 것을 많은 사람들이 알고 그걸 활용하기 시작하면 그에 대한 경쟁이 또 일어나고 수익의 기회는 줄어들기 때문이다.

새로운 수익의 기회는 계속해서 생겨나고 있다. 나는 남들보다 경매를 빨리 시작해서 돈을 벌었고 항고의 진실을 빨리 깨달았기 때문에 돈을 벌었다. 하지만 그것은 본질이 아니다. 나는 생각의 전환을 했기 때문에 돈을 번 것이다. 생각의 전환은 특정한 어느 부분에서만 일어나는 것이 아니다. 생각의 전환을 불러올 수 있는 철저한 객관성을 견지하기 시작하면 전체적으로 다 바뀐다. 새로운 변화가 보이기 시작한다.

항고 문제 앞에서 부정적 시각만 가졌다면 결코 이런 사실을 알아낼 수 없었을 것이다. 이것이 나한테 어떠한 악영향과 긍정적인 영향을 주는지를 객관적으로 생각해보는 과정에서 생각의 전환이 일어난다. 이런 생각의 전환은 경매의 전 분야에 걸쳐서 일어날 수 있다. 그러한 전환, 남들이 보지 못한 지경을 딱 한 번이라도 먼저 발견하게 되면 당신은 대박을 낼 수 있다.

새로운 생각의 전환을 하기 바란다. 어떤 생각의 전환을 어떻게 해야 할지 길이 안 보이는가? 그렇다면 여기서 어떻게 한 단계 더 생각의 전환을 할 수 있는지 말해보겠다. 나는 10건 중 9건이 항고가 들어와도 쾌재를 부른다 말했다. 그리고 항고가 들어오지 않는 나머지 1건을 오히려 쪽박이라 부른다고 했다. 항고가 들어올 걸 생각하고 낙찰을 받았는데 항고가 안 들어오니 바로 잔금을 치르게 되는 셈이다. 그렇다고 가만 있어야 할까?

나 또한 낙찰자로서 이해관계인이고 나에게도 그 자격이 있다. 항고의 자격 말이다. 일반적인 사람들은 채권자, 낙찰자는 항고할 이유가 없으므로 절대 항고하지 않는다고 여긴다. 앞서서 나도 그렇게 설명한 바 있다. 그런데 여기게 어떤 미친 낙찰자가 등장하기 시작했다. 바로 항고하는 낙찰자다. 나도 이해관계인이니까 항고할 수 있다.

항고하는 데는 특별한 이유가 필요 없으므로 트집을 하나 잡아 법원에 가서 척하고 소장을 써낸다. 이렇게 되는 순간 이제 10건 중 1건도 쪽박이 아닌 것이 된다. 나는 아주 재미난 경매를 할 수 있게 되었다.

생각의 전환이란 이런 것이다. 당신은 항고를 배우는 게 아니라 생각의 전환과 그를 가능케 하는 객관성을 배워야 한다.

시절이 지나면 기회는 사라진다

사실 이런 낙찰자 항고를 통한 경매 전략은 과거의 이야기다. 시절이 지나면 기회는 사라지기 마련이다. 여러 사람이 동일한 방법을 쓰기 시작하면 경쟁이 과열되어 수익을 낼 확률이 떨어지기도 하고 제도 변화 등에 의해 그 방법 자체가 사라지기도 한다.

앞서 말했듯 현재 경매 제도상 항고를 내기 위해선 낙찰가 10%의 항고보증금공탁금을 걸어야 한다. 과거에는 지금과 법이 조금 달랐다. 지금은 항고를 거는 이해관계자 누구나 항고보증금을 걸어야 하지만 과거에는 '채무자'가 항고를 걸 때만 항고보증금을 내야 했다. 항고로 인한 법원의 헛수고를 줄이고자 법이 바뀐 것이다. 이제는 채무자, 채권자, 낙찰자, 임차인 누가 항고를 하든 낙찰가의 10%를 항고보증금으로 걸도록 법이 바뀐 것이다. 확실히 이런 식으로 법이 바뀌니 항고가 걸리는 경매 사건의 비율도 확 줄었다. 경매하는 사람들은 이러한 제도 변화로 인해 신이 났었다. 하지만 나는 이 법으로 인해 큰 피해를 보게 되었다. 이젠 항고를 걸려면 낙찰가의 10%를 손실볼 각오를 해야 하기 때문이다.

객관성이 없으면
알아도 못한다

지금까지 경매하는 사람 중 아무도 몰랐던 완전히 새로운 생각의 전환, 이런 것을 당신은 생각해낼 수 있겠는가? 당신이 꼭 이러한 생각의 전환을 처음으로 이뤄내야 돈을 버는 것은 아니다. 투자자들 사이에서는 계속해서 새로운 수익의 기회가 소문에 소문을 타고 돈다. 돈을 번 사람의 대다수는 첫발을 디딘 사람이 아니라 그 뒤를 바짝 붙어 따라간 사람이다.

하지만 남이 발견한 생각의 전환과 수익의 기회를 잡지 못하는 이들도 많다. 그들이 투자 기회를 놓치는 것은 그것을 받아들일만한 객관성이 없기 때문이다. 아마 당신의 기억 속에도 이러한 경험이 한두 번 쯤은 있을 것이다. '아 그때 그말 믿고 투자했어야 했는데…….' 하는 것들 말이다.

과거 경매 과정에서 항고가 남발됐던 시절 사람들에겐 항고가 굉장한 스트레스였다. 그런 가운데 나는 주위 사람들을 전부 붙잡고 항고는 나쁜 게 아니라 좋은 것이라는 사실을 계속해서 전했다. 당시 나의 주변 지인 중 경매하는 사람이라면 이 얘기를 안 들어본 이가 없을 것이다. 하지만 이러한 항고의 진실을 받아들이고 나와 함께 돈을 벌은 이는 거의 없었다. "지금 항고하느라 2년 걸려가지고 힘들어 죽겠는데 뭔 헛소리를 하고 있는 거야?"라며 열이면 열 내 말을 절대 듣지 않았다. 나중에 내가 항고로 큰돈을 벌고 나서야 사람들은 "아 그렇구나." 하며 후회했다.

내가 경매를 처음 할 때 또한 마찬가지였다. 주변 친구들과 친척들에게 경매를 하라고 많이 권했다. 그래서 들어온 사람은 몇 명이었을까? 단 한 명도 없었다. 내가 좋은 집으로 이사를 가고 좋은 차를 끌고 다니며 좋은 밥을 먹고 다니니까 그제야 경매하겠다고 스스로 나를 찾아왔다.

조급함과
민첩함의 차이

이러한 객관성의 결여를 나는 '조급증'이라 부른다. 대한민국 사람 중 상당수에겐 이러한 조급증이 있다. 조급증은 사람의 마음을 바쁘게 한다. 마음만 바빠서 샀다팔았다 하는 것이다. 항고가 들어오면 만날 법원에 전화를 한다. 그리하여 법원에서 "그냥 보증금 돌려 드릴까요?" 하면 "네 너무 좋죠." 하며 날름 받아버리는 것이다. 그러면서 본인이 아주 잘했다고 여긴다. 이게 다 조급증 때문에 전혀 앞을 보지 못해 일어나는 일이다.

성공하려면 민첩해야 한다. 눌언민행訥言敏行, 말은 신중하게 하고 생각과 행동은 민첩해야 한다. 3000년 전 공자님이 하신 말씀이다. 말이야 어떻든 성공하려면 일단 민첩해야 한다. 민첩과 조급은 완전 다른 것이다. 민첩은 어떤 일에 대해 능수능란하고 빠르게 대처하는 모습이다. 항고가 들어오지 않는 상황에서 재빠르게 항고를 내는 일이며 항고를 내고서는 느긋하게 기다리는 모습이 곧 민첩이다.

민첩함과 조급함의 차이 또한 객관성의 보유 유무에 있다. 앞서 말한 장기투자와 미래가치에 대한 중요성, 민첩함, 경매 절차 속에 숨겨져 있는 진실 이것들은 모두 유기적으로 연결되어 있다. 바로 객관성을 중심으로 말이다.

20

경매 수익의 핵심은 대출에 달려있다

잔금납부 기한

매각낙찰 → 매각결정 → 매각확정까지의 기일을 따져보면 총 14일이다. 만약 항고가 들어오면 대략 2년이 더 추가될 테다. 항고가 있을 수도 있고 없을 수도 있지만 항고 절차까지 완료된 후 매각이 확정되면 곧바로 잔금을 내야 한다. 그렇다고 14일 이후 15일째 되는 날 잔금을 내라고 하진 않는다. 법원에서 '잔금을 몇월 며칠까지 내세요.' 하고 등기우편이 오는데 그 기한까지 내면 된다.

일반적으로 매각확정 후 30일간을 잔금납부 기간으로 준다. 예를 들어 12월 1일까지 내라고 하면 그 전에 내도 된다. 그리고 잔금을 내는 즉시 경매 물건은 그 사람의 소유가 된다.

경락잔금대출

경락잔금대출을 신청할 수 있는 자격은 매각결정^{낙찰 허가} 후부터 얻게 된다. 공식적으로는 매각결정 후부터 매각확정까지 7일 + 잔금지급 기일까지 30일 = 37일을 대출 신청 기간으로 갖는 셈이다. 하지만 이 또한 항고가 들어온다면 2년이 늘어나게 된다. 그러니 매각결정 후부터 매각확정까지는 항고 여부에 대해서만 살펴보고 매각확정이 난 후에 대출을 알아보는 것이 합리적이다.

법원 앞
대출 전문가들

매각하는 날 법원에 가보면 대출 관련하여 명함이나 전단지를 돌리는 이들이 많다. 당신이 특별히 거래하는 은행이 없다면 그 명함들을 전부 챙겨와야 한다. 거기서 명함을 돌리는 이들은 거의 경락잔금대출에 대한 전문가들이다. 입찰하고 대기하는 시간에 그 사람들과 이야기를 나누는 것도 괜찮다. 대출에 관해 다양한 정보와 도움을 얻을 수 있다. 그 사람들은 아주 특별한 대출이 아니면 무슨 수수료를 달라거나 하는 말을 하지도 않는다.

　이들 소위 '대출 전문가'들에게 자문을 구하면 현재 대출 시장의 분위기를 알 수 있다. "이 주택은 나옵니다.", "안 나옵니다." 또 "이 주택은 50%

밖에 안 나옵니다.", "요즘은 30%밖에 안 나옵니다.", "공장은 70~80% 더 나올 수 있습니다." 등 큰 도움을 얻을 수 있다. 사건번호까지 알려줘버리면 더 확실하게 알 수 있다. 이들의 조언을 바탕으로 대출을 알아보고 잔금을 내면 된다.

이때 주의할 점은 나의 입찰가나 입찰하는 물건에 대한 비밀정보를 흘려서는 안 된다는 점이다. 서류를 가방 안에 꽁꽁 넣은 뒤 담소를 즐겨라. 그들은 내가 흘린 정보를 풀면서 다른 입찰자에게 접근하기 때문이다. 자칫하면 매우 중요한 수익 정보가 유출될 수도 있다.

부동산담보대출의 금융적 구조

부동산 투자에서 은행 대출은 거의 필수다. 은행의 입장은 어떨까? 은행도 대출을 해주고 이자를 받고 싶은 기관이다. 하지만 은행이 언제든지 대출을 해주는 것은 아니다. 대출을 해주는 물건의 담보와 대출의 절차가 안전하다고 판단될 때 대출을 해준다. 은행에 대출을 알아보고 있는 당신은 아직 부동산의 주인은 아니다. 부동산을 구매하기로 계약을 했다고 하더라도 잔금까지 치러야 비로소 주인이 되기 때문이다. 은행은 아직 주인이 아닌 사람에게는 대출을 해주지 않는다. 그럼 대출을 받아서 집을 사는 과정은 어떻게 이뤄지는 것일까?

내가 당신에게 부동산을 판다고 가정하고 생각해보자. 내가 당신에게 10

억원짜리 부동산을 팔기로 했는데 당신 주머니에는 3억원뿐이다. 당신이 나에게 잔금을 안 낸 상태에서 당신에게 내 부동산을 넘길 수는 없다. 당신이 은행에 알아보니 이 부동산을 담보로 할 경우 7억원 정도는 대출이 나온다고 한다. 그러나 앞서 말했듯 은행은 당신이 소유자가 되기 전까지는 절대 돈을 빌려주지 않는다. 그러면 당신에게 소유권 이전을 한 다음에 은행에다 7억원을 빌려 나에게 줘야 하는데 나는 당신에게 10억을 다 받아야 소유권 이전을 해줄 수 있다. 이런 모순된 구조 속에서 도대체 어떻게 당신은 대출을 끼고 부동산을 살 수 있는 것일까?

매매 시 담보대출은 아주 긴박하게 돌아간다. 오늘이 잔금일이라면 파는 사람, 사는 사람, 공인중개사, 은행 직원이 모인다. 계약금으로 1억원을 설정했을 경우 당신은 나에게 잔금으로 9억원을 더 줘야 한다. 당신 주머니에서는 총 2억원을 더 주면 된다. 당신이 나에게 2억원을 주니 은행 직원이 그 2억원을 받아 자기 왼쪽 주머니에 넣는다. 이미 오른쪽 주머니에는 가지고 온 7억원이 있다. 잔금을 낼 사람은 당신이지만 그 잔금이 은행 주머니에 있다는 이야기다.

은행 직원이 총합 9억원을 들고 셋이 함께 등기소를 간다. 그리고 당신 이름으로 부동산 소유권을 설정한다. 소유권 이전 등기를 치고 동시에 은행을 채권자로 근저당권 7억원을 건다. 그리고 나서 마지막으로 나에게 9억원을 넘겨준다. 이해가 가는가? 당신은 당신 명의의 대출금 7억원을 만져보지도 않은 상태에서 돈 거래가 착착 이루어지는 것이다. 은행이 이런 시스템을 갖춘 이유는 만약 당신에게 7억원을 넘겨주면 당신이 7억원을 들고 어디로 튈지 모르기 때문이다. 1순위 근저당권 설정에 대한 안전성을 확보하기 위해서도 이러한 방식을 취할 필요가 있다.

【 갑 구 】	(소유권에 관한 사항)			
순위번호	등 기 목 적	접 수	등 기 원 인	권리자 및 기타사항
	소유권이전	2018년10월2일 제153539호	2018년9월6일 매매	소유자 박██ 830122-******* 서울특별시 중랑구 동일로109가길 10-2, 302호 (상봉동) 거래가액 금550,000,000원

【 을 구 】	(소유권 이외의 권리에 관한 사항)			
순위번호	등 기 목 적	접 수	등 기 원 인	권리자 및 기타사항
	근저당권설정	2018년10월2일 제153540호	2018년10월2일 설정계약	채권최고액 금273,350,000원 채무자 박██ 서울특별시 중랑구 동일로109가길 10-2, 302호 (상봉동) 근저당권자 주식회사우리은행 110111-0023393 서울특별시 중구 소공로 51 (회현동1가) (죽전지점)

자료 옥션원

위 등기부 자료를 보면 2018년 10월 2일자로 '소유권이전'이 등기된 것을 볼 수 있다. '등기원인'을 보면 '2018년 9월 6일 매매'라 씌어있는데 2018년 9월 6일에 경매 잔금이 치러진 것이라 볼 수 있다. 이후 '접수'에 기재된 2018년 10월 2일에 정식적인 소유권 이전 등기가 설정된 것이다.

경매를 하는 사람이라면 등기원인을 봐야할까, 접수일자를 봐야할까, 다시 말해 잔금 낸 날을 봐야할까, 등기한 날을 봐야할까? 당연히 등기한 날을 봐야한다. 그래서 근저당권이 선순위냐 후순위냐, 지상권이 선순위냐 후순위냐, 전세권이 선순위냐 후순위냐 이런 것을 따져봐야 한다. 원인 날짜는 권리를 따질 때 신경 쓸 필요가 없다.

다시 돌아와 소유권 이전에 대한 등기 접수일은 2018년 10월 2일이다. 그런데 이건 갑구의 소유권에 관한 사항이고 그 아래 을구를 살펴보면 똑같은 2018년 10월 2일자로 은행의 '근저당권설정'이 되어 있는 것을 볼 수 있다. 제호까지 보면 소유권 이전이 153539호고 근저당권설정이 153540

호다 소유권 이전이 일어난 뒤 근저당권이 설정되었다는 것이다. 이 말은 무엇을 뜻하는가? 돈을 빌리는 사람이 부동산 주인이 된 뒤에야 은행이 돈을 빌려줬다는 것이 된다. 우리는 흔히 돈을 빌려서 부동산을 산다고 표현하지만 금융적 절차상으론 순서가 다르다.

경락잔금대출의 금융적 구조

이제 경락잔금대출로 가보자. 경락잔금대출도 부동산담보대출과 비슷한 원리로 진행된다. 당신은 낙찰자다. 낙찰 허가^{매각결정}도 받았고 항고도 없이 매각확정까지 받았다. 이제 잔금을 치르는 일밖에 남지 않았다.

대출은 재빠르게 알아봐야 한다. 대출을 해준다는 은행이 있다면 은행에 의뢰해서 얼마가 나오는지, 금리는 얼마인지 알아보는 게 가장 중요하다. 대출금액이 많이 나오면 좋고 대출금리는 낮은 것이 좋다. 우선 순위를 따지자면 나의 경우는 대출금이 많이 나오는 것을 선호한다. 대출 상품 중 가장 많이 나오고 가장 적게 주는 것을 기준으로 여러 가지를 비교하여 선택하면 된다.

만약 당신이 10억원에 낙찰을 받고 70% 대출을 받을 수 있다면, 경매 보증금으로 1억원을 이미 넣어놨을 테니 예상 대출금 7억원을 제외한 2억원은 당신의 계좌에 있어야 한다^{여기서 세금 등의 기타비용은 감안하지 않겠다}. 그리고 그걸 은행에 증명해야 한다.

일반 부동산 대출과 마찬가지로 경락잔금대출에서도 당신 손에 7억원이 쥐어지는 일은 없다. 은행에서는 당신 지갑에서 낼 2억원을 자신들의 통장으로 입금하라고 말한다. 은행과 경락잔금대출 계약을 체결한 뒤 당신이 은행에 2억원을 입금하면 당신이 더 해야할 일은 없다. 잔금을 내기 위해 법원을 따로 가지 않아도 된다. 당신의 위임장을 들고 담당 은행 법무사가 법원에 간다. 법무사는 당신 이름으로 소유권 이전을 등기하고 등기하자마자 대출금 7억원에 대한 은행의 근저당을 설정한다. 이렇게 하여 경락잔금 납입이 끝난다. 다음 물건을 보자. 앞의 사례와 거의 유사하다.

【 갑 구 】	(소유권에 관한 사항)			
순위번호	등 기 목 적	접 수	등 기 원 인	권리자 및 기타사항
	소유권이전	2010년1월27일 제5082호	2010년1월27일 임의경매로 인한 매각	소유자 이■ 740915-******* 대구광역시 서구 비산동 1652-2

【 을 구 】	(소유권 이외의 권리에 관한 사항)			
순위번호	등 기 목 적	접 수	등 기 원 인	권리자 및 기타사항
	근저당권설정	2010년1월27일 제5101호	2010년1월27일 설정계약	채권최고액 금32,500,000원 채무자 이■

자료 옥션원

위 자료는 경락잔금대출을 통한 경매 매각 시 설정되는 등기의 예시다. 소유권 이전이 2010년 1월 27일이고 근저당권 설정 날짜도 2010년 1월 27일로 되어 있는 것을 볼 수 있다. 법무사가 하루 만에 일처리를 한 것이다. 앞의 일반 매매와 다른 점은 등기원인에 '임의경매로 인한 매각'이라고 쓰여있다는 점이다.

가끔 "대출을 해준다는데 왜 말만 하고 저한테 돈을 안 줘요?" 하고 질문하는 사람들이 있다. 자기에게 돈을 주면 그걸 갖고 법원에 가서 잔금을 낼 거라고 생각하기 때문에 나타나는 오해다. 이렇게 물어보는 이들은 대개 한 가지 특징을 더 갖고 있다. "매각결정 후 7일, 매각확정 후 7일, 잔금 지급까지 30일……." 경매 절차에 대해서는 줄줄 외고 있는 것이다. 중요한 것은 모르고 절차만 줄줄 외운 나쁜 사례다. 다시 말하지만 절차는 외우지 못해도 세상이 나에게 뭘해야 할지 알아서 알려준다. 하지만 경매를 둘러싼 돈의 구조, 사람의 구조는 반드시 이해해고 있어야 한다.

대출 전문가를
이용하라

경락잔금대출은 기본적으로 주거래 은행에 가서 상담하는 것이 가장 좋다. 그런데 간혹 그 주거래 은행이 경락잔금대출을 취급 안 하거나 조금만 나오는 경우가 있다. 이럴 경우 다른 길을 알아봐야 한다.

앞에서도 말했듯이 매각일 법원에 가서 입찰에 참여하다보면 어느새 내 손에 한가득 명함이 쥐여져 있다. '대출 전문가'들의 명함이다. 이 명함들을 보면 하나같이 '국민, 신한, 기업, 농협, 새마을, ○○보험사……' 등이 쓰여있는데 괜히 사기꾼 아닌가 하고 의심이 들 수 있다. 경락잔금대출을 잘해주는 은행을 연결해주려고 로고를 넣어둔 것뿐이니 안심해도 된다.

더욱이 이들은 우리에게 특별한 보수나 수수료를 바라지도 않는다. 은행을 통해 대출 건을 연결시켜줄 경우 은행으로부터 수수료를 받는다. 이런 사람들을 통하여 경락잔금대출을 받는 것이 가장 수월하다. 자기들 사이에도 경쟁이 심하다보니 만약 낙찰자에게 이상한 대출을 소개시켜주거나 하면 그 사람은 바로 업계에서 매장당한다. 대체로 괜찮은 곳을 소개시켜주고, 스스로 상품들을 비교하여 가장 좋은 곳에 연결해주기도 하기에 잘 활용하면 좋다.

굿프렌드 학원 출신 회원들의 플랫폼
– '경매를 위하여'

혹시 이런 사람들의 명함을 못 받아왔다면 네이버에서 '경락잔금대출'을 검색해보면 저축은행 리스트가 나온다. 그중에 대출금액이 가장 많이 나오고 이자를 가장 적게 내는 곳을 선택하여 진행하면 된다.

네이버에 '경매를 위하여'라고 검색하면 사이트 하나가 뜬다. 우리 굿프렌드 학원 출신 회원들이 만든 대출 플랫폼 사이트다. 이 사이트를 보면 대출 전문가 수천 명의 프로필을 볼 수 있다. 물건별 경락잔금대출 방법부터 권리분석까지 경매에 필요한 자문을 1대 1로 구할 수 있다. 낙찰 잔금을 치르는 데 이 사이트를 활용하면 큰 도움을 얻을 것이다.

대출 여부는
권리분석에 의해서

이제 대출에 대하여 조금 깊게 들어가 보자. 사람들이 가장 많이 하는 질문 중 하나가 "이 물건 경락잔금대출 나와요?"다. 그러면 나는 "주거래 은행에 의뢰해보고 안 되면 경매를 위하여 같은 사이트에서 대출상품을 안내받아 보세요."라고 대답해준다. 그러나 이러한 답변을 들으면 대부분은 질문의 의도를 다시 한 번 바로잡는다. "아니 그게 아니구요. 제가 지금 보고 있는 물건에 법정지상권 성립 여지가 있어서 그렇습니다."

일반적으로 그런 물건은 은행에서 대출을 안 해준다는 것을 알고 있기에 그들은 내게 물어봤던 것이다. 법정지상권은 앞서 설명한 것처럼 토지와 건물의 소유주가 다를 경우 건물 소유주가 보호받는 토지이용 권리를 말한다. 은행에서 이런 부동산에 대한 대출이 잘 안 나오는 이유는 그 물건이 토지와 그 안의 건물 전체로 이뤄진 온전한 부동산이 아니기 때문이다.

사실 경매로 나오는 대부분의 물건이 이렇다. 남의 건물이 올라가 있는 토지의 소유권만 경매에 나왔다든지 남의 토지에 지어진 건물의 소유권만 경매에 나왔다든지 하는 식이다. 소유권 자체가 몇 퍼센트로 잘게 찢어져서 지분 형태로 나오기도 한다. 경매인들이 물건을 고르면서 가장 고민하는 부분도 바로 이 부분이다. "유치권 성립 여지 불분명이랍니다.", "유치권이 신고가 되어있어요.", "지분 경매랍니다.", "건물만 나왔어요.", "분묘기지권이 있답니다." 끝없는 질문이 이어진다. 우리의 법이 땅에 다양한 권리를 부여하고 있기 때문이다.

분묘기지권은 또 무엇인가 싶을 텐데 토지 주인이 아니어도 토지에 조상의 묘가 20년간 있었다면 계속해서 그 곳에 묘지를 두고 제사를 지낼 수 있는, 후손에게 부여된 권리다. 낙찰받은 땅에 이러한 권리가 딸려 있어 곤란해지지 않으려면 사전 임장 과정에서 땅에 묘지는 없는지 확인하는 것이 매우 중요하다.

경매 물건을 봤을 때 복잡한 것이 없다면 대부분 대출은 다 나온다. 하지만 그 물건에 복잡한 조건들이 붙어 있으면 얘기가 달라진다. 이런 조건들은 경매 입찰자에게만 복잡한 것이 아니라 은행도 복잡해한다. 그래서 조건이 붙은 물건들에 대해서는 은행들이 조금씩 지갑을 닫는다. 대출이 가능한지 여부도 은행마다 판단을 달리하게 된다.

그렇다고 조건 붙은 물건은 피해서 경매를 해야겠다고 생각해선 안 된다. 그러다보면 입찰할 물건이 없다. 은행에서 좋아하지 않는다는 뜻은 그 물건이 나쁜 물건이어서가 아니라 은행에서 그 물건의 리스크를 정확히 파악하기가 힘들다는 뜻으로 이해하면 된다. 채권자는 안전성을 중요시한다는 걸 기억할 것이다. 그래서 대출 전문가들에게 도움을 받아야 한다는 것이다. 어떤 유형의 제약이 붙은 물건을 대출해주는 곳이 어디인지 속속들이 파악하고 있기 때문이다.

21

낙찰받은 집에 거주자가 있을 땐 ○○○○해라

당신이 잔금까지 냈다면 이 부동산의 소유자는 당신이다. 일반적인 부동산 매매였다면 모든 일이 여기서 끝난다. 실제 부동산을 점유하고 있는 사람이 알아서 나가줄테니까. 하지만 경매로 취득한 부동산의 경우 이야기가 달라진다. 실제 부동산을 점유하고 있는 사람이 알아서 나가주지 않기 때문이다.

이 때문에 경매로 부동산을 취득할 경우 잔금을 치른 후에 해야 할 일이 남게 되는데 바로 '명도明渡'다. 명도란 쉽게 말해 실제 부동산을 점유하고 있는 사람으로부터 모든 권리를 넘겨받는 과정을 뜻한다. 민법에서는 '토지나 건물 등을 더 이상 점유할 권리가 없는 자에 대하여 해당 부동산의 점유를 타인의 지배 하에 옮기는 것을 뜻한다.'라고 정의하고 있다.

명도란
무엇인가?

공지, 농지, 임야 이런 것들을 취득할 땐 명도의 과정이 필요 없다. 사람에 의한 점유가 불가능하기 때문이다. 하지만 경매로 집을 샀거나 상가를 샀다면 명도의 과정을 거쳐야 한다. 집이나 상가를 샀어도 명도가 필요 없는 경우도 있다. 그 부동산이 공실인 경우다.

명도는 법적인 권리가 없는 채 부동산을 점유하고 있는 사람이 있을 때 하게 된다. 경매로 소유권이 넘어갔어도 이전 소유자와 계약한 임차인이 권리를 보장받고 있는 경우 퇴거를 요청할 수 없다.

명도를 위해 부동산을 찾아갔을 때 만나게 되는 '점유자'는 대부분 다음 유형 중의 하나다. 채무로 인해 해당 부동산을 매각 당한 전 소유자, 임대차계약이 종료된 임차인, 애초부터 불법으로 점유하고 있는 사람 등이다. 이외에도 다양한 유형이 있지만 위의 셋이 대부분의 경우를 차지한다.

명도에서 중요한 것은
속도

명도의 싸움은 속도의 싸움이다. 간단히 말해 '언제 어떻게 해야 이들을 빨리 내보낼 수 있느냐?'를 고민해야 한다. 물론 법은 우리의 편이다. 상황이 안 된다면 명도소송 뒤 강제집행을 하는 방법도 있다. 하지만 대부분의 경우 강제집행까지 가는 과정에서 낙찰자는 경제적으로 큰 손해를 보게 된다. 점유자를 제발로 걸어나가게 하는 게 가장 좋다. 하지만 어떻게 그렇게 한단 말인가? 경매 물건의 점유자들은 온갖 다양한 사정이 있기에 딱히 방법을 말하기 어렵다. 말 그대로 '사람 일'이다. 만약 협상을 잘하는 사람이나 처세술에 능한 사람이라면 빨리 찾아갈수록 좋다. 오늘 낙찰받았다면 오늘 찾아가는 것도 좋다. 하지만 이런 일을 잘 해결할 수 있는 사람이 얼마나 될까?

전래동화 중에 '훈장님과 제자'라는 이야기를 들어본 적이 있는가? 어느 날 훈장님이 제자에게 "나를 집 밖으로 나가게 만들면 큰 상을 주겠다."고 말했다. 제자는 "훈장님을 집 밖으로 나가시게 할 수는 없지만, 집 밖에 있는 훈장님을 집 안으로 들어오시게 할 수는 있습니다."라고 대답했다. 이에 훈장님이 집 밖으로 나가서 자신을 들여보내보라고 했다. 그런데 이때 제자는 이미 자신이 이겼으니 큰 상을 달라고 했다. 이 제자가 커서 경매를 했다면 돈 좀 만졌을 것이다. 이 정도의 처세술과 재치를 가진 사람이라면 직접 점유자를 만나 설득해 내보내는 것은 일도 아닐 것이다. 만약 자신이 이럴 자신이 있다면 이 파트는 안 보고 넘어가도 좋다.

낙찰자를 기다리는 점유자

현실적인 기준으로 생각해보자. 초보 경매인 대부분은 '나는 협상하러 가기도 싫고 자주 만나기도 싫다. 그 사람 쫓겨나는 사람인데 자주 만나서 좋을 게 뭐가 있어?' 이렇게 생각한다. 이럴 때 가장 좋은 방법은 객관적으로 입장을 바꿔서 생각해보는 것이다. 당신이 부동산 점유자의 입장이라고 생각해보라. 당신이 그 집에 살고 있는데 혹은 그 상가에서 장사를 하고 있는데 그게 경매로 팔려버렸다. 경우에 따라서는 이전 소유자로부터 전월세 보증금도 못 받았을 수도 있다. 이런 심각한 상황에 처해 있다면 누구나 신경이 곤두서 있다. 당신이 꼼꼼한 사람이라면 낙찰이 언제 됐는지, 낙찰자가 누군지, 심지어 어디 살고 있는지까지 파악해둘 것이다.

이런 상황에서 당신에게 낙찰자가 찾아오면 기분이 어떨까? 기분이 좋을까 나쁠까? 기분이 나쁠 것이라고 대답한 사람은 아직 진짜 점유자의 상황에 자신을 몰입시키지 못한 사람이다. 객관적으로 점유자의 상황을 조금 더 철저하게 이해해볼 필요가 있다.

좋아할 이유는 없겠지만 그다지 싫어할 이유도 없다. 왜냐하면 부동산을 불법으로 점유하고 있는 당신은 어차피 나가야 될 상황이기 때문이다. 그저 조금이라도 뭔가를 더 취하고 싶다. 예를 들어 이사 비용이나 이사 기간 말이다. 당신의 입장에서는 낙찰자가 찾아오면 어찌됐든 협상을 해보려 할 것이다. 하지만 "그럼 협상해 봅시다!"라고 낙찰자에게 솔직하게 밝히는 것이 좋을까? 이런 상황에서 낙찰자가 찾아왔을 때 어떻게 대해야 할까? "여기에서 조금 더 살고 싶은데 사정을 봐주시면 안 될까요?"라고 말하는 게 좋을까 아니면 "아니 왜 낙찰됐다고 당신 거야! 기분 아주 더럽네!"라고 말하는 게 좋을까? 개인 성향에 따라 다른 판단을 할 수는 있겠지만 결과적으로는 후자의 경우가 '아 만만한 사람이 아니구나.' 하는 느낌을 주기에 더 좋다.

점유자는 낙찰자를 만나기 싫어할 것이라고 오판하는 이유가 바로 이런 점유자들의 연기 때문이다. 진짜 강하게 나오는 사람은 "그냥 여기서 살래, 배째!"라고 말하기도 한다. 하지만 점유자가 이렇게 나온다고 낙찰자가 점유자의 기분을 살피며 질질 끌려다니면 어떻게 될까? 이런 경우 낙찰자는 시간도 돈도 못 버는 최악의 상황으로 치닫게 된다.

시간과 돈
둘 중 하나라도 벌자

직접 점유자를 찾아가 협상을 통해 내보내는 게 최고의 방법으로 시간과 돈 전부를 벌 수 있다. 법으로 가면 비용이 발생하고 서로간의 악감정도 생기니 좋을 게 없다. 그러나 이런 협상에 자신이 없는 사람이라면 시간과 돈 둘 중 하나는 챙기는 방법을 취해야 한다. 점유자에게 협상의 여지가 안 보인다면 바로 법을 적용하기 바란다. 이 방법 저 방법 다 쓰면서 시간을 날리다가 결국 법으로 가는 것보다는 처음부터 빠르게 법을 찾아가는 게 좋다.

예전에는 명도소송이 필수였지만 지금은 명도소송 대신 '인도명령'이라는 쉬운 제도가 생겼기 때문에 이런 법을 잘 활용하는 것도 좋은 방법이 될 수 있다. 경락 잔금까지 내서 부동산 소유자가 된 낙찰자는 법원을 통해 '인도명령'을 할 수 있다. '낙찰자에게 인도하라.'는 법원의 서류를 점유자에게 보내는 것이다.

명도소송과
강제집행에 관하여

내가 처음 경매를 할 때만 해도 사람을 내보내기 위해 마련된 제도가 없었다. 법이 없다보니 그저 민사소송을 거는 것뿐이었다. 이때 걸었던 것이 명도소송이다. 나보다 더 선배들은 이런 것도 잘 안 통해서 자기가 낙찰받은 집에 똥을 뿌리고 했다는 전설도 있다…….

경매용어 사전에서 명도소송의 의미를 찾아보면 '매수인이 부동산에 대한 대금을 지급했음에도 점유자가 부동산의 인도를 거절하는 경우 제기하는 소송'이라고 되어 있다. 경매인으로서는 이 말 그대로 이해하면 되지만 엄밀히 따지면 명도소송은 더 큰 의미의 단어다. 소유주의 변화 없이 임차인이 계속 월세를 안 낼 때도 소유주가 임차인에게 거는 소송이 명도소송이다. 불법 점유하고 있는 자를 쫓아낼 때 하는 민사소송은 다 명도소송이라 볼 수 있다.

명도소송을 걸 경우 법원은 아직 임차인이 현재 점유를 하고 있는지 아닌지, 그동안 월세를 냈는지 안 냈는지를 전혀 모르는 상태다. 앞서 살펴본 항고의 냄새가 나지 않는가? 그런 사실관계를 다 증명하는 과정에서 소송의 기간은 굉장히 길어진다.

명도소송을 하면 시간이 얼마나 걸릴까? 지금은 소송 속도가 조금 더 빨라져서, 법원이 사실관계를 확인하고 판결이 나는 데까지 반년이 걸린다. 물론 상대가 승복을 못하면 항고를 할 수 있다. 항고를 하게 되면 또 그만큼 시간이 훅 간다. 여기서는 항소를 두 번까지 할 수 있기 때문에 점유자가 시간을 끌려 마음만 먹는다면 한 2년^{그 이상까지도}은 끌 수 있다. 만약 매각결정 단계에서 항고까지 걸렸다면 경매 후 부동산 실소유까지 4년은 걸리는 것이다. 이러한 소송 기간 끝에 승소해야 그 판결문을 가지고 강제집행을 할 수 있게 된다.

상황이 이렇다보니 과거에는 임차인^{점유자}에게 이사 비용 명목으로 기본 수천만원은 줘야 나가줄까 말까 했다. 변호사 수임료만 해도 한 번에 500만원이다. 두 번 항고하면 도합 1,500만원이다. 과거에는 소송 속도도 느려 한 번 판결이 나는 데 1~2년은 그냥 걸렸다. 시간은 시간대로 잃게 되고 그 기간 부동산을 활용하지 못해 잃는 돈까지 생각하면 차라리 수천만원이 싼 값일 수 있다.

강제집행에도 돈이 든다. 강제집행 시 들어가는 노무 비용은 명목상 강제집행의 대상이 되는 점유자가 내는 것이 맞다. 하지만 법원은 강제집행을 신청한 낙찰자에게 우선 비용을 받아간 뒤 추후 알아서 점유자에게 받아가라는 입장을 견지한다. 대부분의 경우 점유자는 이런 것을 제대로 지불할 능력이 없다. 따라서 사실상 낙찰자가 부담하게 된다.

부동산 인도 강제집행을 신청하면 강제집행 집행관을 만나게 된다. 집행관은 점유 중인 부동산의 면적에 따라 필요한 노무자를 계산한다. 일반적으로 30평 아파트의 경우 10명 정도를 부르며 1명당 공사장 노무자의 하루 일당에 준하는 임금이 책정된다. 이밖에도 부동산에서 점유자의 재산을 빼내어 물류센터에 옮기고 보관해야 하므로 트럭 사용료와 물류 보관료^{3개월}^분 거기에 노무 비용까지 총 합하면 30평 아파트 기준 400만원 정도가 필요하다. 상황이 이렇다보니 점유자가 웬만한 이사 비용을 요구하기만 하면 손에 쥐어주고 합의하는 게 가장 빠르고 싼 길이 되는 것이다.

간편한 제도
인도명령

그러다 2002년부터 경매 제도에 단비가 내렸으니 바로 '인도명령'이다. 인도명령이란 '법원경매를 통해 부동산을 취득한 사람이 정당한 권리 없이 부동산을 점유하고 있는 자에 대하여, 부동산을 인도받기 위해 법원으로부터 받아내는 집행 권한'이라고 되어 있다. 이 법에 의해 명도소송 없이 점유자를 내보낼 수 있는 길이 생긴 것이다.

하지만 경매 사건의 종류에 따라선 이러한 인도명령을 쓸 수 없는 경우도 있다. 바로 '공매' 물건을 낙찰받은 경우다. 앞서 공매를 설명하면서도 이 부분을 설명했을 것이다. 공매를 통해 세금 채납자의 물건을 취득한 경우, 사용할 수 있는 법적 절차로는 명도소송만 있다. 공매의 절차는 대부분 경매법에 준용해서 마련되어 있으나 경매와 가장 큰 차이를 보이는 지점이 이 부분이다.

참고로 인도명령 신청 기한은 6개월이다. 잔금을 납부하고 6개월 이내에만 신청할 수 있다. 인도명령을 신청하지 않은 채 협상하려던 낙찰자가 점유자에게 질질 끌려다니다 6개월이 지나버리면 이제는 명도소송밖에 답이 남지 않아버린다. 나라에서 기껏 당신을 위해 편리한 제도를 만들어줬는데 이를 놓쳐버린다면 정말 한심한 일이 아닐 수 없다.

이제부터 명도의 기술을 설명해보겠다. 직업적으로 협상 전문가이거나 본인 스스로 협상에 타고난 능력이 있는 사람이라면 본인 스타일에 맞게끔 하면 된다. 이것은 그런 기술이나 능력이 없는 사람들을 위한 방법이다.

앞에서도 이야기했듯 잔금을 낼 때 경락잔금대출을 받았다면 낙찰자가 갈 필요도 없이 은행에서 선정한 법무사가 직접 법원에 가서 잔금을 내고 등기까지 해준다. 은행이 등기를 쳐주는 날이 내가 소유권자가 되는 날이다. 만약 대출을 안 받았다면 잔금을 내고 직접 소유권 이전 등기를 하면 된다. 이때부터 소유자로서의 권한이 생기는 것이다.

이런 권한이 생겼다면 이제 인도명령을 신청할 수 있다. 이날 법원에서 인도명령도 신청하고 와야 한다. 할 수도 있고 안 할 수도 있다. 하지만 하는 것이 상책이다. 인도명령을 신청하는 방법은 간단하다. 해당 법원에 가면 인도명령을 신청하는 양식이 있다. 이걸 써서 법원에 제출하고 만원 수준의 수수료를 내면 된다. 경락잔금대출로 은행 법무사가 당신 대신 법원에 가는 경우 인도명령 신청도 대리로 부탁할 수 있다. 대신 수수료를 5~10만원 정도 추가로 요구받을 수 있다.

인도명령의 경우 해당 경매를 진행한 법원에서만 신청할 수 있다. 경매 절차에 있어 인도명령이 가뭄의 단비인 이유가 바로 여기 있다. 명도소송의 경우 지금까지 진행해온 경매와 무관한 별도의 민사소송으로 진행된다. 그렇기에 모든 것을 처음부터 시작해야 하는 것이다. 그러나 인도명령은 경매 절차의 일환으로서 지금까지 해당 경매 건을 맡아온 법원에서 곧바로 진행하는 것이기에 반복 작업을 하지 않아도 된다. 어찌됐든 이렇게 인도명령을 신청하면 1~2주 안에, 길면 한 달 안에 '인도명령 결정정본'이라는 게 나온다. 점유 중인 주택을 인도하라는 법원의 명령을 관계자에게 정식으로 전달하는 문서다. 점유자에게만 나오는 게 아니라 낙찰자에게도 나온다. 이걸 가지고 강제집행을 신청해야 한다.

경매를 하려면 어느 정도 마음을 담대하게 먹어야 한다. 특히 명도 절차를 진행할 때는 마음가짐을 굳세게 다잡아야 한다. 내가 대금을 치른 사람이므로 당당히 갑이 되어야지 을이 되어서는 안 된다.

어느 날 직장을 퇴직한 중년 한 분이 내게 찾아왔다. 집에서 유튜브를 보다가 내가 운영하는 채널 '경매대마왕'의 영상들을 보고 경매를 하겠다고 나선 분이었다. 그는 내게서 몇 개월만 배운 뒤 바로 실전에 들어갔다. 그의 목적은 오직 '내 집 마련'이었기에 그리 큰 시간을 배움에 할애하지는 않았다. 이 사람은 운 좋게도 처음 하는 경매에서 자신이 전세로 사는 아파트 옆 동에 경매로 나온 물건을 낙찰받았다. 하지만 그는 낙찰받은 이후에야 자신이 낙찰받은 아파트를 올려다보며 '가만 있어봐 저기에 임차인이 있던데 어떻게 내보내야 하지?' 하는 걱정을 하기 시작했다.

그날부터 그는 점유자를 몇 번이나 찾아다녔다. 매우 조심스럽게 이사 계획을 잡아놓았는지 물어보았다. 하지만 점유자는 이사 계획을 전혀 잡아놓질 않았다는 답을 했다. 사실 그는 법원에서 낙찰받은 다음 날부터 원래 살던 집을 비우고 그 집으로 이사갈 준비를 하고 있었다. 그런데 예상치 못하게 낙찰받은 집에 점유자가 있었던 것이다. 어떻게든 되겠지 하며 이사 준비는 준비대로 점유자는 점유자대로 찾아갔는데 일이 꼬여버렸다.

그는 하루빨리 거기 살 목적이었기에 며칠 후 다시 찾아가서 자신의 속내를 이야기했다. 그랬더니 점유자는 처음엔 알았다고 해놓고 차일피일 미루다가 네 번째 찾아갔을 때는 어디서 뭘 들었는지 "잔금 내야 소유자래매. 잔금 내고 다시 얘기합시다."라며 버티는 것이 아닌가. 그는 그 소리에 열불이 터졌다. 하지만 그 상황에서도 그는 "그래 잔금만 치르면 뒷말 없이 나가겠지."라고 판단해버렸다. 그로부터 한 달 반 뒤 잔금까지 치른 후 점유자를 찾아갔더니 이번엔 집에 있는 것 같은데 응답도 안 하고 전화도 안 받았다. 문자를 해도 답장이 오질 않았다.

그렇게 점유자를 쫓아다니길 몇 달, 겨우 연락이 되었는데 점유자는 그제서야 자신의 본색을 드러냈다. 자기 발로는 나갈 생각이 없으니 법대로 하라는 것이었다. 이 말을 들은 그는 울상이 되어 제발 나가달라고 사정을 했지만 점유자는 들은 척도 하지 않았다. 그는 결국 그제서야 낙찰받은 법원에 찾아가 인도명령을 신청했다. 점유자가 강제적으로 끌려나가기까진 다시 한참의 시간이 흐른 뒤였다. 그동안 그는 살고 있던 집의 주인에게 양해를 구해야 했고 셀 수 없을 만큼 마음고생과 몸고생을 했다.

협상의 핵심은 여유로움과 이성적 판단

앞서 명도를 '사람 일'이라고 표현했다. 명도 과정에서 협상을 할 때 중요한 원칙을 한 가지 얘기하자면 '여유로운 사람이 이긴다.'는 것이다. 무슨 협상을 할 때든 마찬가지다. 간절한 사람, 간절함을 먼저 내비친 사람이 진다. 만약 당신이 판단하기에 자신이 정말로 소심해서 도저히 점유자를 찾아갈 수 없는 성격이라면 어쩔 수 없이 돈을 써서라도 변호사 사무실에 맡겨야 할 것이다. 하지만 될 수 있다면 지속적으로 협상을 도전해보기 바란다. 경험을 통해서 쌓아올린 협상력은 경매의 전 과정에서, 그리고 나중에 어떤 일을 하더라도 자신의 큰 무기가 된다.

위에서 만나온 만만치 않은 점유자들이 당신의 협상 상대방이다. 그리고 이들은 속으로는 협상해 돈을 받길 원하면서도 겉으로는 협상의 의사가 없는 것처럼 꾸민다. 혹은 협상이 될 것처럼 응하면서도 중요한 때가 되면 갑자기 연락이 두절된다. 모두 자신의 이익을 위해서다. 당신도 똑같이 해야 한다. 시간이 오래 걸리든 말든 별 신경을 쓰지 않는 것처럼 보여야 한다. 당신이 갑이다. 가만히 있으면 낙찰자가 갑인데 자꾸 쫓아다니기 때문에 낙찰자가 을이 되는 것이다.

낙찰자가 개인이 아니라 큰 회사라면 보통은 바로 변호사를 선임에 법을 적용한다. 이러면 점유자에게는 최악의 상황이 벌어지는 것이다. 이때는 오히려 점유자가 낙찰자를 찾아다니며 하소연해야 한다. "왜 만나보지도 않고 법으로 하려하냐?"며 "법 집행하려면 돈 들어갈 텐데, 그 돈을 나에게 주면 당장 나가겠다."고 말하기도 한다.

인도명령 및 강제집행과 관련된 에피소드를 하나 말하고자 한다. 과거 우리 회사는 명도 절차를 거쳐야 할 아파트 한 채를 낙찰받았다. 그래서 잔금을 내고 인도명령 신청까지 바로 했다. 대부분의 회사가 그렇듯 절차상 채권채무 등 소송에 휘말릴 사안이 생기면 우선 상대방에게 내용증명을 보낸다. 내용증명이란 어떤 문서를 A가 B에게 보냈고 그것이 B에게 전달됐

음을 우체국에서 증명해주는 제도다. 소송의 내용이 되는 중요한 사실을 당사자가 알고 있었는지 모르고 있었는지가 중요할 때 증거로 제출하기 위하여 사용된다. 그래서 우리 회사도 당시 다음과 같은 내용증명을 하나 보냈다. '낙찰자다. 집을 비워주지 않으면 소송으로 갈 수 있다. 그 소송에 대한 책임은 점유자가 지어야 된다.'

내용증명을 보낸 뒤 나는 그 사건에 집중할 수가 없었다. 점유자를 한 번 만나러 가야겠다고 계획하고 있었는데 때마침 그 사건과 무관한 다른 업무가 밀려들어오기 시작한 것이었다. 그래서 열심히 일하고 있는데 처음 보는 번호로 전화가 왔다. "그쪽이 낙찰받은 회사의 대리인이냐?"고 묻는 것이었다. 알고 봤더니 그는 그 사건의 점유자였다. 그는 "한번 만나서 얼굴이라도 보고 인사를 하거나 그래야 한국 사람의 인정이지. 갈 데도 없는데 다짜고짜 법으로 하면 어떡하냐?"고 애원하듯 말했다.

나는 이렇게 대답했다. "지금 회사 일이 너무 바빠서 이것만 끝내고 다음 달 정도에 찾아뵙도록 하겠습니다." 이 말을 들은 점유자는 회사를 알려주면 자기가 찾아오겠다는 말을 했다. 진짜로 회사까지 찾아온 점유자는 "이사 비용만 얼마 주면 자기가 나가겠다며 제발 법으로만 하지 말아달라."고 부탁했다. 나는 이사 비용을 주기로 하고 내보내기로 했다. 이 이야기를 하는 이유는 우리는 각각의 입장만 잘 이해하면 협상을 자연스럽게 할 수 있고, 서로 윈윈도 할 수 있다는 걸 말하고 싶어서다.

여기서 명도에 있어 가장 중요한 두 가지 키워드를 짚을 수 있다. 첫 번째는 '여유로움'이고, 두 번째는 '이성적 판단'이다. 좀 전의 퇴직한 중년과 나를 비교하면 어떤가? 나는 굉장히 여유로우나 그는 안절부절 못했다. 내가 여유로움을 가질 수 있던 비결은 무엇일까? 이 사건에 있어서 나는 어디까지나 회사 차원에서 활동했다. 낙찰을 받자마자 점유자의 얼굴은 보지도 않고 인도명령을 신청했고 점유자가 만나서 얼굴 보고 얘기하자고 했을 때도 지금 다른 바쁜 일이 있다며 애둘러 핑계를 댔다. 실제로 해당 경매 건을 통해 버는 이익이 내 주머니에 들어오는 것은 맞다. 하지만 점유자를 대함에 있어 내 돈이 아닌 남의 돈을 굴리듯 행동한 것이다.

가끔 어떤 선택을 해야 할지 판단이 안 될 땐 남의 것이라고 생각하면 객관적 시선을 확보할 수 있게 된다. 내 것이 아니므로 급할 게 없으니 여유로움을 가질 수 있다. 자꾸 내 돈이 들어간다고 생각하기에 이성적 판단을 할 수 없게 되는 것이다. 급할수록 본인의 속내를 내보여주고 상대가 갑이 된다. 법적으로 내가 옳은 상황이고 상대방은 위법인 상황이다. 갑이 되지는 못할지언정 을이 될 필요는 없지 않은가?

물론 여유로움과 이성적 판단을 하고 싶다고 해서 바로 할 수 있는 것은 아니다. 현 상황에 대한 객관적 이해와 상대방^{점유자}의 속마음을 알고 있어야 가능한 일이다. 또한 실제로도 시간적, 금전적 여유가 있어야 한다. 만약 내가 아까 살펴본 퇴직한 중년과 마찬가지로 현재 살고 있는 집을 빼버린 상황이라면 여유로워질 수 있겠는가? 물론 경험 많은 사람이라면 자신이 매우 간절한 상황에서도 그 간절함을 내비치지 않을 것이다. 그러나 경험 많은 사람은 애초에 그런 간절해질 상황을 만들지 않는다.

여유로움과 이성적 판단 이걸 꼭 기억하기 바란다. 앞에서 본 퇴직한 사람의 예는 여유롭지 못한 상태에서 성급하게 수많은 만남과 방문을 했기에 최악의 결과가 나온 케이스다. 반면 나는 아무것도 안 했고 심지어 찾아가지도 않았는데 상대가 와서 협상을 한 케이스다.

점유자의 입장

계속해서 강조하지만 상대 입장에서 생각하는 훈련이 필요하다. 이번엔 점유자의 입장을 좀더 폭 넓게 생각해보자. 앞서 점유자의 유형을 소개했는데 그중 상당수는 경매를 신청한 근저당권자보다 후순위인 임차인이다. 이런 '후순위 임차인'이 나의 낙찰받은 부동산을 점유하고 있다고 가정해보자. 선순위 임차인이라면 법원에서 배당받아 가거나 낙찰자한테 돈을 받아가면 되기에 큰 걱정을 할 필요가 없다. 하지만 후순위 임차인이라면 받아갈 돈도 못 받고 쫓겨나는 셈이다.

이때 점유자는 어떤 행동을 할까? 이리저리 돌아다니며 집에서 쫓겨나게 된 본인의 딱한 사정을 주변 사람들에게 말하고 자문을 구할 것이다. 그러면서 제일 좋은 시나리오를 찾게 될 것이다. 그래도 결국 점유자 입장에서 최선의 선택은 조금 더 오래 살거나, 조금 더 돈을 받아가거나 하는 정도다. 때가 겨울이라면 지금은 추워죽겠으니 계절이라도 바꾸고 나가는 것, 우리 애가 곧 초등학교를 졸업하는데 그때까진 이 동네에 있었으면 좋겠는 것, 이사 비용이라도 두둑이 받았으면 좋겠는 것 등이다. 이런 일을 당한 점유자는 자신의 바람에 따라 나름대로 대응방안을 준비한다. '낙찰자가 오면 어떻게 대응하지?' 이런 생각을 하며 여러 가지 전략을 짠다. 화를 내든, 엉엉 울든, 배 째라고 하든 자기 나름대로의 시나리오를 준비하고 기다린다. 그런데 하루가 지나도 한 달이 지나도 낙찰자가 찾아오질 않는다.

그러다가 법원에서 우편물이 하나 날아온다. '인도명령 결정정본' 내용을 보니 신청인, 피신청인이 적혀 있다. 그리고 주문은 '무슨무슨 부동산을

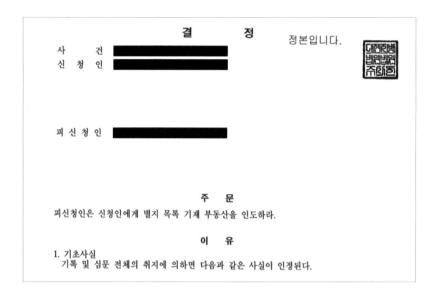

결　　정　　　정본입니다.

사　　　건　███████████████

신　청　인　███████████████

피 신 청 인　███████████████

주　문

피신청인은 신청인에게 별지 목록 기재 부동산을 인도하라.

이　유

1. 기초사실

기록 및 심문 전체의 취지에 의하면 다음과 같은 사실이 인정된다.

인도하라.' 이 한 줄이 끝이다. 두 줄도 없다. 점유자는 이게 이해가 안 되어 동네 부동산 사장님이나 좀 발이 넓다면 지인인 법무사, 변호사에게 물어본다. 그러자 지인 입에서 참 잔인한 말이 나온다. 인도명령 결정정본을 받았기 때문에 협상 안 하면 집행당한다고 해석해준다. 하루 이틀 지나니 우체국에서 '내용증명'이라는 게 날아온다. 집 안 비워주면 민·형사상의 책임을 지며 거기에 대한 손해배상도 물리겠다는 협박 내용이다.

점유자는 이 상황에서 그냥 당하고만 있을 수 없기에 또 다른 방법을 찾아낸다. '오래 사는 건 포기하더라도 경매 당한 다른 사람들은 이사비용을 받는다던데 이사비용도 못 받고 쫓겨날 수는 없다!' 이런 생각을 하며 점유자는 법원으로 뛰어간다. 법원에 가면 낙찰자의 전화번호와 주소를 알 수 있기 때문이다. 결국 이사 비용이라도 받으려는 속셈으로 먼저 전화를 걸고 먼저 찾아간다. 이게 현실적인 점유자의 입장이다. 동정심은 생겨도 두려움이 생기지는 않을 것이다.

점유자의 입장뿐 아니라 당신^{낙찰자}의 입장도 명확히 파악해야 한다. 사실 내 이론에 따르면 경매 투자 과정에서 명도는 중요한 것이 아니다. 내가 좋은 부동산을 싸게 샀냐, 안 샀냐가 가장 중요하다. 좋은 부동산을 싸게 샀다면 명도가 오래 걸리고 복잡하더라도 성공한 것이고, 부동산을 제값보다 싸게 사지 못했다면 명도를 잘했더라도 잘못 산 것이 된다. 이런 마음을 가지고 있다면 아무리 억센 점유자를 만나더라도 나는 항상 여유로운 갑이다. 점유자가 나가도 그만 안 나가도 그만이기 때문이다.

갑으로 살아라

앞서 부동산을 살 때도 갑으로서 사고 팔 때도 갑으로서 팔라고 조언한 바 있다. 그뿐만이 아니다. 성공하는 삶을 살고 싶다면 당신은 언제 어디서나 갑으로 살아야 한다. 당신은 현재 당신의 인생 속에서 갑으로 살고 있는가? 당신이 사회, 학업, 가정, 친구 등 인생의 모든 영역에서 갑으로 살고 있는지 을로 살고 있는지를 테스트해보라.

당신이 지금 사장으로부터 고용받은 상태이기에 사장은 갑이고 당신은 을이라고 생각하는가? 당신에게 직장 상사가 있다면 그 상사는 갑이고 부하인 당신은 을이라고 생각하는가? 현실적으로 사장은 돈을 쥐고 있기에, 상사는 권력을 쥐고 있기에 갑이 되는 경우가 많다.

하지만 우리는 여기서 다시 한 번 경매인의 객관성을 발휘해볼 수 있다.

상대방의 입장에서 생각해보는 것이다. 당신 또한 그들이 원하는 것을 지니고 있다는 사실을 알아야 한다. 그들은 당신에게 노동, 생산, 복종 등을 원한다. 그런데 당신이 그들에게 요구하는 것^{고용. 임금}보다 그들이 당신에게서 요구하는 것^{생산력. 복종}이 더 간절하다면 어떨까? 당신이 지닌 가치의 값어치가 더 높고 더 희소하다면 말이다. 그렇다면 당신이 갑이다.

인간관계에서 서로 주고받는 가치란 상상 이상으로 많다. 돈, 권력, 일, 관심, 교우관계 등 우리는 상대방으로부터 다양한 가치를 받길 원한다. 갑이 되기 위해 중요한 능력은 상대방이 원할 만한 가치를 갖추는 것, 그리고 상대방이 내게 무엇을 원하는지를 알아차리는 것이다. 아무리 당신이 일개 직원이고 부하라 해도 사장과 상사가 당신과 어울리고 싶을 정도로 매력적인 사람이 된다면 당신은 갑이 될 수 있다.

이런 기술에 능한 사람은 언제 어디서나 갑이 된다. 그리고 이런 사람들은 투자도 잘한다. 모두가 원해할 만한 것이 무엇인지 기가막히게 냄새를 잘 맡기 때문이다. 만약 당신이 삶에서 갑으로 살고 있지 못하다면 부동산 투자나 명도의 기술에서도 밀릴 가능성이 높다. 하지만 내가 가르쳐준대로 하다보면 사소한 상황에서부터 갑으로 시작할 수 있다.

내가 말하는 갑은 '갑질하다.' 할 때의 그런 갑이 아니다. 오만함과 무례함에서 나오는 갑질은 진정한 갑이 되지 못하는 일부의 사람들이 주변으로부터 갑으로 인정받고 싶기에 하는 투정과 같은 행동이다. 진정한 갑이란 내가 현재 상황의 주인이 되는 것이다. 나의 말과 결정에 모두가 영향을 받는 것이다. 이런 상황에서는 내가 요구하지 않아도 사람들이 내 목소리에 귀를 기울인다. 내 비위를 맞추는 사람은 나에게서 좋은 처분을 받을 것이고 내 비위를 맞추지 않는 사람은 나에게서 나쁜 처분을 받을 것이다. 굳이 그들에게 내가 갑이니 내 비위를 맞추라 요구할 필요도 화낼 필요도 없다.

예전에 이런 일이 있었다. 재개발이 예상되는 동네에서 50년도 넘은 쓰러져 가는 집 하나를 구매했다. 집은 별로지만 이곳에서 발생할 분양권, 프리미엄 등을 본 것이었다. 임차인을 봤는데 연세에 비해 나이가 더 들어 보이는 할머니 한 분이 살고 있었다. 나이가 더 들어 보인다는 것은 아무래도 젊었을 때부터 고생을 많이 한 것이지 않겠는가? 귀가 좀 안 들리는지 말도 잘 못 알아들었다. 임차 기간이 끝난 상황이었는데 명도를 하기가 참 애매했다. 명도를 해야 단돈 얼마라도 임대료를 받을 수 있을 텐데 말이다. 젊은 사람이라면 그냥 명도 절차를 집행해버렸을 텐데, 이 할머니는 길거리로 내보내면 진짜 잘못될 수 있겠다는 생각이 들었다. 자식도 찾아보고 했지만 결국 찾지 못했다.

원장님에게 자문을 구했더니 어차피 재개발되려면 오래 걸리니 그냥 편안하게 살게 해주라는 조언을 해주셨다. 결국 명도를 하지 않았다. 몇 년 후 마을 통장에게 연락이 왔는데 그분이 돌아가셨다고 했다. 나는 동사무소 관계자, 통장님과 함께 조그만 장례를 치러드렸다. 굉장히 오래된 일인데 돌이켜보면 매몰차게 안 하고 사정을 봐준 걸 잘했다는 생각이 든다. 부동산 소유자로서 객관적으로 옳은 행동을 한 것은 아니었으나, 갑의 삶을 사는 한 명의 사람으로서는 객관적으로 옳은 행동을 한 것이었다. 이후 이 지역에 재개발이 진행되면서 많은 이득을 보았다. 이것이 명도는 실패했더라도 투자는 성공한 케이스다. '머리는 차갑게 마음은 따뜻하게.'라는 말은 진정한 갑의 인생을 살 수 있는 방법 중 하나다.

22

근저당권보다 아래 있는 등기는
볼 필요 없다고?

부동산에 매겨진 각종 권리와 채권에는 등기된 순서에 따라 우선순위가 있다고 정의한 것을 기억할 것이다. 경매 후 법원은 우선순위에 따라 각 채권을 해결하는데 경매와 무관하게 유지되는 권리도 있다.

이런 경우 어떤 권리와 채권은 낙찰자가 지고 가야되고 어떤 권리와 채권은 낙찰자가 지고 가지 않아도 된다. 대표적으로 1순위 근저당권자보다 등기부 상 선순위 권리를 보유한 임차인이 있을 경우 임차권이 보호되며 낙찰자는 부동산을 소유하더라도 그 임대차 계약을 물려받게 된다. 이렇게 낙찰 시 해당 재산만 가져가는 것이 아닌 부가적인 책임을 함께 인수해야 하는 경매 물건을 흔히 '하자가 있다.'고 표현한다.

말소기준권리

이때 기준이 되는 권리를 '말소기준권리'라 한다. 경매법상 '여기서부터는 경매해서 나온 매각금으로 해결이 안 되면 보장을 안 하겠다.'라는 기준이 되는 권리다. 등기부 상에 말소기준권리보다 나중에 등록된 권리들은 모두 보장을 받지 못한다. 이렇게 보장받지 못하고 사라지는 것을 '말소촉탁'이라고 한다.

그렇다면 말소기준권리는 어떻게 선정될까? 권리의 종류에 따라 결정되며 해당 사항이 있는 권리 중 등기부 상에 가장 먼저 나오는 권리가 말소기준권리가 된다. 말소기준권리에 해당하는 권리로는 근저당권, 저당권, 압류, 가압류, 담보가등기, 강제경매개시결정등기 등이다. 이 권리들 중 등기사항증명서 상에서 등록 일자가 가장 빠른 권리로 보면 된다. 아직 이해가 안 되었을 수도 있으니 좀 더 쉽게 풀어보자.

일단 근저당권, 저당권, 압류, 가압류, 담보가등기, 경매기입등기 등이 말소기준권리다. 등기부현황을 폈는데 거기에 가장 먼저 나오는 게 위 여섯 개 중에 하나라면 이것들을 포함해서 그 밑으로는 다 없어진다는 이야기다. 말소기준권리에 해당하지 않는 권리라도 등기부 상에 이들보다 후순위 권리로 되어있다면 사라진다. 소유권 외에 모든 권리가 말소된다면 그 물건은 등기부 상으론 하자가 없다고 보면 된다.

반대로 등기부현황을 폈는데 제일 먼저 나오는 권리가 위 여섯 개가 아니라면 그건 내가 인수해야 되는 것들이니 조심해야 한다. 인수라는 말은 낙찰자가 떠안는다는 뜻이고 돈으로 따지면 물어줘야 되며 점유의 권리라면 내쫓지 못한다는 뜻이다.

말소기준권리와 관련하여 재미있는 에피소드가 있다. 예전에 연세가 지긋한 여성이 경매를 배우러 왔는데 경매가 너무 재미있다며 하루 종일 물건을 찾아봤다. 그런데 연세가 좀 있다보니 4시간 이상 컴퓨터를 보면 눈이 아프다고 내게 조언을 구했다. 나는 프린트기를 하나 사서 인쇄해서 보라고 얘기해주었다. 그래서 그분은 인쇄를 해서 보기 시작했는데 하루는 등기부등본을 보려고 프린트하다가 500페이지짜리를 출력하고 말았다. 실제로 어떤 부동산의 등기는 이렇게 500페이지에 달할 정도로 길다. 우여곡절 끝에 이 많은 걸 뽑았는데, 딱 첫 페이지에 제일 먼저 있는 권리가 근저당권이 아닌가? 근저당권이란 것은 말소기준권리란 것이고 그 밑으로 나오는 것들은 다 볼 필요도 없었다는 말이 된다. 그분은 볼 필요도 없는 말소 사항을 499페이지나 프린트한 셈이었던 것이다.

여섯 가지 말소기준권리 아주 쉽게 이해하기

여기서 당신을 어렵게 하는 것은 말소기준권리가 여섯 개나 된다는 것이다. 근저당권, 저당권, 압류, 가압류, 담보가등기, 경매기입등기, 이들은 무슨 권리일까? 먼저 근저당권과 저당권은 알고 있을 테니 넘어가겠다. '담보가등기'란 임시로 하는 채권담보 등기를 의미한다. 하지만 저당권과 마찬가지로 담보가등기도 근저당권이라는 더 강력하고 확실한 옵션이 있기 때문에 잘 쓰이지 않는다.

압류, 가압류에 대해서 설명하자면 우선 둘의 차이점은 법원 판결의 유무다. 예를 들어 내가 당신에게 1,000만원을 빚지고 있다고 하자. 이때 당신은 법원에 가서 가압류 신청서를 쓰고 내 부동산에 '가압류'를 걸 수 있다. 가압류를 하면 법원은 채권의 사실 여부를 확인하지 않고 아주 간단한 적법 여부만 판단해 부동산을 압류 처리한다. 따라서 채권 금액을 잘못 써서 0 하나를 더 붙여도 가압류 판결이 난다. 이후 재판 과정에서 법원은 채권이 사실인지를 판단하는데 이후 법원이 압류하라는 판결을 내야 가압류가 아닌 압류가 된다. 부동산의 경우 법원이 점유자를 내쫓지는 못하지만 차량, 선박 등의 경우 정말로 가져간다. 따라서 가압류 신청 시엔 제도 오남용을 못하도록 가압류 신청자에게 보증금을 내게 한다. 세금이 가압류로 들어오지 않는 이유는 세금 추징은 언제나 확정된 압류이기 때문이다.

마지막으로 경매기입등기가 남았다. '법원이 이 물건에 대해 경매를 시작함'을 알리는 등기 내역이다. 정확히는 '강제경매개시결정등기'만이 말소기준권리가 된다. 임의경매개시결정등기가 말소기준권리가 아닌 이유는 임의경매를 하려면 근저당권이 먼저 설정되어 있어야 한다. 임의경매는 근저당권에 의한 것이라고 했고 강제경매는 채무자의 기타 빚에 의한 것이라고 했다. 왜 강제경매개시결정등기만 말소기준권리가 되는가는 여기에 답이 있다. 등기부등본을 뗐을 때 첫 번째로 임의경매개시결정등기가 나올 수 있을까? 근저당권이 있어야 임의경매를 한다고 했으므로 적어도 그보다 먼저 근저당권이 있어야 한다. 그렇기에 임의경매개시결정등기는 말소기준권리가 되지 않는 것이다.

그렇다면 강제경매는 어떨까? 근저당권을 설정하지 않은 채권의 채권자가 채무자의 부동산을 경매로 넘길 때를 강제경매라 한다. 그리고 이때 채권자는 우선 물건의 가압류를 신청해야 한다. 그렇다면 이 경우에도 등기상에 가압류가 먼저 있어야 하기에 강제경매개시결정등기도 말소기준권리가 못 되지 않겠는가?

아주 극소수의 경우 아예 가압류를 하지 않고 경매에 넣는 채권자도 있다. 채무자에게 자신 외에 다른 채권자가 존재하지 않는 게 분명하며, 채무자가 경매에 넘어가기 전 부동산을 처분해버릴 확률이 없는 경우엔 이렇게 해도 상관이 없다. 하지만 그런 경우가 몇이나 될까? 현실에서는 채권자가 매우 무지하거나 게으른 경우라고 봐야 하지 않을까? 이런 일은 아주 극소수이기에 신경 쓸 필요는 없다.

채무자는 재산이 있으면서도 당신의 돈을 갚지 않고 있다. 이 상황에서 채무자의 아파트에 가압류도 없이 소송이 들어왔다면 채무자는 나쁜 마음을 먹을 수 있다. 경매에 들어가기 전에 이를 팔아버리는 것이다. 그러면 채권자는 뒤늦게 경매 넣을 부동산이 없어졌다는 사실을 알게 된다. 이런 행위를 막기 위해 가압류를 거는 것이다.

다른 방법도 있다. 같은 상황에서 채무자가 친한 사람과 짜고 자신의 부동산에 당신보다 먼저 거액의 근저당권을 설정하는 것이다. 이렇게 되면 경매 후 가짜 근저당권이 배당을 1순위로 받아간다.

결론적으로 실무에서 말소기준권리로 만나는 권리의 유형 99%는 근저당권, 압류, 가압류다. 적어도 이 부분만큼은 외우고 있다가 등기를 볼 때 체크해야 한다. 그래야 물건을 낙찰받은 뒤 예상치 못한 권리를 떠안는 손해를 보지 않는다.

낙찰자가 인수해야 하는
권리

그렇다면 낙찰자가 인수해야 할 권리는 어떤 것들이 있을까? 아까 말했듯이 어떤 권리라도 말소기준권리보다 위에 등기되어 있어야 낙찰자에게 인수된다. 실무에서 물건 10개 중 8개는 근저당권이 말소기준권리가 되고 2개는 가압류, 압류가 말소기준권리가 된다. 그만큼 근저당권의 비율이 훨씬 높다.

그런데 1순위 근저당 등기 위에 '임차권'이 등기되어 있다면 이 권리는 낙찰자가 지고 가야 할 권리다. 임차권이 말소기준권리보다 아래 있다면 인수하지 않지만 위에 있다면 인수해야 한다. 그런데 실제로 이런 일이 자주 일어날까? 실무에서 임차권이 근저당권보다 위에 있는 경우는 매우 드물다. 세상에 빚 없이 부동산을 지니고 있는 사람이 거의 없기 때문이다.

부동산을 지니고 있는 사람이 은행에서 새로이 대출을 받으려해도 이미 등기부 상에 전세권이나 임차권이 있다면 은행은 하자 있는 물건으로 보아 절대 대출을 해주지 않는다. 전세계약이나 임대차계약이 만료됐을 때 다시 오라고 한다.

보증금이 낮은 임차권이 있는 경우 대출이 나올 수도 있다. 하지만 요즘 집값에 육박하는 게 전세금이다보니 위에 전세가 있는데 밑에 근저당권을 잡고 은행이 대출을 해주는 케이스는 거의 없다. 이 때문에 근저당권 위에 임차인이 있는 경매 물건은 잘 나오지 않는다. 비율로 이야기하자면 하자 없는 게 7이고 있는 게 3이라고 보면 된다.

말소기준권리 아래의
근저당권

지금까지 말소기준권리에 대해 종합적으로 정리해봤는데, 실제 사례를 살펴보자.

소재지	경기도 고양시 일산동구 식사○○○○, 위시티블○○, 도로명검색 D지도 지도						
새 주 소	경기도 고양시 일산동구 위시○○○○, 위시티블○○						
물건종별	아파트	감 정 가	739,000,000원	오늘조회: 48 2주누적: 890 2주평균: 64 조회동향			
대 지 권	90.575㎡(27.399평)	최 저 가	(70%) 517,300,000원	구분	입찰기일	최저매각가격	결과
건물면적	174.27㎡(52.717평)	보 증 금	(10%) 51,730,000원	1차	2015-11-17	739,000,000원	유찰
매각물건	토지·건물 일괄매각	소 유 자	정■■		2015-12-22	517,300,000원	변경
개시결정	2015-07-07	채 무 자	정■■		2020-12-08	517,300,000원	변경
사 건 명	임의경매	채 권 자	오■■	2차	2021-01-26	517,300,000원	

◆ 등기부현황 (채권액합계 : 978,500,000원)

No	접수	권리종류	권리자	채권금액	비고	소멸여부
1(갑7)	2012.01.06	공유자지분전부이전	정■		매매	
2(을1)	2012.01.06	근저당	오■	625,200,000원	말소기준등기 변경전:주식회사우리은행	소멸
3(을2)	2012.01.06	근저당	광■	240,500,000원		소멸
4(을3)	2012.04.09	근저당	(주)청■	112,800,000원		소멸
5(갑8)	2015.07.07	임의경매	오■	청구금액: 537,976,902원	2015타경17520	소멸

자료 옥션원

위 물건은 경기도 고양시 식사동에 있는 아파트로 감정가 7억 3,900만 원에 나왔다. 1회 유찰되어 최저가 5억 1,730만원에서 진행되고 있다. 등기부현황을 보면 1번 등기사항에 '공유자지분전부이전'이라고 되어있는데 물건의 소유권에 대한 사항이라고 생각하면 된다. 등기부현황의 1번 내역엔 항상 소유권에 대한 내용이 등장한다. 이 물건에 말소기준권리를 대입하면 2번 내역의 근저당권을 포함한 그 아래로 있는 근저당권 2건, 임의경매 1건 등 모든 등기사항_{권리}은 소멸된다. 경매를 마치고 배당을 할 때 낙찰가가 첫 번째 근저당권자의 채권 금액을 넘겼다면 두 번째 채권자가 어느 정도 받아갈 돈도 있을 것이다.

말소기준권리 아래의 지상권

이번에는 말소기준권리 아래에 지상권이 놓인 경우에 대해서 알아보자. 지상권이란 토지와 건물의 주인이 다를 경우 건물의 주인이 가지는 권리다.

소 재 지	경기도 용인시 처인구 포곡읍 전○○○○ 외 2필지 도로명검색 🅓지도 🅜지도						
물건종별	대지	감 정 가	172,220,000원	오늘조회: 42 2주누적: 765 2주평균: 55 조회동향			
토지면적	158㎡(47.795평)	최 저 가	(70%) 120,554,000원	구분	입찰기일	최저매각가격	결과
건물면적		보 증 금	(10%) 12,055,400원	1차	2020-11-12	172,220,000원	유찰
매각물건	토지 매각	소 유 자	하■		2020-12-15	120,554,000원	변경
개시결정	2019-12-05	채 무 자	하■	2차	2021-01-26	**120,554,000원**	
사 건 명	임의경매	채 권 자	성■				

◆ 토지등기부 (채권액합계 : 243,000,000원)

No	접수	권리종류	권리자	채권금액	비고	소멸여부
1(갑16)	2014.11.13	소유권이전(매매)	하■			
2(을27)	2014.11.13	근저당	성■ (수정지점)	143,000,000원	말소기준등기	소멸
3(을28)	2014.11.13	지상권(토지의전부)	성■		존속기간: 2014.11.13~2044.11.13 만30년	소멸
4(을31)	2017.11.01	근저당	임■	100,000,000원		소멸
5(갑20)	2019.12.05	임의경매	성■ (수정지점)	청구금액: 111,707,359원	2019타경27450	소멸
6(갑21)	2020.01.02	압류	국■			소멸

자료 옥션원

위 물건은 경기도 용인시에 있는 조그만 대지다. 소유권 다음 바로 근저당권이 나오기에 이후 권리는 모두 말소촉탁되어야 한다. 하지만 자꾸 바로 아래의 지상권이 눈에 걸린다. 비고란을 보면 지상권의 존속기간이 2044년까지로 나와 있기 때문이다.

		존속기간: 2014.11.13~2044.11.1 3 만30년	
지상권(토지의전부)	성■		소멸

지상권 부분을 다시 한 번 보자. 이건 마치 인수해야 되는 권리처럼 느껴진다. 하지만 법은 법이다. 근저당권 밑으로 다 말소되는 것이 맞다. 지상권뿐만 아니라 지상권의 기간까지 없어지는 것이다.

말소기준권리 아래의 전세권

• 등기부현황 (채권액합계 : 225,000,000원)

No	접수	권리종류	권리자	채권금액	비고	소멸여부
1(갑15)	2020.03.09	소유권이전	김■		신탁재산의귀속	
2(을22)	2021.03.24	근저당	에스비자산관리대부(주)	220,000,000원	말소기준등기 확정채권양도전:스카이파 이낸셜대부주식회사	소멸
3(을25)	2021.03.26	전세권(전부)	스카이파이낸셜대부(주)	5,000,000원	존속기간: 2021.03.26~2023.03.2 5	소멸
4(갑20)	2021.06.18	임의경매	에스비자산관리대부(주)	청구금액: 166,876,679원	2021타경53510	소멸
5(갑21)	2021.08.19	압류	국민건강보험공단			소멸

다음으로 말소기준권리 아래에 전세권이 걸린 경우를 보자. 위 자료는 소유권 아래 바로 근저당권이 나오는 등기부현황이다. 이 물건은 2021년 임의경매로 나왔는데 3번 내역을 보면 전세권이 설정된 것이 보인다. 존속기간이 2023년까지로 남아 있는데 이걸 보면 또 전세권 하자가 있는 물건인 것처럼 느껴질 수 있다. 하지만 이 건 또한 낙찰자에게 인수되지 않으니 걱정할 필요 없다.

만약 말소기준권리 위에 전세권이 있다면 이건 당신이 인수해야 하는 하자다. 당신은 계약 존속기간이 끝날 때까지 임차인을 내쫓지 못하며 임대계약 종료 후 돌려줄 전세금도 마련해놔야 한다.

23

경매 매각금액은 누가 가져갈까?

경매의 마지막 단계에 '배당'이 있다. 배당이란 경매 매각금액을 바탕으로 채권자들에게 돈을 나눠주는 일이다. 경매법상 배당을 하고 나면 해당 경매 사건은 공식적으로 끝나는 것이 된다.

경매 매수자가
배당을 알아야 하는 이유

배당은 만만치 않다. 과거 경매 법원 판사로 일하다 지금 변호사를 하는 사람들을 만나보면 이구동성으로 하는 말이 "아 그때 배당이 골치 아팠지. 아주 힘들었어."였다. 그 정도로 배당이 복잡하고 힘들다는 이야기다. 이쯤에서 경매인인 당신은 '나와 상관도 없는 단계인데 왜 내가 복잡한 배당을 알아야 해?'라고 의문을 가질 것이다. 언뜻 보기에 낙찰대금을 내고 물건만 받아가면 되는 우리 경매인과는 관련이 없는 절차라고 생각하기 쉽다. 배당은 채권자와 법원 사이의 일이기 때문이다. 그러나 우리는 경매 제도에 참여하는 각각의 이해관계인들을 객관적으로 이해하지 못하면 깊이 있는 경매를 할 수 없음을 알아야 한다. 각각의 이해관계인인 채권자와 채무자, 법원, 점유자를 모두 이해해야 한다. 이해하라는 건 '상대방 입장이 되어 봐라.'라는 것이다. 이들에게 중요한 문제는 당신에게도 중요한 문제가 된다. 법원이나 채권자의 입장은 어떨까? 경매 낙찰자가 내는 잔금을 손꼽아 기다리는 이들이 법원과 채권자들이다. 왜냐하면 법원은 이 돈을 나눠 줘야 하고 채권자들은 그 돈을 받아야 하기 때문이다.

배당은 경매 물건의 '권리분석'과 긴밀한 연관관계를 맺고 있다. 따라서 우리는 배당에도 주목해야 한다.

배당의 우선순위

배당의 우선순위를 살펴보자. 선순위 채권자가 가장 먼저 배당받는다고 알고 있겠지만 그건 채권 사이에서의 얘기다. 경매 절차상 배당 순위는 1위가 경매 비용, 2위가 임금채권과 최우선변제금, 3위가 당해세, 4위가 일반채권이다. 자세히 따지면 조금 더 복잡하지만 대략적으로는 위 순위대로 배당이 진행된다.

당연한 얘기지만 경매를 하기 위해 절차적 비용을 들인 공공기관^{법원, 감정}^{평가사}이 가장 먼저 배당을 받는다. 경매를 신청하면 법원은 여러 가지 일을 한다. 감정평가도 하고 법원에서 직접 출장도 나간다. 신문에 공고도 해야 하고 이해관계인들에게 우편물 송달도 해야 한다. 물론 이런 비용이 크지는 않겠지만 이런 걸 경매 비용이라고 한다.

2위가 임금채권과 최우선변제금이다. 이 두 개는 사회적 약자를 보호하기 위해 특별히 법에 의해 규정된 배당처다. 임금채권은 말 그대로 밀려있는 임금이다. 채무자가 어떤 사업장의 사업주이며 그 사업장의 고용인들이 임금채불 상태에 있을 경우 고용인들은 경매 배당을 요청할 수 있다. 최우선변제금은 해당 부동산에 살고 있는 소액 임차인의 보증금으로 법적으로 우선 변제를 보장받는다. 여기서 말하는 소액 임차인의 기준은 보증금 1억 5,000만원 이하의 임차인이며 이들은 5,000만원까지 2023년 서울 기준 보증금을 우선적으로 변제받는다.

3위는 당해세로 간단히 말해 해당 부동산에 부과된 세금을 말한다. 이때 '해당 부동산에 부과된'이라는 말에 주목해야 한다. 집과 관련된 세금이라면 재산세, 종합부동산세 등이 있다. 채무자의 다른 미납 세금 및 다른 부동산에 부과된 세금은 관계가 없다. 채무자가 만약 소득세를 미납 중이라해도 해당 부동산과는 관련이 없기에 국가가 선순위 채권보다 먼저 경매 배당금을 가져가지는 않는다.

또 이런 경우도 있다. 채무자가 부동산 두 채를 보유하고 있는데 하나는 재산세를 냈는데 다른 하나는 재산세를 내지 않았다. 이 때문에 압류가 들어오는데 재산세를 낸 부동산에까지 압류가 들어온다. 압류는 돈 될 만한 건 다 들어오기 때문에 이런 일이 생긴다. 이 압류는 당해세에 해당될까 안 될까? 당해세에 해당되지 않는다. 이처럼 당해세는 해당 부동산과 관련 있는 세금만 해당된다.

해당 부동산과 관련이 없는 세금이라고 하더라도 세금 미납으로 인한 공공기관의 압류 등기가 채권자의 근저당권 및 가압류 등기보다 먼저 등록되어 있다면 미납된 세금이 선순위 배당을 받는다. 그러나 이런 경우 해당 물건은 경매가 아닌 공매로 열릴 확률이 높다.

당해세와
임금채권 파악하기

앞서 무잉여 취소를 설명한 것을 기억하는가? 경매를 신청한 채권자에게 배당이 돌아가지 않을 경우 경매가 취소된다는 원칙이다. 당신이 어떤 물건의 낙찰을 받았으나 법원이 배당을 해주는 과정에서 매각금을 위 1, 2, 3순위 대상을 해결하기 위해 다 써버리게 될 수도 있다. 이런 경우 경매를 신청한 채권자에게는 돈이 안 돌아가고 경매는 취소된다.

이와 같이 무잉여로 경매가 취소되는 불상사를 피하기 위해 우리가 할 수 있는 것은 무엇일까? 아쉽게도 낙찰자가 되면 이런 부분을 상세히 파악할 수 있지만 입찰자 단계에서는 이 부분을 완벽히 파악하기 어렵다. 직접 채무자를 찾아가 물어보지 않는 한 등기부등본 상에 나타나는 정보만 알 수 있을 뿐이다.

* **등기부현황** (채권액합계 : 546,000,000원)

No	접수	권리종류	권리자	채권금액	비고	소멸여부
1(갑5)	2001.08.29	소유권이전(매매)	이■			
2(을11)	2006.11.14	근저당	(주)바른엔피엘대부	416,000,000원	말소기준등기 확정채권양도전:주식회사 케이엔자산관리유동화대 부	소멸
3(을15)	2014.02.11	근저당	위■	60,000,000원		소멸
4(갑35)	2014.11.06	압류	서울특별시양천구			소멸
5(갑36)	2015.06.01	압류	국민건강보험공단			소멸
6(갑37)	2015.06.15	압류	서울특별시양천구청장			소멸
7(갑38)	2016.04.11	압류	서울특별시양천구			소멸
8(을17)	2017.01.11	전세권	김■	70,000,000원	존속기간: ~2022.01.15	소멸
9(갑41)	2019.09.06	압류	양천구(서울특별시)			소멸
10(갑42)	2019.12.16	임의경매	(주)바른엔피엘대부	청구금액: 339,614,370원	2019타경10269	소멸

자료 옥션원

위 자료는 앞서 말소기준권리를 설명할 때 살펴본 등기부등본이다. 공 공기관 이름으로 등기된 압류 건 다섯 개를 볼 수 있다. 권리자를 보면 서 울특별시양천구, 국민건강보험공단, 서울특별시양천구청장, 양천구 이렇 게 되어있다.

이게 다 국가가 하는 압류다. 등기부등본 상에 공공기관 명의로 압류 내 역이 있다면 십중팔구는 채무자의 세금 미납으로 인한 압류다. 여기에는 당해세가 있을 수도 있고 없을 수도 있다. 거기다 세금미납으로 인한 압류 등기는 내역에 미납 금액이 안 적힌다는 특징까지 있다.

임금채권의 존재 여부 또한 등기 상에 표시가 되어있다면 짐작해볼 수 있다. 임금채권 등기는 근로복지공단, 공익법무관, 임금채권 당사자 이름 으로 표기되어 있다.

순위배당과 안분배당

여기서부터는 배당 순위 4위인 일반채권 사이에서의 배당 규칙이다. 먼저 등기된 채권이 우선적으로 배당받는 것을 '순위배당'이라 한다. 1순위 채권자의 채권을 해결하는 데 매각 금액을 다 썼다면 2순위 채권자는 한푼도 못 받아가는 규칙이다.

지금까지는 순위배당을 기준으로 계속해서 설명했는데 사실 배당의 방식에는 순위배당만 있는 게 아니다. 순위배당 방식은 근저당권으로 설정된 채권에 배당할 때에만 사용된다. 근저당권에 대해서는 순위배당을 하지만 가압류 채권_{근저당권이 설정되지 않은 채권}에 대해서는 '안분배당'을 한다.

안분배당이란 등기 순서에 상관 없이 동일선상에 있는 채권들이 각 채권의 크기 만큼 비율대로 평등하게 받아가는 배당이다. 가압류된 채권은 후순위 채권에 비해 우선순위를 갖지 못해 안분배당으로 분배가 이루어진다. 안분배당에서 중요한 것은 '자기 비율만큼 평등하게'다. 먼저 들어왔다고 먼저 받아가는 것이 아니다. 그냥 자기 비율만큼 공평하고 평등하게 받아간다.

어떤 경매 물건의 배당금이 1억 5,000만원 남았다고 쳐보자. 이제 배당을 받아야 할 채권자로는 1순위 A씨 1억원 채권 가압류 , 2순위 B씨 1억원 채권 가압류, 3순위 C씨 1억원 채권 가압류 이렇게 있다. 이런 경우 셋 모두 동일하게 5,000만원씩 받아간다. 이것이 안분배당이다.

이건 금액이 똑같았기에 배분이 쉬웠지만 1순위 A씨 1억원 채권 가압류, 2순위 B씨 2억원 채권 가압류, 3순위 C씨 3억원 채권 가압류 이렇게 있다면 어떨까? 이런 경우 안분배당을 한다면 얼마씩 배당을 받아가야 하는지 계산해보자. 비율로 따지면 세 채권은 1 : 2 : 3의 크기를 갖는다. 배당도 이 비율대로 가져간다. 1순위 A씨가 2,500만원, 2순위 B씨가 5,000만원, 3순위 C씨가 7,500만원씩 가져간다.

흡수배당이란 무엇인가?

이제 좀 복잡한 경우를 살펴보자. 근저당권과 가압류가 섞여있는 경우다. 근저당권이 앞에 있고 가압류가 뒤에 있는 경우에는 문제가 되지 않는다. 순위배당으로 근저당권자의 채권에 배당한 뒤 안분배당으로 가압류 채권에 배당하면 된다. 하지만 경우에 따라선 가압류가 근저당권보다 앞에 놓이는 경우도 있다. 이런 경우 후순위 근저당권자가 선순위 가압류 채권자보다 더 많은 배당을 받아가는 일이 생기기도 하는데 이는 '흡수배당' 때문이다.

배당 가능한 매각금액이 1억 5,000만원 남아있고 채권자로는 1순위 A씨 1억원 채권 가압류, 2순위 B씨 1억원 근저당권, 3순위 C씨 1억원 채권 가압류 이렇게 있다고 해보자. 이런 경우엔 어떻게 될까? 먼저 1순위가 가압류 채권자이기에 안분배당으로 배당을 시작한다. 세 채권의 규모가 모두 동일하기에 A씨는 매각금액 1억 5,000만원을 3분의 1로 나눈 5,000만원을 받아간다.

그런데 2순위 B씨가 근저당권자다. B씨는 최초 안분배당에서 5,000만원을 받았다. 그런데 B씨의 채권인 1억원을 아직 채우지는 못했다. B씨는 후순위 채권자인 C씨의 안분배당 금액 5,000만원에서 자신의 부족한 채권 금액을 흡수한다. 이렇게 되면 B씨는 근저당권을 설정한 자신의 채권 금액 1억원을 전부 받아갈 수 있게 된다. A씨가 배당받은 5,000만원보다 더 받아가는 셈이다.

경매에 들어가기 전 확정일자를 받은_{임대차 계약서에 공공기관의 도장을 받는 것} 임차인이 배당신청을 할 경우 근저당권자에 준하게끔 대우를 받아 배당을 받는다. 원래 임차인은 전세권 등기를 하지 않은 경우 원칙적으로 배당이 나가지 않으나 확정일자를 받아놓고 나중에 배당신청까지 한 경우는 배당을 해주는 예외가 있다. 이 확정일자와 배당신청을 전부 한 것을 '확정일자부'라 한다. 배당의 우선순위는 확정일자를 받은 다음 날을 임대차 계약이 등기된 날짜로 본다.

골칫덩이 땅
다듬어서 12억 벌기

의정부시 호원동에 있는 땅을 낙찰받아 9개월 만에 12억원을 번 예를 소개한다.

2019타경25038 (3)   •의정부지법 본원 •매각기일 : **2020.08.03**(月) (10:30) • 경매 11계(전화:031-828-0331)

소 재 지	경기도 의정부시 호원동 4-5 외 6필지	토로명검색	🄳지도	🄳지도	🄳주소 복사			
물건종별	농지	감 정 가		2,652,672,000원	오늘조회: 1 2주누적: 2 2주평균: 0 조회동향			
					구분	매각기일	최저매각가격	결과
토지면적	1437㎡(434.69평)	최 저 가	(70%) 1,856,870,000원		1차	2020-06-29	2,652,672,000원	유찰
					2차	2020-08-03	**1,856,870,000원**	
건물면적	건물은 매각제외	보 증 금	(10%) 185,687,000원		매각 : 2,123,450,000원 (80.05%)			
매각물건	토지만 매각	소 유 자	송█ 외2		(입찰 3명,매수인:(주)굿프렌즈)			
개시결정	2019-12-24	채 무 자	(주)신█████		매각결정기일 : 2020.08.10 - 매각허가결정			
					대금지급기한 : 2020.09.17			
사 건 명	임의경매	채 권 자	국민은행		대금납부 2020.09.11 / 배당기일 2021.04.23			
					배당종결 2021.04.23			

자료 옥션원

위 물건이다. 땅이 네 곳에 흩어져있었고 모두 상태가 엉망이었다.

첫 번째 물건은 길게 뻗어있는 땅인데 그 위에 무허가 건물 다섯 채와 온갖 잡다한 야적이 있었다. 땅의 가치는 떨어진 상태지만 바로 앞에 큰 상권이 있어 정리만 잘 하면 제법 높은 가격을 받을 수 있겠지 싶었다. 무허가 건물을 철거하는 과정에서 처음에는 협상이 잘 되지 않았다. 그러나 법적으로 인도명령을 취하겠다 밝히자 상대가 겁을 먹고 협상에 응했다. 전부 다 정리하니 약 20억원에 땅을 팔 수 있었다.

두 번째 물건은 얇고 삐쭉한 못생긴 모양의 땅이었는데 무허가 건물까지 있었다. 언뜻 보기에 효용가치가 없어 보이나 이 땅은 옆에 있는 다른 땅의 도로 인접면을 가리고 있었다. 그 땅의 주인들이 자기 땅을 살리기 위해서는 이 땅을 살 수밖에 없는 구조로 되어 있었다. 예상한대로 낙찰받고 다른 땅의 주인들로부터 접촉이 왔는데 4억 5,000만원에 팔 수 있었다.

자료 경매대마왕

　세 번째 물건은 두 상가 사이에 있던 공지였다. 그런데 두 상가의 주인이 멋대로 주차장을 만들어 쓰고 있었다. 우리가 취득하기 전까지 이 주차장은 무료로 쓰이고 있는 상태였다. 우리는 낙찰받은 후 주차장 부지를 펜스로 막아 사유지임을 주장했다. 그러자 협상이 들어와 주차장을 쓰고 있던 사람에게 7억 1,690만원에 팔 수 있었다.

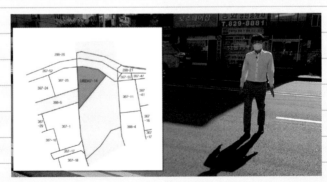

자료 경매대마왕

네 번째 물건은 도로 한 가운데 있는 땅이었다. 협상 대상은 의정부시였다. 끊임없이 협상을 한 결과 2억원 안팎의 금액을 보상으로 받고 시에 매각할 수 있었다.

우리가 이 네 개의 물건을 낙찰받은 가격은 21억원이었다. 대출은 9억원을 받았으니 현찰 투자는 12억원을 한 셈이 된다. 네 개 물건을 판 가격을 모두 합치면 33억 6,690만원이 된다. 여기에서 대출 9억원을 갚아버리면 24억원 정도가 남는다. 우리가 낙찰받아 팔 때까지 9개월이 걸렸으므로 12억원을 투자해 9개월 만에 12억원을 번 셈이 된다. 이 정도면 매우 성공적인 투자라 할 수 있지 않을까?

이 사례에서 배울 점은 사건 하나를 가지고 네 군데를 다녔다는 사실이다. 만약 당신이 돈을 가지고 부동산을 사러 갔는데 한 군데가 아니라 네 군데 쪼개진 것을 사라고 하면 꺼려할 것이다. 상식적이지 않기 때문이다.

하지만 성공은 상식이 아니라 현실에 있다. 그곳에서 실제 벌 수 있는 금액이 얼마냐가 중요한 것이다. 당시 나는 이 네 개의 물건을 분석해보니 최소한 50%는 남길 수 있겠다는 결론을 내렸고 투자에 착수하여 결국 더 많은 수익을 거둘 수 있었다.

위 성공사례는 유튜브 경매대마왕 '[성공사례] 800m 반경.. 흩어진 거지같은(?) 4개의 땅. 2배로 팔았습니다.' 영상과 함께 볼 경우 더 깊이 이해할 수 있으므로 꼭 시청하기 바란다.

수익을 만들어내는 실전 노하우

4장

실전투자 따라잡기 우선순위 지상권 해결하고 50억 벌기

24 하자 있는 물건을 피하려면

경쟁이 없는 시장을 블루오션이라고 한다. 반대말은 피 터지게 경쟁하는 시장, 레드오션이다. 부동산 경매로 치면 레드오션은 많은 사람이 몰리는 유찰 물건 시장이다. 반대로 경쟁이 없는 감정가 시장은 블루오션이다. 경매에서 입찰자 수와 낙찰가는 항상 비례한다. 아무리 싼 것을 발견했다고 하더라도 이미 그것을 아는 사람이 많다면 그건 고가에 낙찰된다.

싼 물건만 찾는 초보에서 벗어나야 한다

경매정보지를 본 적이 있는가? 경매정보지에는 경매 물건들이 사건번호

순서대로 정리되어 있다. 그래서 첫 페이지에는 가장 오래된 사건이 나온다. 다른 종류의 상품 잡지의 경우 신상품부터 앞에 수록하는 것이 원칙이다. 그런데 이상하게도 경매는 오래된 물건부터 정리하고 있다. 왜 그런 것일까? 가장 오래된 사건이라는 건 가장 많이 유찰된 사건이다. 그래서 경매정보지 가장 앞에 나와있는 물건들은 가격이 감정가대비 10%까지도 내려가 있는 경우가 많은데 경매 초보자들이 이런 물건에 혹하기 때문이다.

여기에서 나의 초보 시절을 잠깐 언급하도록 하겠다. 초보였던 나는 이걸 보고 감탄하며 경매하길 정말 잘했다는 생각을 했다. 심지어 별표까지 쳐가면서 말이다. 이후 경매정보지를 쭉 넘겨가면서 보는데 나도 모르게 책을 보는 속도가 빨라졌다. 처음과 대비해 유찰 횟수가 점점 줄어들고 감정가대비 가격도 올라 별로 매력적이지 않은 물건으로 보였기 때문이다. 아주 뒤로 가면 한 번도 유찰되지 않은 감정가 사건도 나왔다. 앞에서 싼 물건을 많이 봤기에 이건 눈에 들어오지도 않았다. 나는 3년 넘게 감정가 물건은 보지도 않았다. 이게 나의 초보 시절 모습이었다.

권리의 하자를 닦아내고 평가하라

많이 유찰되어 아주 싸게 나온 물건을 발견하면 보석을 찾았다며 좋아하는 사람도 있다. 하지만 이건 돌을 파서 주워놓고 싸다며 좋아하고 있는 모양새다. 유찰이 많이 되면 많이 될수록 그 물건은 쓰레기다.

이런 경우도 있다. 보석인지 돌인지 뭔가 캐긴 캤는데 진흙이 너무 많아서 이게 무엇인지 알 수가 없는 상태인 경우다. 유찰이 많이 되긴 했는데 이것이 돌인지 돌 속 보석인지 진흙을 닦아서 판단해야 한다. 여기서 진흙이 상징하는 것이 바로 '권리의 하자'다. 이와 달리 누가 봐도 돌인 것을 줍는 경우를 '물건의 하자'라고 할 수 있다. 물건의 하자는 부동산이 쓰레기인 경우로 입찰하지 말아야 할 하자라 할 수 있다.

유찰이 많이 된 물건이 발견되었다면 거기에 묻은 하자가 물건의 하자인지 권리의 하자인지를 구분해야 한다. 물건의 하자는 레벨을 높이는 것이 불가능하므로 무조건 버려야 한다. 하지만 권리의 하자는 하자를 풀 수 있는 비결이 있는 경우가 많다. 대표적인 권리의 하자 사항으로는 인수해야 할 권리가 있다든가 가등기, 가처분, 등기상에 나와 있지 않은 유치권, 법정지상권이 있다든가 하는 문제들이다.

만약 당신이 물건의 하자든 권리의 하자든 아무것도 풀 수 없는 초보라면 유찰이 많이 된 건 무조건 쓰레기라고 봐야 한다. 하지만 실력이 점점 쌓여 권리의 하자를 풀 수 있을 정도가 되면 얘기가 달라진다.

그렇다고 또 유찰을 찾아 레드오션에 가라는 이야기는 아니다. 유찰 시장은 기본적으로 사람들이 관심을 갖고 지켜보기에 경쟁자가 많아질 확률이 높다. 거기엔 실력 좋은 경쟁자도 많다. 따라서 선행되어야 하는 것은 감정가 시장이다. 이곳에서 훨씬 다양한 물건을 살펴보면서 권리의 하자를 닦는 기술을 배워야 한다.

물건의 하자는
무조건 피해라

물건의 하자는 무조건 피해야 하므로 이걸 걸러내는 방법을 알아야 한다. 실제 물건을 사례로 얘기해보겠다. 한 수강생이 감정가 9,200만원짜리 상가를 500만원에 낙찰받아온 적이 있었다. 잔금까지 다 낸 상태였고 권리의 하자는 특별히 없었다. 나름 똑똑한 수강생이었는데 이런 부분도 스스로 알아보고 입찰 판단을 내렸던 것이다. 이렇게 좋은 물건을 낙찰받았는데 왜 나한테 찾아왔을까?

서울에 사는 사람들은 알겠지만 예전 동대문에는 오픈형 상가^{밀리오레 같은}들이 많았다. 하지만 이런 오픈형 상가들은 각종 SPA 의류 브랜드에 밀려 지금은 전부 망하고 있는 추세다. 10년 전만해도 주변에 옷 사러 동대문 간다는 사람이 꽤 있었는데 요즘은 거의 보지 못했다.

그가 낙찰받은 것은 2층에 있는 1.14평짜리 조그만 옷가게였다. 에스컬레이터랑도 가까워서 자리가 괜찮은 곳이었다. 등기부상으론 임차인이 있었는데 월세로 10만원을 받고 있었다. 500만원을 투자해 월 10만원을 받는다면 이건 어마어마한 수익률 아니겠는가? 그는 이런 계획으로 세입자에게 10만원을 요구했는데 그쪽에서 답이 없었다. 그렇게 한참을 기다리다가 혹시나 하고 가봤더니 그 옷가게가 공실이 되어있는 게 아닌가? 알고 봤더니 그 세입자는 다른 비어있는 옆자리로 가 있었다.

내막을 살펴보니 이곳 상가 입주민은 모두 관리비만 내고 쓰고 있는 상황이 아닌가? 이렇게 해서 이 수강생은 500만원을 날린 셈이 되었다. 그리고 이런 대형 쇼핑몰의 관리비는 꽤 비싸다. 그런데 이제 세입자도 비어버려 관리비는 소유자인 그가 내야 했다. 게다가 관리비만 있는 게 아니라 보유 때문에 생기는 각종 세금과 건강보험도 원래 감정가 9,000만원에 비례해서 나온다. 이런 상황에서는 몇 달만 밀려도 500만원이 금방 깨져 차라리 그로서는 이런 부동산은 빨리 버리는 게 상책이었다.

부동산은 가지고 있으면 망하는 법이 없고 또 오래 가지고 있으면 돈 버는 것이라 했는데 왜 이렇게 망하는 경우가 생길까? 부동산의 종류에는 토지와 건물이 있다. 토지의 값은 어떤 경우에도 장기적으로는 점차 오르게 되어있다. 하지만 건물은 점점 더 낡아지기에 가치가 떨어진다. 부동산의 미래가치를 보라는 건 토지의 미래 가치를 보라는 것이지, 건물의 미래 가치를 보라는 게 아니다. 이 때문에 빌라, 오피스텔, 아파트, 아파트형 상가, 이런 것들은 부동산들 중에서도 매도 차익이 없는 것에 속한다. 반면 경쟁은 매우 심하다.

나는 이 수강생에게 상가 관리단을 찾아가 관리비가 많이 연체됐으니 다시 이 부동산을 경매에 넣어달라고 요청하라 했다. 그래야 더 이상의 피해를 막을 수 있기 때문이었다. 물론 이 물건을 잘못 알고 사서 피해보는 또 다른 사람에게는 미안한 일이지만, 직접 이곳에서 장사할 목적으로 사는 사람이 있을 수 있기 때문에 모를 일이다.

이밖에 이런 경우도 있다. 종로구 구기동에 578평 땅이 2억 4,864만원에 감정을 받아 나왔다. 이후 이 물건은 8,100만원까지 유찰되었다. 서울 종로구에 있는 578평 땅이 8,100만원이라니 듣기만 해도 군침이 돈다. 여기에는 도대체 어떤 사정이 있을까?

▣ 매각물건현황

구분	순번	소재지	용도/구조/면적/토지이용계획		㎡당	감정가(원)	비고
토지	1	구기동 223-9	대공방어협조구역, 임업용산지, 공익용산지, 국립공원, 공원자연환경지구, 도시지역, 자연경관지구, 제1종일반주거지역, 제1종전용주거지역, 가축사육제한구역, 자연녹지지역, 과밀억제권역, 개발제한구역	전 1912.8㎡ (578.62평)	130,000 원	248,664,000	매각지분 : 11145 분의 10318.55███지분 전부
감정가					합계	248,664,000	

자료 옥션원

위 자료는 그 물건의 토지이용계획 정보다. 알고 봤더니 '국립공원'이다. 개발제한구역, 대공방어협조구역 등 붙어있는 제한만 엄청나게 많다. 쉽게 말해 지금도 아무것도 못 하지만 앞으로는 더더욱 못할 땅이다. 이와 같이 유찰이 많이 된 건 대부분 우리가 어찌할 수 없는 쓰레기들임을 알아야 한다.

25

1억에 나온 땅,
현장에서 조사해보니 10억짜리 땅

물건 정보와 등기부 현황을 보는 방법을 열심히 강의해주면 "이렇게만 조사하면 되는구나!"라고 생각하는 수강생들이 많다. 그러고는 열심히 사이트에 올라온 정보만 확인한 뒤 자신은 그 물건에 대한 조사를 다했다고 생각한다. 어느 정도 괜찮아 보이는 물건을 발견했다면 임장^{현지 조사}까지 해봐야 한다.

임장은 왜 하는 것일까? 우리가 임장을 하는 이유는 '물건의 상태'와 '물건의 시세'를 알아보기 위해서다. 반대로 말하면 현장을 가보지 않으면 물건의 상태와 물건의 시세를 알 수 없다는 말이 된다.

책상에서 물건을 조사할 수 있는 방법은 없다. 인터넷에서의 정보 수집은 '조사'라고 부를 수 있는 축에도 끼지 않는다. 오히려 인터넷에서의 정보만을 가지고 물건의 가치를 판단한 뒤 경매를 받는다면 하자 있는 물건을 살 확률이 높다.

부동산 현지인의
이점

당신이 경매를 하다보면 여러 유형의 입찰 경쟁자를 만날 것이다. 그들을 두 부류로 나누자면 첫 번째는 당신과 같이 좋은 물건을 발견해 타 지역에서 온 무연고 입찰자들이 있다. 두 번째는 경매를 아무것도 모르는 현지인들이 있다.

경매를 모르는 현지인은 말 그대로 경매를 잘 모른다. 하지만 현지 물건의 시세에 대해서만큼은 어떤 경쟁자보다 정확하게 파악하고 있다. 이 사람들은 지역 이웃 A씨의 땅이 원래는 10억원의 가치가 있는데 경매인지 뭔지 때문에 1억원에 나왔다는 소리를 들어 묻지도 따지지도 않고 경매를 배워 입찰에 들어온 것이다.

이런 상황에서 우리와 같은 무연고 입찰자들이 감정가가 1억원에 나왔으니 시세는 그와 비등비등 하리라고 생각하고 입찰가를 그에 맞춰 쓰면 낙찰을 받을 수 있겠는가?

하지만 부동산 시세 정보 사이트에는 어디를 돌아봐도 이 지역의 시세가 1억원이라고만 나온다. 사실 그 사이트의 가격 정보도 잘못된 감정가를 토대로 만들어졌을 게 뻔하다. 잘못된 정보를 물고 무는 악순환인 셈이다. 이런 것들은 다 헛똑똑이임을 알아야 한다. 경매 좀 배웠다는 무연고 입찰자들이 이렇게 잘못된 정보를 바탕으로 입찰가를 써내면 낙찰은 고스란히 현지인이 받아가게 되어 있다.

시세 파악,
아파트가 제일 쉽다

임장을 통한 시세 판단에 대해 우선 얘기하고 싶은 것은 토지가 제일 어렵고 아파트가 제일 쉽다는 점이다. 아파트는 한 단지에 몇 천세대가 있고 면적이 동일하다면 가격도 대부분 동일하다. 같은 규격의 물건 몇 천개가 시장에서 유통되고 있는 것이다. 몇 층인지에 따라, 상태가 좋은지 나쁜지에 따라 가격이 조금 차이 나지만 적정 가격을 파악하기가 비교적 쉽다. 하지만 토지는 바로 이웃한 것들끼리도 구성과 용도, 토질, 크기가 전부 다르다. 조건이 동일한 비교 매물이 거의 없는 것이다. 이 때문에 적정 시세를 파악하기 어렵다.

물건 시세가 아닌
지역 시세를 파악하라

소 재 지	서울특별시 관악구 신림동 1453-48 도로명검색 D 지도 N 지도 주소 복사		
물건종별	주택	감 정 가	229,215,600원
토지면적	전체: 83.6㎡(25.29평) 지분: 30.65㎡(9.27평)	최 저 가	(51%) 117,358,000원
건물면적	28㎡(8.47평)	보 증 금	(10%) 11,735,800원
매각물건	건물전부, 토지지분	소 유 자	변■ 외 1명
개시결정	2018-11-06	채 무 자	변■
사 건 명	임의경매(공유물분할을위한경매)	채 권 자	최■

자료 옥선원

위 물건은 서울시 관악구 신림동에 있는 감정가 2억 2,921만원짜리 주택이다. 유찰되어 최저가는 1억 1,735만원으로 떨어졌다. 건물면적 약 8평에 토지 면적은 약 9평이다. 이 물건은 싼 것일까 비싼 것일까?

이를 조사하기 위해 당신이 임장을 나갔다고 해보자. 초보 경매인은 가장 먼저 근처 부동산에 들어가 그곳의 공인중개사에게 이 지역 부동산의 시세를 물어본다. 그래서 시세가 입찰가보다 싸다고 들으면 이건 비싼 물건이라 판단하고 비싸다고 들으면 싼 물건이라 판단한다.

만약 경매 물건이 아파트라면 이런 식으로 몇 번 더 인근 부동산을 돌아다니며 물어보고 경매 물건의 상태를 확인하는 정도로 충분할 것이다. 하지만 경매 물건이 주택, 상가, 토지라면 이런 방식의 임장은 불완전하다. 현장에서 우연히 만난 그 공인중개사가 누구길래 그 사람의 판단을 신뢰할 수 있는가? 설사 그 공인중개사가 해당 지역의 부동산을 잘 파악하고 있다고 해도 자세히 살펴보지도 않은 매물의 시세를 측정하기는 어렵다. 그런 사람과 앉아서 시세가 어떻고 공시지가가 어떻고 해봐야 답이 나오지 않는다.

이때 좋은 방법이 내 집을 구한다 생각하고 물건을 보는 것이다. 우리는 이사 갈 집을 구할 때 어떤 집을 결정해놓고 조사하지 않는다. 처음엔 그 동네의 집 중 어느 한 곳을 사겠다는 마음으로 최대한 여러 집을 살펴본다. 한 집을 봤으면 그 옆집도 보고 앞집, 뒷집 모두 보며 먼저 가격과 퀄리티에 대한 나름의 기준을 만들어낸다.

그렇게 꾸준히 물건을 살피다가 내 맘에 드는 게 나타나면 그걸 사지 않는가? 당신이 지역 시세를 파악하기 위해 일주일 이상 돌아다녔다면 그 동네 집 가격의 최고 전문가는 당신이 되어 있을 것이다. 그 일주일 사이의 가격 변동까지 다 꿰뚫고 있으니 어찌보면 현지 부동산들보다 당신이 더 잘 파악하고 있을 수 있다.

만약 일주일을 조사해도 부족하다고 판단되면 2주고 한 달이고 계속해서 조사해야 한다. 그 정도 되면 해당 지역에 대해서는 거의 전문가 수준에 도달하게 된다. 물건만 봐도 이것이 지역 부동산에서 얼마에 거래되는지를 알 수 있다.

경매 물건을 고를 땐 지역 시세에 대해 이 정도의 안목을 가져야 한다. 이를 바탕으로 원래 알아봤던 경매 물건을 보면서 자기가 판단하는 시세보다 최저가가 더 싸다면 입찰하면 되고 더 비싸다면 유찰되는지를 지켜보면 된다. 경매 한 건을 하기 위해 이 정도의 노력을 해야 한다.

또 그 경매가 끝났다고 해서 시세파악을 위해 들인 노력이 물거품이 되는 것은 아니다. 해당 지역에 추가적인 경매 매물이 나타날 경우 당신은 별도의 노력 없이 그 물건에 대한 판단을 내릴 수 있다.

이 과정을 반복하다보면 지역 시세를 파악하는 시간은 점차 짧아진다. 처음엔 시세를 파악하기 위해 한 달을 돌아다녀도 부족하던 것이 나중엔 하루만 돌아봐도 파악이 된다. 이전 지역에서 봤던 조건들이 눈에 띄기 때문이다.

시세파악은 정확하게

땅을 보러 다닐 때 주로 평단가평당 가격로 이야기를 듣게 된다.

그런데 어떤 부동산에 지역 시세를 물어보면 "여기는 근처에 상업지역이 있기 때문에 평당 1,000만원에서 2,000만원 정도 한다."는 이야기를 듣곤 한다.

천이면 천이고 이천이면 이천이지, 천과 이천은 하늘과 땅 차이이지 않은가? 아파트로 치면 똑같은 아파트가 3억원에서 6억원까지 한다는 얘기와 다를 바 없다. 이 얘기를 듣고 '이 지역은 평단가가 1,000만~2,000만원이구나.'라는 결론을 내린 뒤 조사를 마치고 돌아가면 조사를 잘못하는 것이다.

물건의 적정 시세는 최대한 정확하게 결론을 내려야 한다. 만약 위 사례처럼 '1,000만~2,000만원이구나.'라고밖에 결론을 내리지 못하겠다면 아직 조사가 부족한 것이니 더더욱 현장을 돌아다녀봐야 한다.

똑같은 지역, 똑같은 크기, 똑같은 용도의 땅이 어떤 땐 1,000만원에 팔렸고 어떤 땐 2,000만원에 팔렸다면 왜 그런지 이유를 밝혀야 한다. 단순히 '그날 그 매수인과 매도인이 그렇게 마음이 맞았나보다.'라고만 생각할 것인가? 당신이 아직 보지 못하는 두 물건의 차이가 있는 것이다. 이 차이를 발견하기 위해 노력해야 당신의 실력이 오른다.

26

5억에 낙찰받은 상가에서 월세 천만원 받는다

다시 말하지만 가격이 싼 아파트를 찾는 건 너무 쉽다. 만약 자식에게 "너한테 대학교 가기 전 아파트를 하나 사주려고 한다. 내가 3억원을 줄 테니 이 돈으로 아파트를 사고 남는 건 네가 가져라."라고 한다면 고등학생도 당장 3억원짜리 아파트를 찾아올 수 있을 것이다. 3억원짜리 아파트를 고르는 데 일주일은 커녕 하루 이틀이면 끝날 수도 있다. 아파트가 그만큼 쉽다는 이야기다.

하지만 상가는 조심해야 한다. 아파트는 물건들이 비슷하기 때문에 남들이 5억원에 내놨는데 특정 판매자만 마음대로 10억원에 내놓을 수는 없다. 내놓을 수는 있겠지만 부동산에서 극구 만류한다. 하지만 토지나 상가는 이런 경향을 따르지 않아 그때그때 판매자의 마음을 따라가는 경향이 있다.

경매 물건에서도 마찬가지다. 아파트의 경우 감정가와 시세간에 갭이 크게 생기지 않는다. 하지만 상가 물건은 실제 부동산에 내놓아 팔릴 때의 시세와 경매 감정가 간에 차이가 생기는 경우가 많다.

상가 물건은 수익률이 중요하다

상가는 어디까지나 수익 목적의 부동산이며 그 수익의 대상인 임대료가 중요하다. 이때 따지는 것이 상가의 '수익률'이다. 예를 들어 내가 1억원을 투자해서 나오는 연 임대료가 1,000만원이라면 10%의 수익률이 나오는 셈이다.

이러한 상가 임대료 수익률은 3% 내외일 경우 일반적이다. 2억원짜리 상가 물건이 경매로 나왔는데 임대료 현황을 보니 월 100만원 이상이고 별다른 문제가 없다면 수익률이 6%인 괜찮은 물건인 셈이다.

상가 물건의 가치는 상가에 들어있는 입주민의 임대료에 의해 크게 좌우된다. 따라서 상가 물건을 볼 땐 단지 매매가만 보는 것이 아니라 임대료까지 함께 조사해야 한다.

현재 임대료를
믿지 마라

수익률을 따져본다고 경매 물건 정보지 상에 나와있는 임대료 수익 정보만 보고 낙찰을 받았다가는 낭패를 보기가 쉽다. 이전 소유자가 우연찮게 높은 임대료를 받은 상태일 수도 있기 때문이다. 당신이 낙찰을 받아 임대 계약을 다시 했을 땐 수익률이 확 떨어질 수 있다.

나의 친한 지인이 월세 1,000만원이 나오는 상가 물건을 5억원에 낙찰받아왔다며 자랑했다. 연 임대 수익이 1억 2,000만원이니 수익률 24%인 어마어마한 물건을 받아온 것이었다. 그리고 6개월 뒤 지인은 울상이 되어 나를 다시 찾아왔다. 무슨 문제가 있는지 알아봤더니 그곳의 유일한 임차인이 떠난다는 것이었다.

그 상가에는 '버거킹'이 임차인으로 있어 월 1,000만원씩을 내고 있었다. 그런데 그 임차인이 매장을 확장한다며 다른 곳으로 가겠다는 것이 아닌가. 재임대를 놨는데 시세 조사를 해보니 버거킹이라 1,000만원을 냈던 것이지 그곳의 임대료 시세는 3~400만원이 적정 가격이었다. 자기 물건의 임대료 수익률 분석은 했지만 주변 상가의 시세를 파악하지 않아 발생하는 대표적인 하자 사례다. 사실 월 400만원짜리 임차인이 들어오더라도 수익률은 9.6%로 여전히 나쁘지 않은 상태인 것은 맞다.

어쨌든 상가를 조사할 때는 그 물건이 임대료가 많이 나오니까 무조건 좋다고 생각하지 말고 발품을 팔면서 일대를 다 조사해봐야 한다. 사무실이나 학원, 김밥집, 미용실 같은 소형 사업장의 임대료 시세는 하루만 조사하면 다 나오나 호텔, 사우나, 웨딩홀, 뷔페, 키즈카페 같이 대형 사업장은 임대료를 파악하기가 쉽지 않다. 최대한 자세하게 조사해야 실수를 줄일 수 있다.

또한 상가의 수익률이 높아진 것은 임대료가 높아진 것일 수도 있지만 상가의 가치가 떨어져서 그런 것일 수도 있다. 상권이 쇠퇴하는 경우 상가 매매 가격은 바로 떨어지나 임대료는 늦게 반응이 온다. 반대로 상권이 발달하면 상가 매매 가격은 바로 반응이 오지만 임대료는 이전 임대 계약들이 종료되어야 오른다. 경매로 상가 물건을 살필 때는 이런 부분도 봐야 한다.

대형 프랜차이즈나 은행은 생각보다 임대료를 세게 주고 들어온다. 한 번은 파주시 금촌동의 농협 입주 건물이 경매로 나왔는데 매매가가 10억 원도 안 되었다. 이상하게도 계속 유찰이 되고 있었는데 알고 보니 농협이 전세금으로 17억원을 설정하고 들어온 것이었다. 전세권이 선순위여서 설사 0원으로 낙찰받아도 17억원을 해결해야 하는 물건이었다. 이러니 계속 유찰이 될 수밖에 없었다.

상권을
파악하라

또한 상가의 임대료는 상권의 규모에 의해 좌우된다. 해당 상가의 적정 임대료를 파악하려면 지역 상가 전반의 임대료와 지역 상권의 규모를 함께 파악해야 한다.

예를 들어 서초동 법조타운과 테헤란로 빌딩들 사이의 매매가는 엄청난 차이가 있다. 하지만 임대료는 큰 차이가 없다. 강남이라는 지역에 대한 투자 기대감 때문에 매매가에서 큰 차이가 벌어지나 상권의 규모에서는 큰 차이가 없기에 임대료는 비슷한 것이다. 강남 빌딩만 보고 다니던 사람이 서초동 빌딩을 보면 임대료 수익률이 꽤 높아보인다. 그대로 지역 시세에 대한 조사 없이 덜컥 빌딩을 구매하면 다른 서초동 빌딩 대비 수익률이 떨어질 수 있다.

그렇다면 지역 임대료와 상권에 대한 조사는 어떻게 해야 할까? 이 역시 발품이다. 많이 다닐수록 내가 입찰하려는 그 상가의 입찰가를 얼마에 써야 할지 알게 된다.

이때도 중요한 것은 내가 실수요자라는 자세로 다녀야 한다는 점이다. 당신이 이 빌딩 세입자가 되어 개인사업을 한다면 얼마를 임대료로 내면 납득하겠는가? 이런 의문에 최대한 객관적 결론을 내릴수록 적정가를 파악하고 입찰에서 최대한의 이득을 취할 수 있다. 싸게 잘 사면 돈 많이 벌게 되고 못 사면 좀 덜 벌고 이렇게 되는 것이다. 나는 당신이 이 원리를 최대한 빨리 깨닫길 바란다.

27

공사대금이 걸린 부동산,
알고보면 안 줘도 된다?

법정지상권, 유치권, 선순위 임차권 등 인수해야 할 권리^{하자}가 붙어있는 물건을 '특수물건'이라 한다. 앞서 말했듯 이런 물건은 대출이 안 나온다는 점에서 입찰을 시도하기가 어렵다.

　하지만 당신이 도전하기 어려운 물건은 남들도 도전하기 어렵다. 오히려 당신이 하자로 인한 대출 문제를 해결하는 방법을 알고 있다면 유찰된 특수물건에 입찰하여 고수익을 노려볼 수 있다. 이것은 블루오션을 독점하는 것과 마찬가지다.

하자의 허점을
찾아라

경매 물건 정보를 보면 '유치권 여지 있음, 공사대금 유치권 신고서가 제출됨' 등과 같은 주의사항이 달려 있는 것들을 발견할 수 있다. 이 물건이 유치권 발생과 관련한 특수물건임을 경고하는 것이다. 유치권은 일반적으로 공사대금을 못 받은 공사업자 혹은 보증금을 못 돌려받은 임차인이 돈을 받을 때까지 부동산을 점유할 수 있는 권리다. 이러한 유치권이 걸려있는 물건은 대부분 대출이 안 나온다.

- 유치권 여지 있음 : 2018.7.24.자 양○○으로부터 공사대금 금 58,000,000원의 유치권신고서가 제출되었으나 그 성립 여부는 불분명함.

위 내용은 실제 경매 물건에 달려있는 주의사항이다. 대략적인 내용은 공사대금을 못받은 공사자가 현재 물건을 점유하고 있으며 유치권을 인정받도록 법원에 자신의 권리를 확인해달라고 부탁한 상태라는 의미다.

- 유치권 여지 있음 : 2020.8.14.자로 공○○으로부터 공사대금 금 33,536,600원에 대하여 유치권신고가 있으나 그 성립여부 불분명함.
- 유치권 배제 신청 : 2020.9.21.자 채권자(근저당권자) 부산주례새마을금고로부터 '무점유로 인해 유치권 성립 요건이 안됨'을 이유로 유치권에 대한 배제 신청서가 접수됨.

유치권이 걸려있는 또다른 물건의 주의사항이다. 앞서 살펴본 유치권 신고와 같은 내용이 있고 그 밑에 추가적인 사항이 달려 있다. 어떤 채권자가 유치권 배제 신청을 한 것이다. 대략 공사자가 점유를 하지 않고 있어 유치권 성립이 되지 않기에 유치권을 배제해달라고 했다는 내용이다.

위 사례는 공사자의 유치권이 부존재하다는 판결이 있었다는 내용으로 되어 있다. 첫 번째는 공사자가 유치권 신고를 한 것이고 두 번째는 유치권 신고를 했는데 채권자가 유치권이 성립되지 않는다고 신고한 것이고 세 번째는 공사자에게 유치권이 없다고 법원이 판결을 내렸다는 내용이다.

위 세 사례 중 하나를 만날 경우 어떻게 해야 할까? 우선 마지막 세 번째 사례는 이미 유치권이 해결되어있는 상태다. 대출이 되는 상태이기에 도전해볼 수 있지만 당연히 많은 경쟁 입찰자를 만날 것이다. 우리가 주목해야 할 사항은 첫 번째 상황과 두 번째 상황이다. 첫 번째와 두 번째 같은 상황에서도 결국 유치권 신청이 기각되는 경우를 나는 많이 봐왔다.

유치권은 생각보다 성립되기 까다로운 권리 중 하나다. 유치권이 성립되기 위해서는 다음과 같은 조건이 만족되어야 한다. ① 유치권자가 부동산을 점유하고 있을 것, ② 채권의 변제기가 도래했을 것, ③ 유치권 배제특약이 없을 것 등이다. 이 중 한 가지라도 어기게 된다면 법원은 유치권을 인정하지 않으며 유치권자가 더 이상 부동산을 점유하지 못하도록 명령한다.

또한 위 주의사항에 적힌 유치권에 대한 내용은 아무런 검증이 이뤄지지 않은 순도 100% 유치권자의 주장일 뿐이다. 만약 이 유치권자가 유치권 신고서에 580만원을 신고하려고 했는데 실수로 '0'을 하나 더 적어 5,800만원으로 적었을 수도 있고 사건번호를 잘못 적어 엉뚱한 물건에 대한 유치권 신청이 이 물건에 붙어있을 수도 있다. 경매를 관할하는 법원 민사신청과는 유치권 신청이 들어올 경우 금액, 내역, 기타 모든 것들의 진위 여부를 전혀 따지지 않고 공고만 할 뿐이다.

결국 우리가 해야 할 일은 인터넷에 나오는 정보만 보고 판단하는 것이 아니라 유치권 권리 성립 여부를 현장에 가서 스스로 조사하는 것이다. 직접 자신의 눈으로 하자의 허점을 찾아내야 한다. 채무자와 유치권자를 찾아가 공사 계약상에 유치권에 관련된 특약이 있는지 확인해볼 수 있고 채권자를 찾아가 유치권 배제를 신청한 법리와 증거가 무엇인지를 물어볼 수 있다.

만약 당신이 직접 조사했음에도 그 물건의 유치권이 성립되겠다는 판단이 내려진다면 그 물건은 하자 있는 물건이므로 패스하면 된다. 하지만 당신이 판단하기에 이 물건의 하자에는 허점이 있다는 판단이 선다면 지금이 최저가로 낙찰받을 수 있는 기회다.

마지막으로 앞서 제시된 유치권에 대한 사례 중에서 유치권 신청에 대한 배제 신청을 은행이 한 것을 보았을 것이다. 이처럼 은행은 채권자로서 해당 사건의 내막에 대한 깊은 이해를 갖고 있다.

만약 해당 사건의 채권자가 은행이라면 그 은행을 찾아가 대출을 신청해보라, 만약 그 은행에서도 "유치권 배제 신청하긴 했는데요. 이거는 대출이 안 나와요."라고 말한다면 이건 유치권이 인정될 확률이 높다는 이야기이므로 깨끗하게 포기하면 된다. 만약 대출이 나온다면 그건 그것대로 좋다. 은행이 판단하기에 해당 유치권은 성립되지 않을 확률이 확실하다는 것이기 때문이다.

대출이 되는 곳을 찾아라

만약 당신이 이처럼 하자의 허점을 찾았다면 이제 특수물건에 대해 대출을 해주는 곳을 찾아야 한다. 정상적인 물건들은 제1, 2금융권에서 대출이 되지만 뭔가 문제가 있는 특수물건들은 아무데서나 대출이 되지 않는다.

소 재 지	강원도 원주시 흥업면 흥업○○○○ 도로명검색	D 지도	S 지도				
물건종별	다가구(원룸등)	감 정 가	896,490,260원	오늘조회: 3 2주누적: 211 2주평균: 15 조회동향		
토지면적	508㎡(153.67평)	최 저 가	(70%) 627,543,000원	구분	입찰기일	최저매각가격	결과
건물면적	445.87㎡(134.876평)	보 증 금	(10%) 62,760,000원		2020-08-31	896,490,260원	변경
매각물건	토지·건물 일괄매각	소 유 자	강■	1차	2020-10-12	896,490,260원	유찰
개시결정	2019-12-23	채 무 자	강■	2차	2020-11-16	627,543,000원	
사 건 명	임의경매	채 권 자	꿈■				
주의사항	■유치권여지 있음-강■으로부터 공사대금채권 금 879,000,000원을 위하여 본건 부동산 전부에 관하여 유치권신고가 있으나, 그 성립여부는 불분명함.						

자료 옥션원

강원도 원주시에 있는 다가구 빌라다. 감정가 8억 9,649만원을 받은 물건이 유찰되어 최저가가 6억 2,754만원까지 떨어졌다. 주의사항을 보면 공사대금채권 8억 7,900만원에 대한 유치권 신고가 들어왔다.

사실 이 물건은 꽤 좋은 물건이다. 매입한 뒤 잘 다듬어서 팔면 낙찰가와 공사대금까지 충당하고도 남겨서 이득을 볼 수 있다. 하지만 유치권으로 인해 대출이 안 나오는 게 문제다. 이 경우 우리는 무조건 포기해야 할까?

소 재 지	경상남도 양산시 상북면 석계리 ○○○○ 도로명검색 🄳지도 🄼지도						
새 주 소	경상남도 양산시 상북면 반회 ○○○○						
물건종별	공장	감 정 가	54,607,340원	오늘조회: 13 2주누적: 177 2주평균: 13 조회동향			
토지면적	토지는 매각제외	최 저 가	(34%) 18,731,000원	구분	입찰기일	최저매각가격	결과
				1차	2020-05-19	54,607,340원	낙찰
건물면적	151.93㎡(45.959평)	보 증 금	(30%) 5,620,000원		낙찰 80,000,000원(146.5%) / 1명 / 미납		
매각물건	건물만 매각	소 유 자	홍■	2차	2020-07-28	54,607,340원	유찰
					2020-09-01	38,225,000원	변경
개시결정	2019-05-23	채 무 자	홍■	3차	2020-10-13	38,225,000원	유찰
				4차	2020-11-12	26,758,000원	유찰
사 건 명	강제경매	채 권 자	중■	5차	2020-12-17	**18,731,000원**	

자료 옥선원

다음 물건을 보자. 물건종별은 공장인데 토지면적을 보니까 토지는 매각 제외라고 나와 있다. 이런 경우도 당연히 대출이 안 된다.

실력 있는 경매인이라면 이런 물건들을 만났을 때도 간단히 포기하지 않는다. 우선은 유치권이 정말 성립하는 유치권인지 파고 들어본다. 그리고 여러 면을 다 종합해봤을 때 이 물건의 가치가 얼마인지도 따져본다.

그리고 이제 특수물건에 대출해주는 곳을 찾아야 한다. 정상적인 물건들은 제1, 2금융권에서 대출이 되지만 뭔가 문제가 있는 물건들은 그렇지 않다. 이들에 대해 대출을 해주는 곳은 아주 소수지만 그들만의 리그가 있다. 유치권 물건의 매입금을 대출해주고, 법정지상권 물건의 매입금을 대출해주고 하는 회사들이 아주 극소수로 있다. 이런 때 의지해야 할 것이 '경매를 위하여' 같은 인터넷 사이트나 경매 법원에 있는 '대출 전문가'들이다. 그들에게 이런 물건은 어디서 대출을 받아야 하는지 자문을 구하는 것이 좋다.

여러 가지 이야기를 했지만 중요한 점은 자금 문제로 인해 가치 있는 물건을 포기해선 안 된다는 것이다. 이게 법정지상권이 됐든 유치권이 됐든 기타 특수물건이 됐든 돈을 빌려줄 은행은 어딘가에 있을 것이다. 심지어

"빌려드릴 테니 더 많이 빌리시면 안 될까요?"라고 적극적으로 나오는 담당자도 있다. 다시 한 번 말하지만 대출이 어려운 물건은 경쟁자가 적어질 것이다. 경쟁자가 적으면 낙찰가가 낮아진다. 대출이 안 나오는 물건에 대해 쉽게 포기하지 말고 대출이 나오게끔 연구해야 한다.

경매는 부동산의 가치를 보고 원칙을 따져서 투자해야 하는 분야다. 내가 남들과 비슷하게 생각하고 있다면 남들과 비슷하게 투자할 것이다. 내가 그들과 비슷하게 생각하지 않는다면 나는 그들과 다른 투자를 할 것이다. 지금 당신이 돈 때문에 헤매는 사람들과 비슷하게 생각하고 있다면 먼저 그들과 다르게 생각하기 위해 노력해야 한다. 그리고 그렇게 변화된 생각을 실천에 옮겨야 한다.

28

입찰번호 하나 잘못 써서 보증금 날렸네

입찰표 쓸 때
주의사항

경매에 입찰하기 위해 작성하는 신청서를 입찰표라 한다. 경매의 모든 과정을 비교해 볼 때 입찰표를 쓰는 게 중요한 일은 아니지만 입찰표를 한 번도 안 써본 사람에겐 어려운 일인 것이 사실이다.

누구든 한 번만 제대로 써본다면 이후 입찰표 작성은 그냥 쉽게 넘어갈 수 있다. 여기서는 입찰표 양식의 구성을 살펴보고 각 항목을 어떻게 기입해야 하는지를 알아보자.

(앞면)

기 일 입 찰 표

지방법원 집행관 귀하　　　　　　　입찰기일 :　　년　　월　　일

사 건 번 호	타 경 호		물 건 번 호	물건번호가 여러개 있는 경우에는 꼭 기재

입 찰 자	본인	성 명		㉞	전화 번호	
		주민(사업자) 등록번호		법인등록 번 호		
		주 소				
	대리인	성 명		㉞	본인과의 관 계	
		주민등록 번 호			전화번호	-
		주 소				

입찰 가격	천억	백억	십억	억	천만	백만	십만	만	천	백	십	일	원	보증 금액	백억	십억	억	천만	백만	십만	만	천	백	십	일	원

보증의 제공방법	☑ 현금·자기앞수표 □ 보증서	보증을 반환 받았습니다. 입찰자　　　㉞

주의사항.
 1. 입찰표는 물건마다 별도의 용지를 사용하십시오. 다만, 일괄입찰시에는 1매의 용지를 사용하십시오.
 2. 한 사건에서 입찰물건이 여러개 있고 그 물건들이 개별적으로 입찰에 부쳐진 경우에는 사건번호외에 물건번호를 기재하십시오.
 3. 입찰자가 법인인 경우에는 본인의 성명란에 법인의 명칭과 대표자의 지위 및 성명을, 주민등록란에는 입찰자가 개인인 경우에는 주민등록번호를, 법인인 경우에는 사업자등록번호를 기재하고, 대표자의 자격을 증명하는 서면(법인의 등기사항증명서)을 제출하여야 합니다.
 4. 주소는 주민등록상의 주소를, 법인은 등기부상의 본점소재지를 기재하시고, 신분확인상 필요하오니 주민등록증을 꼭 지참하십시오.
 5. **입찰가격은 수정할 수 없으므로, 수정을 요하는 때에는 새 용지를 사용하십시오.**
 6. 대리인이 입찰하는 때에는 입찰자란에 본인과 대리인의 인적사항 및 본인과의 관계 등을 모두 기재하는 외에 본인의 <u>위임장(입찰표 뒷면을 사용)</u>과 인감증명을 제출하십시오.
 7. 위임장, 인감증명 및 자격증명서는 이 입찰표에 첨부하십시오.
 8. 일단 제출된 입찰표는 취소, 변경이나 교환이 불가능합니다.
 9. 공동으로 입찰하는 경우에는 공동입찰신고서를 입찰표와 함께 제출하되, 입찰표의 본인란에는"별첨 공동입찰자목록 기재와 같음"이라고 기재한 다음, 입찰표와 공동입찰신고서 사이에는 공동입찰자 전원이 간인 하십시오.
10. 입찰자 본인 또는 대리인 누구나 보증을 반환 받을 수 있습니다.
11. 보증의 제공방법(현금·자기앞수표 또는 보증서)중 하나를 선택하여 ☑표를 기재하십시오.

법원의 입찰표 양식을 보면 제일 첫 칸에 사건번호와 물건번호가 나와 있다. 사건번호는 경매 물건 정보를 보면 '2022타경○○○○○'이라고 나와있다. 물건번호는 사건번호 뒤 표시된 한 자리 숫자 번호다. 그 아래에는 자신의 인적사항을 적는 란이 나온다. 주소는 주민등록지상 주소를 써야 한다. 법인등록번호는 법인 투자일 경우 적는 란이다. 그 하단에는 입찰가격과 보증금액, 현금, 입찰자와 같은 내용이 나온다. 이 부분을 작성할 때의 주의사항은 이후 내용에서 자세히 다룰 것이다.

맨 아래의 내용은 입찰할 때의 주의사항을 법원에서 써놓은 것이다. 중요한 내용이 많으니 잘 숙지해야 한다. 주의사항에 나오지 않은 것을 하나 말하자면 한 명의 신원으로 한 사건에 두 개의 입찰표를 내서는 안 된다. 예를 들어 오늘 내가 어떤 아파트에 입찰하는데 얼마를 쓸지 잘 몰라서 내 이름으로 1억원에 하나를 쓰고 1억 1,000만원에 하나를 썼다면 두 개 다 무효가 된다.

물건번호에
유의하라

주의사항 2번에 주목하기 바란다. '한 사건에 입찰물건이 여러 개 있고 그 물건들이 개별적으로 입찰에 부쳐진 경우에는 사건번호에 물건번호를 기재하십시오.'다. 물건번호 기입은 초보 경매인도 경매를 꽤 했다는 사람도 가장 많이 실수하는 부분이다.

일반적인 경매 사건에서는 대부분 물건번호가 없다. 만약 있을 경우 사건번호 옆에 괄호로 물건번호를 표기한다. 이렇게 물건번호에 따라 개별적으로 입찰에 붙여지는 것을 '개별입찰'이라고 한다. 이런 개별입찰은 어떤 경우에 발생할까?

1억원짜리 아파트로 2억원을 대출받고 싶은 채무자가 있다. 하지만 일반적으로 1억원짜리 아파트 하나를 가지고 2억원을 빌려주는 은행은 없다. 그런데 이 채무자는 다른 지역에 1억원짜리 아파트를 하나 더 보유하고 있다. 이런 경우 은행은 '공동담보'라 하여 두 아파트를 함께 저당 잡아 2억원을 빌려주기도 한다. 이후 2억원을 빌려쓴 채무자가 돈을 못 갚으면 은행은 두 채의 아파트를 경매로 내놓게 된다. 이 경우 물건을 함께 경매에 내놓는 게 좋을까? 별도로 내놓는 게 좋을까?

특별한 사정이 없는 한 아파트 두 채가 한꺼번에 필요한 입찰자는 없다. 필요하다 해도 마침 채무자가 보유하고 있는 그 두 쌍을 필요로 하는 사람은 거의 없을 것이다. 따라서 법원은 원활한 매각을 위해 물건을 분리해 개별입찰을 진행한다. 하지만 채무자의 여러 재산을 공동담보를 잡는 경우가 많이 없기 때문에 대부분의 사건에는 물건번호가 없다.

아래 자료를 보면 네 번째 물건만 사건번호 뒤에 붉은 색으로 '(2)'라 적혀 있다. 물건번호가 있는 사건이라는 뜻이다. 사건번호 뒤에 괄호와 숫자가 있으면 물건번호가 있는 사건이라고 기억하면 된다. 경매를 여러 차례 해봤다는 사람들도 물건번호를 기입하는 과정에서 실수를 한다. 그 이유는 그동안 진행한 사건들에는 물건번호가 없었기 때문일 것이다. 만약 실수하여 물건번호를 안 썼다면 최고가를 써내더라도 입찰이 무효처리가 되기 때문에 매우 중요하다.

19-10177
다세대(빌라)
서울특별시 강서구 화곡동 456-13, 신라하이츠빌라 4층 401호
[대지권 28.12㎡, 건물 63.25㎡]
197,000,000
126,080,000
유찰 2회 (64%)
2021.01.20 (10:00) 입찰 22일전

19-101707
승용차
서울특별시 강서구 개화동 391-17
[QM3 / 05부5586 / 2017년식 / 44,687㎞ / 오토 / 경유]
12,000,000
7,680,000
유찰 2회 (64%)
2021.01.20 (10:00) 입찰 22일전

19-101875
아파트형공장
서울특별시 금천구 가산동 319, 호서대벤처타워 5층 512호
[대지권 75.76㎡, 건물 336.83㎡ / 토지별도등기인수조건]
1,100,000,000
1,100,000,000
신건 (100%)
2021.01.20 (10:00) 입찰 22일전

19-105983(2)
아파트
서울특별시 구로구 구로동 106-2, 대림역포스큐 20층 2002호
[도시형생활주택 / 대지권 2.281㎡, 건물 14.579㎡ / 토지별도등기 있음]
126,000,000
80,640,000
유찰 2회 (64%)
2021.01.20 (10:00) 입찰 22일전

19-106870
다세대(빌라)
서울특별시 강서구 등촌동 636-5, 에스엠피렌체 2층 202호
[대지권 18.73㎡, 건물 37.48㎡]
203,000,000
103,936,000
유찰 3회 (51%)
2021.01.20 (10:00) 입찰 22일전

19-107798
다세대(빌라)
서울특별시 강서구 화곡동 366-64, 블루스카이빌 5층 503호
[대지권 16.34㎡, 건물 25.31㎡]
175,000,000
71,680,000
유찰 4회 (41%)
2021.01.20 (10:00) 입찰 22일전

19-109312
오피스텔
서울특별시 양천구 목동 905-33, 스카이포레 3층 312호
[오피스텔(주거) / 대지권 4.413㎡, 건물 18.13㎡]
148,000,000
118,400,000
유찰 1회 (80%)
2021.01.20 (10:00) 입찰 22일전

자료 옥션원

2019타경2138 (1)
• 서울남부지방법원 본원 • 매각기일 : 2021.01.13(水) (10:00) • 경매 4계(전화:02-2192-1334)

소재지	서울특별시 양천구 신정동○○○○ 외 2필지, 예지2003○○ 도로명검색 ▶지도 ▶지도						
물건종별	다세대(빌라)	감정가	401,180,000원	오늘조회: 18 2주누적: 159 2주평균: 11 조회동향			
대지권	32.43㎡(9.81평)	최저가	(100%) 401,180,000원	구분	입찰기일	최저매각가격	결과
건물면적	90.95㎡(27.512평)	보증금	(10%) 40,118,000원		2020-10-20	401,180,000원	변경
매각물건	토지·건물 일괄매각	소유자	장■■	1차	2021-01-13	**401,180,000원**	
개시결정	2019-03-08	채무자	장■■				
사건명	임의경매	채권자	(주)혁■■				

2019타경2138 (2)
• 서울남부지방법원 본원 • 매각기일 : 2021.01.13(水) (10:00) • 경매 4계(전화:02-2192-1334)

소재지	서울특별시 양천구 신정동○○○○ 외 2필지, 예지2003○○ 도로명검색 ▶지도 ▶지도						
물건종별	근린상가	감정가	2,049,000,000원	오늘조회: 15 2주누적: 181 2주평균: 13 조회동향			
대지권	133.33㎡(40.332평)	최저가	(100%) 2,049,000,000원	구분	입찰기일	최저매각가격	결과
건물면적	374㎡(113.135평)	보증금	(10%) 204,900,000원		2020-10-20	2,049,000,000원	변경
매각물건	토지·건물 일괄매각	소유자	장■	1차	2021-01-13	**2,049,000,000원**	
개시결정	2019-03-08	채무자	장■				
사건명	임의경매	채권자	(주)혁■				

자료 옥션원

위 물건 두 개는 한 사건으로 묶인 것들이다. 사건번호 뒤에 (1), (2)로 표기되어 있는 것을 볼 수 있다. 건물면적과 감정가가 모두 다르다. (1)번 물건은 약 4억원의 감정가를 받은 27평짜리 다세대 빌라이고 (2)번 물건은 약 20억원의 감정가를 받은 113평짜리 근린상가다. 다만 매각일은 같은 날짜다.

A라는 경매인은 (2)번 물건의 입찰을 받으려 한다. 매각일 법원에 간 A씨는 입찰가 20억원을 써냈고 보증금 2억원과 함께 입찰을 했다. 그런데 A씨가 그만 물건번호에 (2)번이 아닌 (1)번을 쓴 것이다. A씨는 자기가 입찰한 물건이 개별입찰인지도 몰랐다. 웬일인지 그날따라 물건번호가 눈에 띄었을뿐이다.

법원에서는 결국 "2019타경2138호 (1)번에 20억원을 쓴 A씨가 최고가 매수인이 되었다."고 말했다. A씨는 쾌재를 불렀는데 이상한 것이 2등 이하로는 다 5억원, 4억원 이렇게 썼다고 말하는 게 아닌가? 그제서야 A씨는 자신이 (2)번 물건이 아닌 (1)번 물건에 입찰했음을 알게 되었다.

이런 경우 무효처리를 해줄까? 법원은 입찰가로 10억원을 쓰든 100억원을 쓰든 최고가로 결정되었다면 그대로 진행해버린다. 자비롭게 "실수하셨네요~." 하면서 1번을 2번으로 고쳐주지 않는다. 당연히 보증금을 돌려받지 못한다. 그렇다고 그대로 잔금을 낼 수도 없다. 4억원짜리 물건을 20억원에 구매할 사람은 아무도 없을 것이다. 순간의 실수 때문에 A씨는 보증금을 날린 것이다. 이처럼 물건번호를 잘못 쓰면 큰 피해가 있을 수 있기 때문에 굉장히 조심해야 된다.

보증금에
유의하라

그 다음으로 실수를 많이 하는 부분이 보증금 문제다. 과거에는 자신이 입찰하는 가격의 10%를 보증금으로 냈지만 지금은 법이 바뀌어 최저경매가의 10%를 내야 한다. 입찰하는 날 은행에 가서 최저가의 10%에 해당하는 보증금을 수표로 끊어 가져오면 된다.

소 재 지	대구광역시 동구 진인동○○○○ 도로명검색 D 지도 D 지도							
물건종별	근린주택	감 정 가	582,707,910원		오늘조회: 54 2주누적: 1391 2주평균: 99 조회동향			
				구분	입찰기일	최저매각가격	결과
토지면적	467㎡(141.267평)	최 저 가	(70%) 407,896,000원		2019-05-13	582,707,910원	변경
건물면적	835.51㎡(252.742평)	보 증 금	(20%) 81,579,200원	1차	2019-10-23	582,707,910원	유찰
					2019-11-18	407,896,000원	변경
매각물건	토지·건물 일괄매각	소 유 자	김■	2차	2020-06-15	407,896,000원	낙찰
개시결정	2018-07-26	채 무 자	(주)이■		낙찰 481,000,000원(82.55%) / 2명 / 미납 (차순위금액:431,000,000원)		
사 건 명	임의경매	채 권 자	한■		2020-09-17	407,896,000원	변경
				3차	2020-12-30	**407,896,000원**	

자료 옥션원

하지만 '특별매각조건'이 붙는 경우를 유의해야 한다. 위 물건은 감정가가 5억 8,270만원이었으나 유찰이 발생해 최저가가 4억원 대까지 내려왔다. 이후 2차 경매에서 누군가 4억 8,100만원에 낙찰받았지만 잔금을 미납해 재매각이 실시되었다. 이 경우 특별매각조건이 붙는다. '보증금' 란에 괄호로 '20%'라 표기되어 있는 것이 보일 것이다.

경매 물건을 보다보면 이런 경우가 종종 있다. 특별매각조건은 법원마다 다른데 일반적으로 전국 대부분의 법원은 한번 미납된 사건의 보증금을 두 배로 올린다. 이 사실을 모르고 10%만 보증금을 낼 경우 자신의 입찰은 무효처리가 될 수 있다. 이 부분에서도 실수가 자주 일어나니 유의해야 한다.

때문에 경매 물건을 볼 때 항상 보증금을 확인해야 한다. 어떤 경우는 한 번 미납된 사건도 그냥 10%로 진행하는 경우가 있고 반대로 30%로 보증금을 올리는 사건도 있다.

입찰가는
절대 수정할 수 없다

앞에서 본 경매 입찰표 주의사항 중에 다른 글씨에 비해 좀 진하게 쓰여 있는 부분이 있다. 5번 '입찰가격은 수정할 수 없으므로 수정을 요하는 때에는 새 용지를 사용하십시오.'다. 가격을 잘못 썼다고 화이트로 수정하고 그러면 안 된다는 이야기다. 숫자를 잘못 써서 선을 긋고 다른 숫자를 쓰거나, 억지로 모양을 다시 쓴 경우, 어떠한 숫자를 쓴 것인지 판정하기 어려울 경우 전부 무효처리 되니 주의해야 한다. 이유를 막론하고 수정한 티가 나면 무조건 무효다. 수정할 생각하지 말고 새로 작성해야 한다.

이에 대비하여 입찰표 양식을 한 장만 가지고 오지 말고 두어 장 가져와야 한다. 마지막으로 보증금액과 입찰가격은 반드시 아라비아 숫자로 써야 한다. 계약서에는 금액을 한자나 한글로 쓰는 경우가 많았기에 이 부분에서 실수하는 사람들이 꼭 있다.

경매장은 큰돈이 걸린 곳이기에 마음이 떨려 누구나 생각지도 않은 실수를 할 수 있다. 금액을 잘못 쓰는 경우, 잘못 쓴 용지와 새로운 용지 두 개를 다 가지고 있다가 마지막에 넣을 때 잘못 쓴 걸 넣는 경우 등 온갖 해프닝이 발생한다. 이런 경우를 방지하기 위해 잘못 쓴 용지는 찢어버리는 것이 좋다. 미리 입찰표를 써보는 연습을 하는 것도 좋다.

또 경매장에서는 별의별 일이 다 발생한다. 우리 수강생 중 한 사람은 잘못 쓴 입찰표를 찢어서 쓰레기통에 버렸는데 누가 그 찢어서 버린 것을 주워서 맞춰보고 자신의 입찰가를 수정했다고 한다. 다른 사람의 정보를 보기 위해 무슨 짓이든 하는 것이다. 따라서 찢어버린 입찰표는 일단 내 주머니나 핸드백에 넣어두어야 한다.

마감시간을 지켜라

입찰 마감시간은 법원마다 다 다르므로 인터넷에서 따로 알아봐야 한다. 단 1분이라도 마감시간이 지나면 법원 직원들은 절대 접수를 받아주지 않는다. 시간과 관련하여 주차도 중요한 요소다. 지방에 있는 법원은 상관없으나 서울 수도권에 있는 법원은 주차장이 좁다. 따라서 차를 가지고 가는 경우라면 조금 일찍 출발하는 게 좋을 것이다.

경매가 끝나는 시간은 그때그때 다르다. 그날 법원에서 하는 경매 물건이 다 끝나야 끝나는 것이기 때문에 어떤 날은 좀 일찍 끝나고 어떤 날은 좀 늦게 끝나기도 한다.

29 대리입찰로 가족에게 부동산을 선물하자

만약 사랑하는 아내에게 최고의 선물을 해줘야 한다면 무엇을 하겠는가? 이럴 때 대부분 명품백을 떠올린다. 보통 명품백은 몇 백만원에서 몇 천만원을 가기도 하는데 나라면 이런 명품백 대신 1,000만원 안팎의 부동산을 사줬을 것이다.

생각해보기 바란다. 결국 명품백도 누군가에게 이것을 자랑할 수 있기에 가치가 있는 것이다. 아내가 어디 가서 "나 남편한테 루이비통 백 받았어." 라고 말하는 것보다 "나 남편한테 부동산을 선물받았어."라고 말하는 게 훨씬 더 자랑의 임팩트가 크지 않겠는가?

대리입찰
하는 법

만약 남편이 아내에게 부동산을 깜짝선물해주려고 한다면 부동산을 아내 몰래 사야 하고 또 아내 명의로 사야 할 것이다. 이때 필요한 것이 '대리입찰'이다.

대리입찰의 방법에 대해 살펴보도록 하자. 대리입찰의 준비물은 입찰자 본인_{아내 명의의 부동산으로 입찰하는 것이므로 아내가 본인이다}의 인감증명서와 인감도장이 필요하다. 그리고 대리인_{남편}의 신분증과 도장이 들어가야 된다. 이렇게 준비해서 입찰표를 작성한다.

남편은 대리인의 자격으로 왔으므로 입찰표의 대리인 란에 남편의 인적사항을 쓰면 된다. 마지막으로 대리입찰의 경우 위임장을 써야 된다.

물론 타인의 명의를 도용해 자신에게 일체의 권한을 위임시키는 증명서를 작성하는 것은 법적으로 문제의 소지가 있다. 하지만 이 경우는 가족간에 서로 물건을 선물하기 위한 것이다. 당사자가 문제를 삼기 전까지는 문제가 되지 않는다.

여기서는 가족간의 선물을 전제로 대리입찰을 설명하고 있지만 실무에서는 이러한 사유 외에도 대리입찰이 필요해지는 경우가 종종 있다. 예를 들어 일정이 바빠 법원에 직접 갈 형편이 못 된 동료 경매인의 입찰을 대신해줄 수 있을 것이다.

위 임 장

대리인	성 명		직업	
	주민등록번호	–	전화번호	
	주 소			

위 사람을 대리인으로 정하고 다음 사항을 위임함.

다 음

지방법원   타경   호 부동산

경매사건에 관한 입찰행위 일체

본인 1	성 명	(인감인)	직 업	
	주민등록번호	–	전 화 번 호	
	주 소			
본인 2	성 명	(인감인)	직 업	
	주민등록번호	–	전 화 번 호	
	주 소			
본인 3	성 명	(인감인)	직 업	
	주민등록번호	–	전 화 번 호	
	주 소			

* 본인의 인감 증명서 첨부
* 본인이 법인인 경우에는 주민등록번호란에 사업자등록번호를 기재

자녀 명의로
경매받기

자식에게도 패딩 같은 소모품 대신 부동산을 사주는 것이 자식의 미래를 위해 도움이 될 것이다. 억대 부동산을 사주라는 말이 아니다. 지금 선물해주려는 소모품 가격 대비 비슷한 가격의 부동산을 사주라는 말이다. 요즘 패딩 가격이 얼마인지 모르겠으나 전라남도 해남군에는 18만 5,000원짜리 토지도 있다. 전라북도 정읍시에는 최저가 1,000원인 0.1평짜리 땅도 있다.

그런데 미성년자 명의로 입찰하려면 좀 복잡하다. 미성년자는 본인이 직접 입찰하지 못하고 자녀와 부모가 함께 가서 부모가 대신 입찰해야 한다. 기본적인 대리입찰 서류 외에 위임장 및 부모 모두의 의사표시가 있는 '미성년자입찰참가동의서'와 주민등록등본, 법정대리인의 인감증명서를 함께 제출해야 한다.

'1,000원짜리 입찰하려고 이런 수고를 들어야 하나?' 싶겠지만 이런 수고가 자녀의 경제 관념, 투자 관념, 법 관념을 스스로 키우게 하는 시작임을 잊지 말아야 한다. 이것들은 향후 자녀가 스스로 살아나갈 수 있는 힘이 된다.

자식이 핸드폰을 선물로 받을 나이에 부동산 등기필증을 주면 처음엔 분명 싫어할 것이다. 하지만 그걸 받음으로써 일단 어딘가에 자기 땅이 있다는 인식을 하게 되고 학교에 가서 친구들에게 자랑도 한다. 관심을 갖고 부동산과 투자를 찾아보기 마련이다.

부자가 되기 위해 앞만보고 달려온 사람이 있었다. 그래서 결국 부자가 되었는데 그에겐 또다른 고민이 생겼다. 이제는 자녀에게 재산을 어떻게 상속할지가 문제인 것이다. 친족간에는 10년간 5,000만원까지 증여세 없이 증여할 수 있다_{미성년자일 경우 2,000만원까지}. 하지만 그 이상 넘어갈 경우 최대 50%까지 증여세가 나온다.

내가 자녀에게 100만원짜리 부동산을 사줬는데 이게 나중에 1억원이 됐다면 증여세로 얼마를 내야 할까? 당연히 100만원만 증여한 것이므로 증여세를 내지 않아도 된다. 자신의 이름으로만 재산을 쌓다가 나중에 가서 상속할 걱정을 하느니 아이들의 이름으로 땅을 사주어 부자가 되게끔 하는 것이 좋다.

아이와 함께 임장을 다니며 투자에 대한 경험까지 길러준다면 당신은 부모로서는 더할나위 없는 선물을 자식에게 상속하는 것이다.

30

농지는 농사짓는 사람만 낙찰받을 수 있다?

토지에 관심있는 사람이라면 농지를 취득하는 경우도 있다. 문제는 농지를 취득하기 위해서는 '농지취득자격증명^{이하 농취증}'이 있어야 한다는 점이다. 농취증은 농지의 신규 취득자가 농사를 지을 자격과 계획이 있다는 것을 관할 행정청에서 인증해준 서류다.

농지 경매에 나섰다가 농취증 때문에 피해를 보는 사례가 적지 않다. 경매에서 농취증이 필요한 부동산을 낙찰받은 경우 낙찰자는 매각결정 전까지 농취증을 법원에 제출해야 한다. 농취증을 제때 제출하지 못하면 매각결정 단계에서 법원에 의해 매각불허가가 나온다. 농취증 미제출로 인한 경매 취소 때에는 보증금까지 몰수당하므로 주의해야 한다.

> • 농지취득자격증명원 제출 필요(미제출 시 보증금 몰수)

농취증이 필요한 경매 물건 정보의 주의사항에는 위와 같은 내용이 적혀 있다. 농지취득자격증명원을 제출 못하면 보증금을 몰수한다는 말이 있어 덜컥 겁이 나기도 한다. 농취증을 제출해야 하는 토지를 낙찰받으면 항고가 없을 경우 7일 안에 농취증을 발급받아 법원에다 제출해야 된다. 실제로 낙찰자 귀책 사유로 낙찰 불허가가 발생하는 경우 중 가장 잦은 것이 농취증 미제출이다.

농지취득자격증명

'지목地目'이라는 말이 있다. 토지의 주된 사용목적을 행정상 분류해놓은 것을 말한다. 현재 우리나라 행정 시스템에는 28가지의 지목이 있는데 앞서 말한 전, 답, 과수원부터 학교, 공원, 묘지, 잡종지까지 다양하다. 땅의 지목을 변경하려면 국가의 허가를 받아야 하며 지목에 맞지 않게 토지를 사용하면 그 자체로 불법이 된다.

특히 일부 지목의 경우 토지의 취득 과정에서부터 토지를 해당 지목에 맞게 사용할 것인지를 검증하도록 법이 정해놓았다. 대표적인 것이 전田, 답畓, 과수원과 같은 '농지'다. 농지는 농부에 의해 농업용으로만 사용되어야 하기에 농지를 취득하기 위해서는 반드시 농취증이 필요하다.

농취증은 '토지 취득자가 농사를 지을 수 있는지', '현재 토지가 농지로 쓰일 수 있는 상태인지'를 정부가 인증했다는 증명서다. 농취증의 신청은 각급 시군구 읍면에서 하며 문제가 없다면 신청 후 7일 이내에 발급된다.

농지로 쓰일 수 있는
상태인지

농취증을 발급받으려면 현재 토지가 농지로 쓰일 수 있는 상태인지를 증명해야 한다. 기본적으로 농지로 쓰일 수 있으려면 토지가 흙으로 이루어져 있어야 한다. 전인데 답으로 쓰거나 답인데 과수원으로 쓰거나 이런 것은 문제가 되지 않는다. 예를 들어 내가 농지 1,000평을 낙찰받았는데 1,000평이 다 흙이면 무조건 농취증이 나온다.

만약 입찰할 땅이 산山인데 지목이 농지로 되어 있다면 어떨까? 일반적으로는 산에 농사를 지을 수 없다고 알려져 있다. 그럼에도 산은 흙으로 이루어져 있어 농취증이 쉽게 발급된다. 그러나 부분적이라도 흙이 아닌 상태가 있다면 농취증이 안 나올 수 있다. 예를 들어 일부 면적에 콘크리트를 발라놨거나 건물이 올라갔거나 폐잡석이 있거나 하는 경우다.

농취증 신청을 하면 반드시 담당 공무원이 현장에 나가본다. 그래서 그 농지가 농사로 쓸 수 없는 농지라고 판단되면 농취증을 발급해주지 않는다. 콘크리트로 이뤄진 토지라든가, 동네 주차장으로 쓰이고 있다든가, 무허가 건물이 올라가 있다든가 하는 것이다.

나도 과거 이 부분으로 인해 쓰라린 경험을 한 바 있다. 대로변에 붙어있는 좋은 농지를 발견해 낙찰받고 농취증을 신청했는데 농취증 발급이 안 된다는 것이 아닌가? 농취증 발급 불허가 소식을 듣고 다시 가서 땅을 보니 폐잡석으로 되어있는 땅이었다. 폐잡석이 가득한 경우도 있고 농지 위에 콘크리트 건물이 지어져 있는 경우도 있다. 이런 때 우리는 그 농지를 그냥 포기해야 할까? 우선 현재 농지의 소유자를 찾아가 돈을 줄 테니 콘크리트를 철거하거나 폐잡석을 치워달라고 협상하는 방법이 있다. 다만 소유자나 채무자가 이 약속을 안 지킬 가능성이 매우 높긴 하며 협상이 잘 안 될 확률도 높다. 그리고 입찰 전에 내 돈 들여 열심히 땅을 정비해놨더니 다른 입찰자가 나타나 최고가를 써 땅을 낙찰받아갈 수도 있다.

마지막으로 쓸 수 있는 방법은 바로 담당자를 찾아가서 "난 농사를 짓고 싶어 죽겠습니다. 낙찰을 받으면 반드시 콘크리트를 다 까고 농사를 짓겠습니다."라고 토지를 다시 농지로 원상복구할 것이라는 약속을 하고 농취증을 취득하는 방법이다. 생각보다 투박한 방법이긴 하지만 내 경험상 이 방법은 꽤 높은 확률로 통했다. 적어도 소유자와 협상하는 것보단 담당 공무원의 약속을 받는 게 훨씬 좋다고 판단한다.

그래도 농취증이
안 나올 경우

농취증도 과거에 비해 요건이 많이 완화됐지만 최근 들어 허가 담당 공무원들이 다시 까다로워지고 있다는 얘기가 많이 들린다. 나는 과거 부동산 소재지 담당자로부터 농취증을 발급해주겠다는 약속까지 받고 그 땅을 낙찰받은 적이 있다. 그 담당자랑은 얘기가 잘 되었는데 중간에 덜컥 문제가 생겨 담당자가 농취증 발급이 어려울 것 같다고 한 것이다. 낙찰까지 받았는데도 농취증을 받지 못했을 경우엔 어떡해야 할까? 이렇게 도저히 농취증을 받을 수 없는 상태가 되면 대한민국 누구도 그 땅은 낙찰받을 수 없는 땅이 되고 만다. 이때 낙찰자도 피해를 보지만 가장 큰 직격탄을 맞는 사람은 결국 채권자다. 경매로 나온 물건이 팔리질 않으니 채권을 회수할 방법이 없는 것이다.

이 때문에 채권자 우선주의인 법원에서는 낙찰자가 농취증이 반려되었다는 반려통지를 가지고 오면 낙찰 허가를 내어주도록 제도를 바꿨다. 단 반려통지가 통하려면 반드시 현재 땅이 사실상 농지가 아님을 증명하는 자료가 있어야 한다. 예를 들어 농지에 건축물이 있다면 관에서 받은 건축물대장이 증명자료가 될 수 있다. 이처럼 농지는 어떤 방법을 쓰든 취득할 수 있다는 사실을 명심하기 바란다.

접수를 거부하는 공무원

한 번은 이런 경우도 있었다. 농취증 발급이 어려워보이는 농지 하나를 취득받고 농취증을 신청하기 위해 면사무소에 갔는데 면사무소 불이 다 꺼져 있었다. 알고 보니 이 날은 동네 어르신들이 체육대회를 하는 날이었다. 어렵게 담당자를 만났는데 이미 술이 얼큰히 취한 상태였다. 그 앞에 대고 농지의 원상복구 이야기를 꺼냈다. 그런데 가만히 보니 이 담당자는 이 땅이 경매로 팔린지도, 심지어 이 땅의 소유자가 누구인지도 아는 눈치였다. 그러고는 느닷없이 "투기꾼이구만."이라고 혼잣말을 했다. 기분이 안 좋았지만 그럼에도 불구하고 나는 "원상복구 조건이 안 되면 반려통지라도 부탁한다."며 말을 이어갔다. 그랬더니 담당자는 욕까지 섞어가며 접수를 안 받겠다고 버티었다. 너 같은 투기꾼은 안 받겠다는 것이었다. 진짜 농사를 지을 목적으로 낙찰받은 것인데 이상한 변수가 나타나 나는 당황하지 않을 수 없었다.

이럴 경우 우리는 어떻게 대처해야 할까? 나는 이때 대처방법으로 '농지취득자격증명 거부처분 취소 판결' 사례를 찾아 보여주었다. 위 담당자처럼 농취증 발급을 상당한 이유 없이 거부하는 경우 법원이 행정처분을 취소시킨 판례다. 만약 당신이 진짜 재수 없어서 위와 같은 담당자를 만났다면 반드시 위 서류를 인쇄하여 그 담당자에게 보여줘보라. 위와 같이 술이 취한 상태라면 술 깬 다음날 보여주어야 할 것이다.

취득자가 농사를 지을 수 있는지

농취증 제도의 존재 이유 중 하나는 '적격 농민에게만 농지의 매입을 허용함으로써 비 농민의 투기적 농지매입을 규제하기 위함'도 있다. 즉 취득자에게 농사를 지을만한 자격이 있는지를 검증하는 것이다.

따라서 과거에는 이러한 부분에서의 검증을 위해 농사경력이 얼마인지, 농사로 얼마를 벌 수 있을 것인지, 농지와 집과의 거리가 얼마나 되는지를 따지기도 했다. 그러나 지금은 앞으로 농사를 짓기만 하면 된다.

스케줄이 중요하다

스케줄을 잘 잡아야 한다. 농취증을 신청할 때 가장 중요한 부분이다. 농지를 낙찰받고 농취증을 발급받아서 내는 데까지 7일이다. 거기에 농취증을 신청하고 농취증이 발급되는 데까지 걸리는 시간이 7일이다. 또 공무원들은 공휴일에 일을 하지 않으므로 중간에 공휴일이 꼈다면 매우 빡빡한 시간이다.

따라서 낙찰받은 다음 날부터 농취증을 받으려하면 늦는다. 오늘 법원에서 낙찰받았다면 오늘 농취증까지 신청하고 집에 돌아와야 한다. 농취증 신청은 그 농지가 소재한 지역의 시군구 읍면에서 하는 것이기에 그 농지를 경매하는 법원과 그리 멀지 않을 것이다. 이렇게 하면 왔다갔다 하는 시간을 조금이라도 줄일 수 있다.

위 서류는 만약 당신이 경매에 입찰했다면 법원에서 발급받을 수 있는 '입찰 영수증'과 최고가매수인으로서 낙찰까지 받았다면 법원에서 발급받을 수 있는 '최고가매수신고인 증명신청'이다. 별지 서류를 통해 낙찰받은 부동산의 주소, 면적, 지목 등이 표시된다. 당신이 이 두 서류를 법원에서 발급받아 낙찰 농지가 소재한 시군구 읍면에 내면 농취증을 신청할 수 있다. 이 증명이 필요한 이유는 농지 담당 공무원이 당신이 받은 농지가 몇 번지며 주소가 뭐고, 면적이 얼마고, 해당 농지가 맞는지를 확인해야 하기 때문이다.

최고가매수인증명서를 발급받는 방법은 법원마다 조금씩 다르나 제일 편한 건 영수증을 발급받을 때 같이 받는 것이다. 그런 법원이 있고 또 그렇지 않은 법원이 있는데 발급이 되지 않는다면 당황하지 말고 집행관실로 가서 발급받으면 된다. 보통 경매자료는 민사신청과의 경매계에 있는데 경매당일은 경매를 진행해야 하므로 그 서류가 전부 집행관실에 가있는 경우가 있다.

최고가매수인 증명신청까지 받았다면 이제 해당 지역의 시군구 읍면으로 가면 된다. 보통 우리가 사는 동네의 최하단위는 '동'으로 끝나거나 '리'로 끝날 것이다. 농취증을 발급받기 위해서는 동이나 리 말고 바로 위 단위의 시군구 읍면에 가야 한다.

요즘에는 온라인으로 농취증을 신청하는 것도 가능해졌다. 정부24, 또는 민원24에 들어가서 절차에 따라 신청하면 된다.

농취증 신청서
작성 방법

표시는 필수 입력사항입니다.

성명 또는 명칭	▮▮▮▮▮
주민(법인)등록번호	930118 — ••••••
주소	[　　　　　] 검색
상세주소	[　　　　　]
전화번호	[　] - [　] - [　]
휴대전화번호	[　] - [　] - [　]
취득자의 구분	○농업인 ○신규영농 ○주말·체험영농 ○법인 등
취득(원인)	--선택-- ▾
취득(목적)	○농업경영 ○주말·체험영농 ○농지전용 ○시험·연구·실습지용 등

이제부터 농취증 신청서를 작성하는 방법을 알아볼 텐데 온라인을 기준으로 살펴보자. 우선 '신청인' 정보 작성란이다. 주의할 점은 주소란에 낙찰받은 부동산이 아닌 당신이 살고 있는 주소를 써야 한다는 것이다.

다음으로 취득자의 구분, 취득원인, 취득목적 세 가지를 작성해야 한다. 먼저 취득자의 구분으로는 '농업인, 신규영농, 주말체험영농, 농업법인' 등이 있다. 회사법인은 농지를 낙찰받을 수가 없으므로 농업법인은 빼야 한다.

이렇게 하면 농업인, 신규영농, 주말체험영농만 남는다. 만약 당신이 농업 경력이 있다면 농업인에, 농업 경력이 전무하다면 신규영농에 체크하면 된다. 다만 새로 취득하는 농지의 면적이 1,000m²약 300평 미만이라면 농사로 먹고살 수 있는 면적은 아니라고 보기에 주말체험영농을 선택해야 한다. 농업 경력이 없는 사람인데 취득하는 땅의 면적이 1,000m² 이상이면 신규영농, 1,000m² 미만이면 주말체험영농에 체크하면 되는 것이다. 기존 농업인이라면 당연히 농업인에 체크하면 될 것이다.

농업인의 기준에 대해서도 주의할 점이 있는데, 농사를 한 번도 안 지어 본 사람일지라도 농지를 이미 보유하고 있는 사람이라면 농업인에 체크해야 한다. 내가 이미 부동산이 있는데 그 땅의 지목이 전, 답, 과수원 중 하나라면 당신은 농업인이기 때문이다. 만약 당신이 여기서 농업인에 체크하지 않는다면 원칙적으로 그동안 당신은 농지를 보유했으면서 농사를 안 지었다는 말이 된다. 하지만 과거에 농지가 있었다 하더라도 1,000m²가 안 될 경우에는 여전히 주말체험영농이 된다.

이제 취득원인을 보자. 온라인에서 이 부분을 눌러보면 '매매, 교환, 경락, 수증(증여), 기타' 등이 나온다. 우리는 경매로 산 것이기에 경락에 체크하면 된다. 마지막으로 취득목적이다. '농업경영, 주말체험영농, 농지전용, 시험연구실습지용 등이 나온다. 여기서 농지전용, 시험연구실습지용 이 두 가지는 사업자가 하는 것이므로 빼도 된다. 남은 것은 농업경영과 주말체험영농인데 위 취득자의 구분에서 주말체험영농으로 했다면 주말체험영농이 되고, 농업인이나 신규영농으로 선택했다면 농업경영이 된다.

취득농지의표시		

＊표시는 필수 입력사항입니다.

번호 ＊ : 1

주소 ＊ : [검색]

지번 ＊ : [   ] - [   ]

지목 ＊ : --선택--

신청면적 ＊ : [. 0] ㎡

농지구분 ＊ :
☐ 농업진흥지역-진흥구역   ☐ 농업진흥지역-보호구역
☐ 진흥지역 밖   ☐ 영농여건불리농지

- 농지구분은 토지이용규제정보 서비스(http://luris.molit.go.kr)를 클릭하여 확인 후 선택 가능

[농지추가] [농지삭제]

다음으로 '취득농지의 표시' 정보 작성 방법이다. 첫 번째 '번호'의 경우 신청하는 땅이 하나라면 1번으로 자동 고정되어 있다. 만약 같은 소재지 내에 농취증을 신청할 땅이 두 개라면 아래 '농지추가' 버튼을 눌러 한꺼번에 농취증을 신청할 수 있다. '주소'의 경우 여기서는 거주지 주소가 아닌 낙찰받은 농지 주소를 적어야 한다.

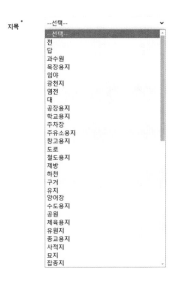

여기서 '지목'을 눌러보면 아까 설명한 28개의 지목 유형들이 나온다. 이 중 내가 취득할 것은 농지이므로 전, 답, 과수원 중 하나를 선택하면 된다. '신청면적'에는 취득할 토지의 면적을 적으면 된다. 평이 아니라 미터 표기로 적어야 하니 유의하기 바란다.

마지막으로 '농지구분'이 남았는데 여기가 주의해야 할 부분이다. 선택지로는 '농업진흥지역-진흥구역, 농업진흥지역-보호구역, 진흥지역 밖, 영농여건불리농지'가 있다. 당신이 산 농지는 이 네 개 중 하나에 포함되어 있는데 도통 무슨 말인지 어렵게 느껴질 것이다.

내가 산 농지가 어디에 해당하는지 알기 위해서는 '토지이용계획'이라는 서류를 떼야 한다. 인터넷에 '토지이음'이라는 사이트가 있다. 토지이용규제 정보에 대한 고지를 목적으로 국토교통부에서 운용하는 사이트다.

이곳에 들어가 토지 주소를 입력하고 '토지이용계획'을 열람해보기 바란다.

소재지	서울특별시 중구 장충동1가		
지목	대 ❓	면적	540.5 ㎡
개별공시지가(㎡당)			
지역지구등 지정여부	「국토의 계획 및 이용에 관한 법률」에 따른 지역·지구등		
	다른 법령 등에 따른 지역·지구등		
「토지이용규제 기본법 시행령」 제9조 제4항 각 호에 해당되는 사항			

그러면 해당 토지의 측량 정보와, 각종 토지규제 법률에 따른 적용 여부 등을 확인할 수 있다.

지역지구등 지정여부	「국토의 계획 및 이용에 관한 법률」에 따른 지역·지구등	농림지역
	다른 법령 등에 따른 지역·지구등	가축사육제한구역(전부제한(기타법령))<가축분뇨의 관리 및 이용에 관한 법률> 농업진흥구역<농지법>
「토지이용규제 기본법 시행령」 제9조제4항 각 호에 해당되는 사항		

'다른 법령 등에 따른 지역·지구 등' 정보에 위와 같이 '농업진흥구역'이 표기되어 있다면 농지구분에서 '농업진흥지역-진흥구역'을 선택하면 된다.

지역지구등 지정여부	「국토의 계획 및 이용에 관한 법률」에 따른 지역·지구등	농림지역
	다른 법령 등에 따른 지역·지구등	가축사육제한구역(일부제한 (소 말 사슴 양(염소 산양) 젖소 돼지 개 닭 오리 메추리))<가축분뇨의 관리 및 이용에 관한 법률> 농업보호구역<농지법>
「토지이용규제 기본법 시행령」 제9조제4항 각 호에 해당되는 사항		

'다른 법령 등에 따른 지역·지구 등' 정보에 위와 같이 '농업보호구역'이 표기되어 있다면 농지구분에서 '농업진흥지역-보호구역'을 선택하면 된다.

지역지구등 지정여부	「국토의 계획 및 이용에 관한 법률」에 따른 지역·지구등	계획관리지역
	다른 법령 등에 따른 지역·지구등	가축사육제한구역(1000M 사육제한지역)<가축분뇨의 관리 및 이용에 관한 법률>, 가축사육제한구역(2000M 사육제한지역)<가축분뇨의 관리 및 이용에 관한 법률>, 가축사육제한구역(500M 사육제한지역)<가축분뇨의 관리 및 이용에 관한 법률>
「토지이용규제 기본법 시행령」 제9조제4항 각 호에 해당되는 사항		영농여건불리농지

'「토지이용규제 기본법 시행령」 제9조제4항 각 호에 해당되는 사항' 정보에 위와 같이 '영농여건불리농지'가 표기되어 있다면 농지구분에서 '영농여건불리농지'를 선택하면 된다.

위 세 가지 부분에서 해당사항을 모두 찾아볼 수 없다면 '진흥지역 밖'을 선택하면 된다.

만약 이 부분을 잘못 체크하면 실수를 고칠 새도 없이 그냥 신청이 반려되어버린다. 시간적으로 촉박한 상태에서 이런 일을 당하면 난감하므로 온라인으로 농취증을 신청할 때에는 유경험자에게 물어보면서 진행하는 것이 좋다.

영농여건불리농지 여부는 보통 경매 물건 정보에도 적혀있으나 혹시 모르니 토지이용계획을 직접 찾아보는 것이 좋다. 토지이음 사이트에서는 토지이용계획 외에도 생산관리지역, 가축사육제한구역, 한강폐기물매립시설 설치제한지역 등 다양한 토지 정보를 얻을 수 있으니 경매 물건 분석

시 활용하면 좋다.

이제 농업경영계획서를 첨부하고 농취증 수령 방법을 설정하면 농취증 신청이 끝난다. 농업경영계획서 작성 방식은 농사 계획을 그대로 적으면 되니 큰 어려움은 없다.

오프라인으로 농취증을 신청하는 방법은 기본적으로 온라인과 크게 다르지 않다. 주민센터에 가서 위 사항을 서류 양식대로 적으면 된다. 초보자 때는 직접 가서 신청하는 것을 권한다. 이때 잘 모르는 것은 담당자에게 물어보면 된다.

농취증이 필요 없는 가짜 농지

초보 시절 농지 취득과 관련하여 재미난 에피소드가 있다. 농지 하나를 경매로 받아 소재지 주민센터에 가서 담당자를 만났다. 그랬더니 담당자가 어떤 핑계를 대면서 농취증 신청을 안 받아주겠다는 것이 아닌가. 그때 나는 워낙 경험도 없어서 그저 농취증을 못받으면 보증금을 몰수당할 것이 두려워 농취증을 발급해달라고 빌다시피 매달리기만 했다.

그때 담당자가 했던 말은 이거였다. "이 양반이 참 사람 말을 못 알아듣네, 이 땅은 주거지역에 있기 때문에 농사를 지을 필요가 없어요. 그래서 농취증이 필요가 없어요." 처음엔 나도 이런 설명을 듣고 법원 공무원에게 가서 그대로 전달했다. 그랬더니 법원 공무원은 어쨌든 보증금이 몰수되니 농취증을 받아오라는 것이 아닌가? 다시 주민센터 담당자에게 달려가 법원 공무원의 말을 전달했다. 그랬더니 담당자가 규정 서류를 내게 주면서 그 법원 공무원에게 복사해서 갖다주라고 했다.

3. 농지취득자격증명을 첨부할 필요가 없는 경우

아래의 경우에는 농지취득자격증명을 첨부하지 아니하고 소유권이전등기를 신청할 수 있다.

가. 국가나 지방자치단체가 농지를 취득하여 소유권이전등기를 신청하는 경우

나. 상속 및 포괄유증, 상속인에 대한 특정적 유증, 취득시효완성, 공유물분할, 매각, 진정한 등기명의 회복, 농업법인의 합병을 원인으로 하여 소유권이전등기를 신청하는 경우

다. 「공익사업을 위한 토지 등의 취득 및 보상에 관한 법률」에 의한 수용 및 협의취득을 원인으로 하여 소유권이전등기를 신청하는 경우 및 「징발재산정리에 관한 특별조치법」 제20조, 「공익사업을 위한 토지 등의 취득 및 보상에 관한 법률」 제91조의 규정에 의한 환매권자가 환매권에 기하여 농지를 취득하여 소유권이전등기를 신청하는 경우

라. 「국가보위에 관한 특별조치법 제5조제4항에 의한 동원대상지역내의 토지의 수용 사용에 관한 특별조치령에 의하여 수용 사용된 토지의 정리에 관한 특별조치법」 제2조 및 제3조의 규정에 의한 환매권자등이 환매권등에 의하여 농지를 취득하여 소유권이전등기를 신청하는 경우

마. 「농지법」 제17조의 규정에 의한 농지이용증진사업시행계획에 의하여 농지를 취득하여 소유권이전등기를 신청하는 경우

바. 도시지역 내의 농지에 대한 소유권이전등기를 신청하는 경우. 다만 도시지역 중 녹지지역 안의 농지에 대하여는 도시계획시설사업에 필요한 농지에 한함(「국토의 계획 및 이용에 관한 법률」 제83조제3호 참조)

사. 「농지법」 제34조제2항에 의한 농지전용협의를 완료한 농지를 취득하여 소유권이전등기를 신청하는 경우 및 「국토의 계획 및 이용에 관한 법률」 제118조의 규정에 의하여 토지거래계약 허가를 받은 농지에 대하여 소유권이전등기를 신청하는 경우(「국토의 계획 및 이용에 관한 법률」 제126조제1항 참조)

아. 「농지법」 제13조제1항제1호부터 제6호까지에 해당하는 저당권자가 농지저당권의 실행으로 인한 경매절차에 매수인이 없어 「농지법」 제13조제1항의 규정에 의하여 스스로 그 경매절차에서 담보농지를 취득하는 경우 및 「자산유동화에 관한 법률」 제3조의 규정에 의한 유동화전문회사 등이 「농지법」 제13조제1항제1호부터 제4호까지의 규정에 의한 저당권자로부터 농지를 취득하는 경우

자. 한국농어촌공사 「한국농어촌공사 및 농지관리기금법」에 의하여 농지를 취득하거나, 「농어촌정비법」 제16조에 의하여 농지를 취득하여 소유권이전등기를 신청하는 경우

차. 「농어촌정비법」 제25조 소정의 농업생산기반 정비사업 시행자에 의하여 시행된 환지계획 및 같은 법 제43조 소정의 교환 분할 합병에 따라 농지를 취득하여 소유권이전등기를 신청하는 경우와 같은 법 제82조 소정의 농어촌관광휴양단지개발사업자가 그 사업의 시행을 위하여 농어촌관광휴양단지로 지정된 지역내의 농지를 취득하여 소유권이전등기를 신청하는 경우

카. 「농어촌정비법」 제96조의 규정에 의하여 지정된 한계농지등의 정비사업 시행자가 정비사업 구역안의 농지를 취득하여 소유권이전등기를 신청하는 경우(같은 법 제100조 참조)

타. 지목이 농지이나 토지의 현상이 농작물의 경작 또는 다년생식물재배지로 이용되지 않음이 관할관청이 발급하는 서면에 의하여 증명되는 토지에 관하여 소유권이전등기를 신청하는 경우

파. 「산업집적활성화 및 공장설립에 관한 법률」 제13조제1항 또는 제20조제2항의 규정에 의한 공장설립등의 승인을 신청하여 공장입지승인을 얻은 자 및 「중소기업창업 지원법」 제33조제1항의 규정에 의한 사업계획의 승인을 신청하여 공장입지승인을 얻은 자가 당해 농지를 취득하여 소유권이전등기를 신청하는 경우(「기업활동 규제완화에 관한 특별조치법」 제9조제4항, 제13조 참조)

　그때 내가 받은 서류가 이것이다. '농지의 소유권 이전 등기에 관한 사무처리지침'인데 농취증을 첨부할 필요가 없는 경우가 나와 있다. 주민센터 담당자는 중간에 밑줄 친 '바. 도시지역 내의 농지에 대한 소유권을 신청하는 경우'를 보여주며 이 물건에 대한 법원 공무원의 농취증 요구가 잘못되었다고 설명했다.

　도시에는 크게 상업지역, 공업지역, 주거지역, 녹지지역이 있다. 이 중 녹지지역을 제외한 상업, 공업, 주거지역에 있는 농지일 경우 소유권 이전 등기를 신청할 때 농취증이 필요 없다는 이야기다. 내가 이 서류를 법원 공무원에게 보여주자 공무원은 내부적으로 관련 사안을 알아보기 시작했고 농취증이 필요 없다고 결론을 내렸다.

소재지	부산광역시 부산진구 개금동○○○○ 도로명검색 D지도 S지도							
물건종별	농지	감정가	63,480,000원		오늘조회: 21 2주누적: 352 2주평균: 25 조회동향			
토지면적	92㎡(27.83평)	최저가	(64%) 40,627,000원	구분	입찰기일	최저매각가격		결과
건물면적		보증금	(10%) 4,070,000원	1차	2020-11-03	63,480,000원		유찰
매각물건	토지 매각	소유자	예■	2차	2020-12-08	50,784,000원		유찰
개시결정	2019-11-12	채무자	예■	3차	2021-01-12	40,627,000원		
사건명	임의경매	채권자	서■					

지역지구등 지정여부	「국토의 계획 및 이용에 관한 법률」에 따른 지역·지구등	제2종일반주거지역, 중로2류(폭 15M~20M)(접합)
	다른 법령 등에 따른 지역·지구등	가축사육제한구역(2011.03.29.)<가축분뇨의 관리 및 이용에 관한 법률> , 상대보호구역(2016-08-23)<교육환경 보호에 관한 법률> , 상대보호구역(2017-03-30)(새부산유치원)<교육환경 보호에 관한 법률>
	「토지이용규제 기본법 시행령」 제9조제4항 각 호에 해당되는 사항	

자료 옥선원

부산시 부산진구의 농지다. 농지이므로 농취증이 필요하겠구나라고 생각하기 쉽지만 아래 사항을 보면 '제2종일반주거지역'이라고 되어 있다. 이런 경우 농취증이 필요 없다. 하지만 주의사항을 보면 '농지취득자격증명 필요, 미제출시 보증금 몰수'라고 쓰여있다. 도시지역 중 녹지지역을 제외한 상업, 공업, 주거지역 내의 농지는 농취증이 필요 없다.

농지에 특별사항이 붙은 경우

참고사항	• 토1) 지목은 '전'이나 현황 건축허가득, 토2) '자연림' 상태이나 개발행위허가득한 것으로 탐문조사됨. • 토2)지상에 소재하는 소나무 및 잡목은 일반적인 거래관행상 임지에 포함하여 평가하였음. • 본 건 지상에 이동이 가능한 컨테이너박스 2동 소재함. • 토지는 건축허가 및 개발행위를 얻은 토지로서, 당해 허가사항이 변경될시에는 평가액이 다소 변동될수 있으니 참고하시기 바람.

어떤 농지 물건의 참고사항을 보면 위와 같은 항목이 적혀 있는 경우가 있

다. 지목은 전田이나 건축허가를 얻었다는 뜻이다. 그런데 현장을 가보니 아직 밭인 그대로다. 여기서 '건축허가득'의 의미는 건축허가를 득했다는 것이지 이미 건축물이 지어져 있다는 뜻은 아니다. 만약 이 건축허가를 받은 사실이 없다면 혹은 몰랐다면 그냥 농취증을 제출함으로 취득할 수 있는 물건이다. 그러나 건축허가를 잘 활용하면 더 많은 수익을 낼 수 있게 된다. 참고사항에 이런 말이 안 쓰여 있더라도 탐문이나 기타 자료를 통해 이 물건에 건축허가가 났었다는 사실을 알게 되는 경우가 있다. 만약 땅을 얻어 농사만 지을 사람이라면 건축허가가 필요 없겠지만, 경매인들은 건축허가가 필요한 경우도 있으니 이를 활용해야 한다.

소 재 지	경기도 화성시 우정면 매○○○○ 외 4필지, 다세대주○○ 도로명검색 🖼지도 🖼지도							
					오늘조회: 1 2주누적: 1 2주평균: 0 조회동향		
물건종별	다세대(빌라)	감 정 가	1,744,100,000원	구분	입찰기일	최저매각가격	결과
					2018-10-30	1,744,100,000원	변경
대 지 권	미등기감정가격포함	최 저 가	(49%) 854,609,000원		2018-11-29	1,744,100,000원	변경
				1차	2019-01-09	1,744,100,000원	유찰
건물면적	835.11㎡(252.621평)	보 증 금	(10%) 85,460,900원		2019-02-19	1,220,870,000원	변경
				2차	2019-03-22	1,220,870,000원	유찰
매각물건	토지·건물 일괄매각	소 유 자	(주)대■	3차	2019-04-24	854,609,000원	
					낙찰 : 1,120,000,000원 (64.22%)		
개시결정	2017-04-04	채 무 자	최■		(입찰1명,낙찰:(주)굿○○)		
					매각결정기일 : 2019.05.01 - 매각허가결정		
					대금지급기한 : 2019.06.08		
사 건 명	임의경매	채 권 자	보■		대금납부 2019.06.04 / 배당기일 2019.07.15		
					배당종결 2019.07.15		

자료 옥션원

경기도 화성시에 있는 다세대 빌라 물건이다. 그런데 이 빌라의 토지 지목은 전과 답으로 이루어져 있었다. 농지이기에 법원은 농취증 미제출 시 보증금 몰수라고 고지까지 한 상태다. 도대체 이게 어떻게 된 일일까? 건축물이 100% 준공이 나서 소유자가 지목 변경까지 다 신청했다면 이런 결과가 나올 리 없었다.

현장에 가서 조사해보니 건축물은 완성이 되어 있었다. 알고 보니 이 물건이 공사 중인 가운데 경매로 나왔고 그 뒤 건축물이 완성된 것이었다. 그래서 소유주도 건축물 준공과 지목 변경에 대한 신고를 안 했고 현재 건축물은 무허가인 셈이었다. 이러한 농지는 은근히 많다. 이 경우 해결방법은 소재지 주민센터의 농취증 발급을 담당하는 부서로 가서 '이 토지가 무늬만 농지다.'라는 소견서를 받는 것이다. 시군구는 농지과로 가야 하고 읍면은 산업계로 가면 된다. 이를 다시 법원에 제출하면 우리는 농지가 아닌 대지로서 이 빌라를 취득하게 되는 것이다. 결론은 어떤 땅도 취득이 가능하다는 것이고 '남들이 못하는 걸 하라.'는 것이다. 내가 말한 방법만 있는게 아니다. 아직 누구도 발견 못한 다양한 방법이 있을 것이다. 이를 통하여 당신만이 할 수 있는 물건들을 만들어낸다면 단독입찰을 통해 좋은 물건을 낙찰받을 수 있다.

우선순위 지상권 해결하고
50억 벌기

파주시 월롱면에 땅 1만평이 경매로 나온 적이 있다. 지금은 LG디스플레이 소재지로 유명한 곳이었지만 당시만 해도 이제 곧 이 지역에 LG나 외국계 회사가 들어온다는 소문만 무성하던 시절이었다.

땅의 위치는 남향에다 지방도로에 붙어있어 너무 좋은 조건이었다. 단 선순위 지상권이 있어 아무나 뛰어들지 못하는 곳이었다. 땅의 사용권을 제3자가 갖고 있던 것이다. 평당 50만원 가까이 하던 이 땅은 선순위 지상권 때문에 계속 유찰되어 최저가가 평당 6만원까지 떨어지기에 이른다. 50억원짜리가 6억원으로 떨어진 것이다.

선순위 지상권의 존속기간은 30년으로 설정되어 있는데 10년 정도 지나 20년이 남은 상태였다. 나는 6억원에 사서 20년을 갖고 있으면 된다는 마인드로 이걸 사고 싶었으나 당시 내 주머니엔 돈이 없었다. 특수물건이었기에 대출도 힘들었다.

그래서 나는 함께할 '물주'를 한 명 구했다. 그런데 그 물주는 계속해서 하자 있는 땅에 투자하는 걸 망설이는 눈치였고 나는 "일단 낙찰만 받으면 대책을 세워보겠다."는 조건을 붙였다.

경매 입찰 당일 법원에서 그 땅의 지상권 보유자를 만났다. 중년의 여성이었는데 우리에게 와서는 "그 땅 못 쓰는 땅인 거 아시죠?"라는 말을 던졌다. 나는 별 대꾸를 하지 않고 입찰을 계속했다.

결국 6억원 조금 넘는 가격을 써내어 최고가매수인이 된 것은 우리였다. 사실 나는 이때부터 '20년까지 기다릴 필요도 없겠다!'라는 생각이 들었다. 지상권 보유자가 소유권까지 보유하려 경매에 입찰했다는 것은 뭔가 꿍꿍이가 있다는 것이기 때문이었다. 나는 물주에게 "분명 지상권자로부터 연락이 올 테니 그때 무조건 나와 함께 만나라."고 말했다.

이후 낙찰 잔금을 내고 나서 3개월 만에 그 중년 여성이 내 사무실에 찾아왔다. 지상권자는 계속해서 우리가 낙찰을 잘못 받았다는 이야기만 반복했다.

하지만 물주는 사전에 내가 지시했던대로 "이 땅은 내가 죽어서 묘지로 쓸려고 샀으니 몇 십년 못 쓰는 거는 괜찮다."라고만 응대했다.

결국 첫 만남은 그렇게 파토났는데 이 지상권자는 안달이 났는지 보름 만에 다시 찾아와 이 1만평 땅에 대한 자신들의 계획을 밝혔다. 그녀는 전원주택단지와 상가를 짓는 설계도까지 갖고 있었는데 이렇게 하면 평당 70만원이 될 수 있다면서 "당신은 땅만 제공하고 나는 사용권을 제공할 테니 우리 분양해서 반반 나눠 갖자."고 말했다.

하지만 우리는 계속해서 무조건 안 판다는 이야기만 했다. 결국 얼마 안 가지상권자로부터 2억원만 주면 지상권을 포기하겠다는 연락이 왔다. 그렇게 하여 물주는 지상권이 해결된 50억원짜리 땅을 단돈 6억원으로 구매하게 되었다.

여기서 중요한 포인트는 소멸시효가 정해진 지상권의 가치는 영원히 보유할 수 있는 토지의 소유권에 비하면 아무것도 아니라는 점이다. 위 사례에서 애초 나는 20년 이상 보유할 계획을 세웠지만 지상권자가 알아서 자기 권리를 헐값에 팔겠다고 제안했다.

지상권자는 권리의 소멸시효까지 땅으로부터 수익을 뽑아내야 한다. 그리고 회수하지 못하는 투자물은 결국 매몰비용이 된다. 여러모로 지상권자에게 불리한 게임인 셈이다. 그리고 많은 경쟁 투자자들이 이런 부분을 놓치고 선순위 지상권이 달린 물건은 입찰하지 않는다. 우리에게는 수익의 기회가 되는 셈이다.

수익이 2배가 되는 NPL 투자

5장

31

내가 낸 낙찰대금을 내가 받아간다고?

NPL 투자를 들어본 적 있는가? NPL Non Performing Loan 이란 우리말로 '부실채권'이라고도 불리는데, 부동산 경매에서 확장된 투자 대상이다. 하지만 다루는 물건이 부동산이 아닌 '채권'이라는 점에서 큰 차이가 있다.

NPL이란?

여기서 투자의 대상이 되는 부실채권의 기준은 부동산담보대출, 그 중에서 대출 이자가 3개월 이상 연체된 채권이다. '무수익 여신'이라고도 한다. 정상적인 대출은 이자나 원리금이 제대로 들어오고 있으므로 NPL이라 하지 않는다. 하지만 연체가 되기 시작하면 노란불이 켜진다. 그래도 1~2개월까지는 사정이 있다고 생각하여 NPL로 분류하지 않는다. 일반적으로 연체가 3개월을 넘어가면 빨간불이 켜지며 이때부터 NPL이란 용어가 붙기 시작한다.

일단 은행은 연체 여부에 따라 채권을 다음과 같은 5단계로 분류한다.

1단계. 정상_{연체가 없는 대출}

2단계. 요주의_{1개월 이상 3개월 미만 연체}

3단계. 고정_{3개월 이상 4개월 미만 연체, 담보 있음}

4단계. 회수 의문_{3~12개월 연체, 담보 없음}

5단계. 추정손실_{12개월 이상 연체}

위 단계 중 고정과 회수 의문의 차이는 고정은 회수할 수 있는 여지가 있는 상태의 채권이며 회수 의문은 은행에서 손실을 볼 수 있다고 판단되는 상태의 채권이다. 연체 기간에 있어서도 차이가 있으며 담보의 유무 여부에 따라서도 나뉜다. 추정손실 단계의 채권은 은행도 회수가 불가능하다고 결론을 낸 것들이다.

우량은행으로 평가받기 위해 은행은 자기자본비율_{BIS 비율}을 맞춰야 한다. 자기자본비율이란 해당 은행이 위험자산_{부실채권} 대비 얼마 만큼의 자기자본을 보유하고 있는지를 나타낸다.

만약 은행에 위 3, 4, 5단계 상태의 대출_{부실채권}이 많아지면 이러한 자기자본비율은 떨어질 수밖에 없다. 때문에 은행은 부실채권에 대하여 살을 깎는 아픔이 있더라도 빠르게 처분하고 싶어한다. 이런 부실채권들이 NPL 시장에 나오게 되는 것이다.

NPL 투자의 수익원은
경매 배당금

그렇다면 우리는 NPL을 매입하여 어떻게 수익을 얻을 수 있을까? NPL 투자자는 싼값에 NPL을 매입하여 채권에 따라 경매 매각금을 배당받아 수익을 낸다. 이때 우리는 연체 기간 동안의 이자 수익까지 챙겨 큰 이익을 볼 수 있다.

우리가 지금까지 알아본 부동산 경매는 근저당권에 의해 소유권이 부실한 상태가 된 부동산을 경매로 매입하는 방식이었다. 반면 NPL 투자란 바로 이 근저당권을 사서 배당을 통해 차액을 보는 투자법이다.

NPL 투자는 부동산 경매에 비해 안정적이라는 장점을 가지며 부동산에 투자하는 것 자체에 규제가 많아지다보니 최근 들어 각광을 받고 있기도 하다. 높은 수익률까지 기대할 수 있고 세금적인 측면에서도 유리하기 때문이다.

NPL 투자와
질권대출

먼저 NPL 투자의 예시 사례를 들어보겠다. 6억 5,000만원짜리 물건의 근저당권NPL 4억원을 사온다고 해보자. 당연히 4억원짜리 부실채권을 4억원에 사는 경우는 없겠지만 여기선 제값에 주고 산다고 해보자.

대개 부동산 투자를 할 땐 대출을 끼고 산다. 그렇다면 NPL 구매는 어떨까? NPL도 부동산처럼 자산으로 인정되는 채권이기에 대출을 끼고 사는 것이 가능하다. 특히 대출이 많게는 95%까지 가능하기에 내 돈 5%만 있어도 투자할 수 있다.

근저당권이 내 것이 되면 근저당권에 대한 질권을 설정해줄 수 있다. 질권이란 담보물을 현금화하여 우선변제 받을 수 있는 권리를 말한다. 이 질권이 자산으로 인정되어 NPL 투자 과정에서 '질권대출'이 이루어지는 것이다. 놀라운 것은 부동산 투자의 대출한도가 부동산 가격의 70% 정도라면 NPL의 경우 최대 95%까지 가능하다는 점이다.

어디까지나 제도적으로 가능하다는 말이며 대출한도는 은행의 재량이긴 하다. 실질적인 대출한도는 경매 부동산의 상태에 따라 좌우되며 은행에서 80% 이상 대출해주는 경우는 별로 없다. 무엇보다 채권금액보다 높은 금액으로 낙찰되겠다는 확신이 들어야만 대출을 해준다. 위와 같이 6억 5,000만원짜리 물건의 4억원짜리 근저당권은 은행을 잘만 설득하면 95%까지도 대출이 가능하다.

32

8억을 받을 수 있는 채권이 6억에 팔린다

NPL 투자에서 수익이 발생하는 가장 전형적인 사례를 하나 들어보겠다. 어떤 채무자가 10억원짜리 아파트에 6억원의 근저당권 대출을 받았다고 가정해보자. 은행에서는 6억원을 빌려줄 때 연체이자까지 가산한 근저당권 채권최고액으로 8억원을 설정해두었다. 그런데 이 사람이 돈을 못 갚아 이자가 밀린다. 연체이자까지 가산되어 채무액이 불어나는 데 속도가 붙는다. 그렇게 이 아파트는 경매에 넘어간다. 경매 준비와 송달 과정에서 6개월 정도가 소요된다. 이 사이 이자는 계속 붙을 것이다.

또 경매가 시작되고 잔금을 지불하기까지도 시간이 꽤 걸린다. 이 기간 동안 이자가 쌓여 정말로 채무액이 채권최고액으로 설정한 8억원이 되어 버렸다. 이 기간까지 기다려 은행이 배당을 받아갔다면 연체이자까지 덤으로 받는 것이기에 손해 보는 것이 하나도 없었을 것이다. 하지만 그럼에도 불구하고 은행은 빠르게 자기자산비율을 맞춰야 했기에 눈물을 머금고 채권을 팔았다. 이득을 본 것은 이 채권을 구매한 NPL 투자자였다.

　이처럼 NPL 투자란 은행이 가져가야 할 이익을 투자자가 대신 가져가는 수익구조로 이루어져 있는 셈이다. 이렇게 나오는 NPL의 양은 생각보다 많다. 내가 경험해보니 은행은 웬만하면 부실채권을 다 팔아버리려 한다는 느낌이 들 정도다. 따라서 우리는 경매처럼 물건에 대한 권리분석을 한 후 수익이 난다고 판단되면 이 부실채권들을 사오기만 하면 된다.

NPL 물건
고르기

좋은 NPL을 매입하기 위해선 무엇을 알아봐야 할까? 경매사이트에 들어가서 경매가 진행되고 있는 부동산을 살펴본 뒤 해당 건의 NPL을 매입하는 방법이 있고, NPL 물건 검색 사이트에 나와 있는 NPL 물건 정보를 보는 방법이 있다. 우리가 경매를 할 때 권리분석도 하고 임장도 하고 수익성 분석도 하듯이 NPL 투자를 할 때도 이런 것들을 해주어야 한다.

　왜냐하면 결국 NPL이 경매와 깊게 연관되어 있고 경매가 부동산과 깊게 연관되어 있기 때문이다. 혹시 부동산에 문제가 있는 물건이라면 NPL에 중요한 낙찰가나 배당에서 문제를 일으킬 수도 있다. 또다른 이유는 만약 담보 부동산에서 문제가 발견되었을 경우 NPL 매입 가격을 깎을 수 있기 때문이다. 반대로 생각보다 좋은 물건이라 판단되었을 경우 매입가가 조금 높더라도 노려볼 수 있기 때문이다.

돌다리도 두드려보고 건너라는 말이 있듯, 이 물건에 대해 현장으로 가서 직접 조사해야만 알 수 있는 사항이 있을 것이다. 채권이 잡고 있는 부동산 현장도 가봐야 하고 무엇보다 채권이 있는 현장도 가봐야 한다는 말이다. '채권에 대한 임장'을 실시하는 것인데 주로 채권자에 대한 탐문에서부터 시작한다. 이런 정보를 알아내는 것이 중요한 이유는 낙찰가에 영향을 미치기 때문이다. 채권자들은 대개 낙찰가를 산정해놓고 경매를 신청한다. 따라서 채권자에게 연락하여 이에 대해 물어보며 낙찰가가 얼마가 되어야 손해가 아닐지를 미리 알아둬야 한다. 그래야 내가 이 NPL을 얼마에 살지 계산이 나오기 때문이다.

NPL 투자 순서 정리

1. 경매에 나온 부동산의 가치를 파악(임장 활동 등)
2. 등기부상의 권리분석, 수익성 분석(임차인·관리비 파악 등)
3. NPL 수익성 검토(현 채권자 접촉, 낙찰·배당액 예상)
4. NPL 매입

NPL로 얼마의
수익을 낼 수 있는가?

이제 실제 사례를 보면서 우리가 NPL 투자를 통해 얼마 만큼의 수익을 낼 수 있는지 계산해보자.

2019타경1660 · 의정부지법 고양지원 · 매각기일 : **2020.01.07(火) (10:00)** · 경매 8계(전화:031-920-6318)

| 소 재 지 | 경기도 고양시 일산서구 탄현동 1640, 일산두산위브더제니스 102동 31층 3104호 [도로명검색] [지도] [지도] [주소 복사] |
| 새 주 소 | 경기도 고양시 일산서구 일현로 97-11, 일산두산위브더제니스 102동 31층 3104호 |

물건종별	아파트	감 정 가	869,000,000원		오늘조회: 1 2주누적: 0 2주평균: 0 [조회동향]		
대 지 권	21.751㎡(6.58평)	최 저 가	(70%) 608,300,000원	구분	매각기일	최저매각가격	결과
				1차	2019-11-26	869,000,000원	유찰
건물면적	120.482㎡(36.45평)	보 증 금	(10%) 60,830,000원	2차	2020-01-07	**608,300,000원**	
매각물건	토지·건물 일괄매각	소 유 자	김■	매각 : 641,200,000원 (73.79%)			
개시결정	2019-02-07	채 무 자	김■	(입찰4명,매수인:광진구 이■■ / 차순위금액 628,300,000원)			
				매각결정기일 : 2020.01.14 - 매각허가결정			
				대금지급기한 : 2020.02.28			
사 건 명	임의경매	채 권 자	(주)에스피산업개발	대금납부 2020.02.04 / 배당기일 2020.02.25			
				배당종결 2020.02.25			

• 등기부현황 (채권액합계 : 1,029,859,236원)

No	접수	권리종류	권리자	채권금액	비고	소멸여부
1(갑2)	2018.02.28	소유권이전(매매)	김■		거래가액:827,000,000	
2(을1)	2018.02.28	근저당	(주)에스피산업개발	463,200,000원	말소기준등기 확정채권양도전: 주식회사 신현대부실자산관리	소멸
3(갑6)	2019.02.08	임의경매	(주)에스피산업개발	청구금액: 384,551,181원	2019타경1660	소멸
4(갑7)	2019.03.06	가압류	중소기업진흥공단	150,994,041원	2019카단10226	소멸
5(갑8)	2019.09.05	가압류	서울보증보험(주)	15,665,195원	2019카단815252	소멸
6(을5)	2019.11.04	주택임차권(3104호)	김■	400,000,000원	전입:2018.03.02 확정:2018.01.11	소멸

자료 옥션원

위 물건은 경기도 고양시 일산에 있는 아파트로 낙찰가 6억 4,120만원으로 경매 종료되었다. 낙찰 기일은 2020년 1월이고 배당은 그로부터 한 달 후인 2020년 2월 이뤄졌다. 등기부 현황을 보면 2018년 2월 4억 6,320만원이 근저당권으로 설정되어 있다. 이것은 연체이자까지 계산한 채권최고액이다. 이후 2019년 2월 채권액 3억 8,455만원으로 인한 임의경매에 들어간 것을 확인할 수 있다.

임의경매 권리자를 보면 '파주새마을금고'로 되어 있는데 원 근저당권자가 파주새마을금고였다가 임의경매까지 신청한 뒤 NPL 투자인 '주식회사에스피산업개발'에 넘긴 것으로 보인다. 근저당권을 매입하면서 등기부

상 근저당권의 권리자는 현 채권자로 이름이 바뀌었다.

경매를 신청한 2019년 2월부터 경매 종료 후 배당이 된 2020년 2월까지 약 1년이 소요되었다. 낙찰가가 6억 4,112만원이므로 근저당권자는 경매 신청 당시의 채권금액 3억 8,455만원과 1년 간의 연체이자까지 받아갈 수 있었다.

주식회사에스피산업개발이 임의경매 당시의 채권금액 3억 8,455만원을 그대로 주고 사서 배당으로 채권최고액 4억 6,320만원을 받아간다면 순이익이 7,865만원이다. 만약 채권 매입 시기가 임의경매 직후였다면 1년 만에 이 정도의 수익을 보았으므로 연 20.4%의 수익을 거둔 셈이 된다. '이것밖에 안 나와?'라고 생각하는 사람들도 있을 것이다. 하지만 앞서 말했듯 NPL은 권리분석만 확실하게 됐을 경우 대출이 매우 쉽다.

주식회사에스피산업개발이 투자금의 80%를 대출로 받고 20%만 자기자본을 넣어 사업을 진행했다고 해보자. 약 7,691만원을 직접 투자했고 3억 764만원을 대출받았다. 질권대출 이자를 6.5로 가정하겠다. 채권 매입시기부터 배당 시기까지 대출 기간 1년 동안 부과되는 이자는 약 2,000만원이다. 결과적으로 이 투자자는 이자 2,000만원을 더한 9,691만원을 투자하여 1년 만에 7,865만원을 번 셈이다. 연 수익률은 81%다. 만약 더 낮은 이자로 더 많은 금액을 대출받았다면 수익률은 더 올라갈 것이다.

이제 95%를 대출로 받았다 치고 다시 수익률을 계산해보자. 그리고 질권대출의 이자도 조금 더 낮게 잡아보자. 질권대출은 기본적으로 상호저축은행 같은 제2금융권에서 진행되므로 이자가 높은 것이 사실이다. 일반적으로 6~6.2%를 달라고 하는데 운 좋게 6%로 대출을 받았다고 해보자. 3억 8,455만원의 95%면 3억 6,532만원이다. 그러면 투자자는 1,923만원만 투자한 셈이 된다. 3억 6,532만원에 연이자 6%를 계산해보면 2,191만원을 이자로 내는 셈이 된다. 그러면 당신이 내는 돈은 4,114만원이 된다. 이 돈으로 투자 수익 7,865만원을 거둔 것이라면 연 수익은 191%로 뛴다. 만약 질권대출 이자를 투자금에 산정하는 것이 아닌 수익금에서 뺀다면 1,923만원으로 5,674만원을 버는 셈이 된다. 수익률이 무려 연 295%가 나온다.

　수익률만 따진다면 눈이 휘둥그레진다. 계속해서 말하지만 NPL 투자의 장점은 바로 대출, 레버리지 활용이 훨씬 수월하다는 점이다. 부동산 경매처럼 낙찰된 뒤에야 법원 일정에 맞춰 대출이 될까말까를 고민할 필요가 없다. 거기에 각종 자료를 미리 확인하지 못해 발생하는 부동산 선순위 권리로부터 시달릴 일도 없다. 높은 안정성이야 말로 당신에게 NPL 투자를 권하는 첫 번째 이유라 할 수 있다.

NPL 매입한 물건에 입찰하기

NPL 투자의 또다른 매력은 부동산 경매와 함께 진행할 시 다중수익모델을 설계할 수 있는 점에 있다. 경매 낙찰로 인한 부동산 수익과 NPL 투자 수익까지 일석이조다. 경매를 주도하는 것은 법원이지만 사실 채권자의 의향이 많이 들어가게 되어 있다. 경매법이 채권자를 중심으로 만들어졌다는 사실을 기억하라. 입찰 참가자이지만 그때그때 자신에게 유리한 부분을 채권자의 자격으로 법원에 요구할 수 있는 것이다. 그리고 채권자는 채무자와 함께 가장 중요한 이해관계인이므로 경매 물건에 대한 정보에도 누구보다 깊게 접근할 수 있다. NPL 투자와 경매를 함께 하는 것은 채권자가 경매 당사자로 뛰어든 것과 같기에 낙찰될 확률이 더욱 높아질 수밖에 없다.

채권자의 입장에서도 내가 입찰까지 참여한다면 얻는 이점이 있다. 채권자에게 중요한 것은 경매 낙찰가가 높게 산정되는 것이다. 자신의 채권과 연체이자를 합산한 금액보다 낙찰가가 높게 나와야 손해를 보지 않는데, 만약 입찰자들이 낙찰가를 이 금액보다 낮게 제시하거나 물건이 유찰된다면 채권자는 손해를 보게 된다.

당신이 채권자인 동시에 입찰에도 참여한다면 낙찰가가 이 금액 아래로 떨어지지 않게 할 수 있다. 당신이 그 금액만큼 적어서 최고가매수인이 되면 되기 때문이다.

중요한 점은 결국 물건에 대한 조사를 잘해야 한다는 것이다. 이 부분을 실패하면 낙찰 과정에서도 배당에서도 수익을 얻을 수 없다.

4년 만에 10억원 벌기

방금 약 1,900만원을 투자해서 1년 만에 약 5,600만원을 번 것을 살펴봤다. 이 5,600만원을 다시 투입하여 이러한 방식의 투자를 반복하면 1억 6,000만원이 된다. 이 1억 6,000만원을 또 투자하면 1년 후 4억 8,000만원이 된다. 마찬가지로 4억 8,000만원을 투자하면 1년 후 14억 2,000만원이 된다. 1,900만원으로 시작한 돈이 4년 만에 무려 14억 2,000만원이 된 것이다.

보기만 해도 가슴 설레는 장면이지만 이런 일이 현실에서 가능해지려면 전제조건이 필요하다. 열심히 공부하고 노력하여 내 실력의 레벨을 높여야 한다. 막연히 부자가 되고 싶다는 마음만으로는 안 된다.

'돈이 돈을 만든다.'는 말이 있다. 지금 투자할 돈이 없어서 부자도 되기 힘들다는 뜻인데 나는 이 말을 싫어한다. 나는 그 말보다 '실력이 돈을 만든다.'는 말을 신뢰한다. 실력을 키우기 위해 꾸준히 공부하고 실천하는 노력을 들여라. 이 두 가지만 할 수 있다면 당신도 4년 만에 14억원을 벌 수 있다.

이 책을 읽고 있는 사람 중에는 1,900만원도 없는 사람들이 있을 것이다. 20대라면 1,900만원도 큰돈인 것이 사실이다. 하지만 앞에서 이야기했듯 실력이 돈을 불러오기에 희망을 놓아서는 안 된다. 우리 학원의 수강생 중에는 500만원부터 시작해 부자가 된 사람도 있다. 1,900만원이 아닌 500만원을 가지고 시작하더라도 결국 1년 더 걸릴 뿐이다.

특히 이 책을 읽고 있는 젊은 청년들에게 해주고 싶은 말은 시기와 질투로는 무엇도 살 수 없다는 것이다. 돈 많은 사람을 욕하는 사람들은 주로 가난한 사람들이다. 그러나 그런 가난한 사람이 꿈꾸는 미래가 결국 부자인 것은 아이러니하다. 지금 부자를 욕하는 것은 미래의 나에게 욕하는 것이라 생각하고 부자에게서 돈 버는 노하우를 배워야 한다. 그래서 내 실력을 쌓는다면 10억원의 꿈은 그냥 이루어질 것이다.

33

개인투자자도 NPL 투자 할 수 있다

NPL 역시 경매처럼 큰돈이 들어가는 투자이기에 정확하고 세밀한 진행과 정을 알아야 한다. NPL이 거래되는 과정에서 매입가가 결정되는데 이것은 마치 부동산 경매에서 낙찰가를 정하는 것과 유사한 과정을 거치게 된다. 그렇다면 NPL이 거래되는 방식에는 어떤 것들이 있을까?

NPL의
매각 방식

우선 NPL의 매각 방식에 대한 이해가 필요하다. NPL의 매각 방식은 크게 3가지가 있는데 '론세일 방식'과 '채무인수 방식', '사후정산 방식'이다.

론세일 Loan Sale 방식은 영어 뜻 그대로 론^{대출}을 세일^{판다}한다는 말이다. 채권을 산 사람에게 곧바로 권리가 양도되며 기존 채권자는 채권 판매 대금을 가져간다.

채무인수 방식은 채권 매입자^{NPL 투자자}가 채권을 양도받지만 10%만 계약금을 지불하고 잔금을 치르지 않아 기존 채권자로부터 채무를 지는 형태로 채권의 판매가 이뤄지는 방식이다. 기존 채권자^{은행}는 채권 매입자로부터 '경매에 참가해 얼마 이상의 입찰가를 써낼 것'을 약속받고 할인된 가격으로 채권을 넘긴다. 이후 채권 매입자가 낙찰을 받아 배당이 이뤄지면 잔금을 지불하고 계약은 끝난다. 만약 계약한 채권 매입자보다 더 높은 금액을 써낸 이가 있어 낙찰이 되지 않으면 계약이 무효가 되고 계약금은 반환된다. 채권 매입자는 할인된 가격, 그리고 10%만 계약금으로 내고 채권을 매입할 수 있어 좋으며 기존 채권자는 빠르고 안전하게 채권을 매각할 수 있어서 좋다.

사후정산 방식은 절차적으로는 채무인수 방식과 유사하다. 채권 매입자는 우선 채권 금액의 10%만 계약금으로 지불하고 '경매에 참가해 얼마 이상의 입찰가를 써낼 것'을 기존 채권자와 약속한다. 이후 채권 매입자가 낙찰을 받으면 그때 잔금지급과 채권양도가 이뤄진다. 사후정산 방식은 중간에 서류상으로 건드리거나 법원의 허락을 맡을 일이 없기에 절차적으로 간단하고 비용도 절약된다.

안타까운 것은 이 세 가지 방식 중 개인에게 허용된 방식은 채무인수 방식과 사후정산 방식뿐이라는 점이다. 그리고 이 두 방식은 기존 채권자인 은행이 투자 과정에 깊숙이 관여하고 있어 배당 과정에서 수익을 내는 데 한계가 있다.

NPL의
유통구조

그럼에도 불구하고 개인이 은행의 관여 없이 NPL에 투자할 방법이 없는 것은 아니다. 개인이 NPL을 온전히 매입하는 법을 알려면 먼저 NPL의 유통구조를 알아야 한다. NPL은 크게 제1금융권^{은행권}, 제2금융권^{저축은행 등}, 그리고 사^私금융권이라 할 수 있는 대부업체를 통해 공급된다.

제1금융권의 NPL은 그냥 팔 수 없도록 법에서 제한하고 있다. 반드시 중간에 '유동화전문회사'를 거치도록 하고 있는데, 일반적으로 특수목적법인 SPC이라고 부른다. 이들은 은행의 부실채권 매각을 위해 임시로 설립되는 회사다. SPC들은 은행의 NPL을 매입하여 자산관리회사^{AMC}나 대부법인들에 판매한다. 이때 개인은 AMC나 대부법인을 통해 은행권의 NPL 투자에 참여하는 기회를 얻을 수 있다.

제2금융권의 NPL 판매는 SPC 없이 이루어질 수 있으나 여전히 AMC나 대부법인만 이 부실채권을 살 수 있다.

사금융권의 NPL은 더 이상 사가는 법인이 없기 때문에 주로 개인과 거래하게 된다. 제1, 2금융권에서는 개인이 론세일 방식으로 NPL을 매입할 수 없으나 사금융권에서는 론세일 방식의 거래도 이뤄진다. 따라서 개인은 사금융권을 통하여 NPL 투자에 참여할 수 있게 되는 것이다. 개인이 론세일 방식으로 NPL에 투자하려면 사금융권의 NPL을 매입하거나 AMC나 대부법인을 끼고 제1, 2금융권의 NPL에 간접투자를 하는 방법밖에 없다.

대부업체를 통한
채권 취득

은행은 개인에게 NPL을 팔지 않는다. 금융회사가 보유한 부실채권NPL을 매입할 수 있는 자격은 '금융감독원 등록법인 대부업자'만 가능하도록 엄격하게 제한되어 있다. 개인이 NPL에 투자하려면 AMC나 대부법인을 끼고 간접투자하는 방법이 있는데 이 방법을 소개하고자 한다.

개인투자자는 직접 채권을 매입하지 못해 대부법인을 통해 간접적으로 부실채권을 매입해야 한다. 이럴 경우 위험하지 않을까 걱정될 테지만 거래 내용을 들여다보면 안정적이라는 사실을 알 수 있다.

개인투자자는 대부법인이 소유한 근저당권에 대한 '근저당권부 질권'을 설정할 수 있다. 즉 근저당권을 가진 대부업체에게 명목상 돈을 빌려준 후 그에 대한 담보로 애초 매입하고자 했던 근저당권에 대한 질권을 설정하는 것이다.

여기에는 매입금 1% 정도의 수수료가 붙는다. 수익률이 20%라면 1% 정도는 지불할 수 있기에 이런 대부법인의 도움을 받아 NPL에 투자하는 것도 나쁘지 않다. 예를 들어 내가 10억원짜리 부실채권을 사오는 데 수수료 1%로 1,000만원을 내고 대부법인의 명의를 빌리는 것이다.

투자할 NPL 물건을 정했다면 AMC나 대부법인의 문을 두드려야 한다. 일반적으로 매수의향서를 넣으면 대부법인이 해당 물건에 대한 매수의향자를 모집한다. 매수의향자 중 가장 높은 금액을 적은 사람이 해당 NPL의 매입자가 된다. 업체마다 매각 방식이 다르므로 내가 사려는 업체의 매각

규정을 꼼꼼히 살펴봐야 한다.

　당신이 매입자로 결정되면 이때 계약서를 쓰게 되는데 대개 10%의 계약금을 낸다. 이후 잔금은 질권대출로도 낼 수 있다. 이후 채권자 명의를 내 이름으로 등기까지 하면 NPL 구매 절차는 끝이다.

대위변제를 통한
채권 취득

위 과정은 대부법인과 명목상의 채권관계를 설정하는 약간의 편법적 요소가 있는 방법이다. 반면 오로지 자력으로 부실채권을 살 수 있는 방법도 있다. 바로 '대위변제'다. 대위변제는 채무자를 대신해서 돈을 갚아주고 채권 은행의 권리를 모두 가져오는 방식이다.

　이 경우 채무자에게 '대위변제 승낙서'를 받아야 하는데 일정 부분 생활지원금 형태의 돈을 지원해주어야 할 것이다. 대위변제 승낙서를 받았다면 은행으로 가서 채무자의 채무를 변제해주면 은행이 가졌던 채권자의 권리가 나에게 승계된다. 민법으로 보장된 장치이기 때문에 이런 방식을 쓰는 투자자도 많이 있다.

　대위변제 승낙서를 받기 전 먼저 할 일이 있다. 은행과 협의하여 채무액을 줄여주도록 협의하는 것이다. 예를 들어 6억원짜리 근저당권을 매입하고자 할 경우 먼저 채권 은행에 가서 "내가 4억 5,000만원에 대위변제할테니 그것만 받고 채권을 넘기는 게 어떻겠냐?"고 제안한다. 은행의 입장에서도 현재 채권 회수가 불투명한 상황이라면 전액을 받으려하지는 않을 것이다. 은행이 승낙한다면 일단 이 과정에서 수익이 발생한다.

이제 채무자를 찾아가 협상을 해야 한다. 대위변제 승낙서를 써달라고 해야 하는데 채무자도 이익이 있어야 하므로 생활비 명목으로 일정 금액을 지불한다. 채무액의 1~2%^{450~900만원} 정도면 된다. 이렇게 대위변제 승낙서를 받아온다. 이를 가지고 은행에 가서 채권을 대신 상환해주면 된다.

34

NPL 투자, 이것만 주의하면 성공한다

지금까지 NPL에 대해 긍정적인 이야기를 많이 한 것 같은데 경매에 주의 해야 할 점이 있듯 NPL 투자에도 주의해야 할 점은 많다. 여기서는 NPL 투자를 하면서 주의해야 할 부분을 말해보도록 하겠다.

부동산의 가치를 봐야 한다

NPL 매각 공고 중 아래와 같은 것을 본 적이 있다. '채권최고액의 반값에 팔다니 저걸 안사면 바보다.' 5억원에 사서 10억원에 배당을 받을 수 있으면 100% 수익률이니 대단하지 않은가! 하지만 바로 여기에 NPL 투자를

NPL 매각 공고

채권최고액 10억원!

채권 원금 6억원!

매각가 5억원!

현재 원금+이자가 8억원까지 쌓여있어 채권최고액까지 배당이 늘어날 것이 기대됩니다!

은행에서 자기자본비율 확보를 위해 원금도 안 되는 5억원에 채권을 매각합니다!

하다 망하는 이유가 숨어있음을 알아야 한다. 우리는 이 부동산의 가치를 알지 못한다. 부동산의 가치를 모른다면, 파악할 수 없다면 어떤 경우에도 NPL을 매입해서는 안 된다.

어떤 이들은 NPL 투자를 하면서 '채권액보다 NPL을 싸게 사오면 이익이 된다.'라고만 알고 있다. 1억원짜리 근저당권을 5,000만원에 사오면 이익이 생긴다는 것이다. 하지만 막상 그 담보 부동산이 채권액의 반에 반의 가치조차 없다면 어떻게 할 것인가?

이런 이들은 '채권을 사고팔 수 있다.'는 지식만 알고 있지 '채권은 왜 사는 것일까?'에 대한 객관적인 고민조차 해보지 않은 사람들이다. 그렇기에 NPL을 싼 값에 사놓고 낙찰가가 더 싸게 나오면 그제서야 물건을 잘못 샀다는 걸 깨닫는다.

요즘은 가산 가능한 연체이자가 3%까지로 제한되어 선뜻 NPL 투자를 하지 못하는 사람이 많다. 질권대출 이자율이 6~7%에 달하기에 마진이 안 남는다는 이유 때문이다. 하지만 나는 오히려 이 때문에 경쟁자 없이 수월하게 NPL을 사올 수 있어 좋다. 연체이자를 통한 배당 마진보다 부동산의 가치를 보고 NPL 투자에 뛰어들기 때문이다.

이 부동산이 얼마짜리이며 낙찰가는 얼마나 나올지, 내가 배당을 얼마나 받을 수 있을지를 전제로 고민해야 NPL을 살지말지를 결정할 수 있다. 실제로 부동산에 대한 이해 없이 NPL 투자에 도전하는 사람들이 너무나 많다.

'NPL 투자가 돈 벌어! 너도 시작해봐.' 하는 분위기에 휩쓸려 투자처를 찾아온 사람들이다. 이들은 NPL에 대해서 나름 열심히 공부했더라도 결국 쫄딱 망하고 만다. 부동산에 대한 고려를 하지 않았고 그 중요성도 몰랐기 때문이다. 나는 이런 사례를 너무 많이 봐왔다.

채무인수와 사후정산은 위험하다

채무인수나 사후정산은 초보자에게 그리 권장하지 않는 방법이다. 이런 방법을 쓸 경우엔 어떤 법적, 제도적 보호도 받을 수가 없다. 특히 중간에 대부법인과 같은 저신용 업체를 끼면 사고가 터지기 쉽다. 배당을 받고 나서 나에게 돈을 줘야 되는데 안 준다거나 얼마를 주기로 했는데 그 금액을 다 안 준다거나 하는 일이 생기는 것이다.

어떻게 보면 이 방식은 '이면계약' 형태라 볼 수 있다. 이면계약이라고 말하는 이유는 채권자 이름이 내 이름으로 되어 있지 않으며 배당을 받고 나서 우리끼리 정리를 하자는 식의 계약이라는 의미다. 이런 방식들은 최

대한 경험을 쌓은 뒤 도전하라고 조언하고 싶다.

채무인수와 사후정산에 담긴
실전의 묘미

하지만 동시에 이런 방식들에는 실전의 묘미가 담겨 있기도 하다. 채무인수, 사후정산 모두 법적으로, 제도적으로 정해진 용어가 아니다. 법적으로 허용하는 범위 내에서 누군가에 의해 만들어진 편법인 셈이다. 아마 그 편법을 만들어낸 사람은 이런 생각을 했을 것이다.

1. 근저당권자의 변경 없이 이면계약으로 진행하면 어떨까?

2. 근저당권자에게 적정수수료를 지급하고 명의를 빌리면 어떨까?

3. 근저당권자에게 돈을 빌려주고 질권을 설정하면 어떨까?

이러한 의문을 가지고 연구를 하다보니 새로운 방식에 대한 아이디어가 생겨나고 그렇게 그 방식을 완성시키면 새로운 이름이 붙여졌다. 그게 바로 채무인수, 사후정산 방법이며 지금은 모두가 위 방식을 쓰고 있다. 많은 투자 스킬들이 현장에서의 필요 때문에 방법을 창조해나가는 과정에서 생겨난 것이다. 당신도 앞으로 경매와 NPL 투자를 지속해나가면서 실력을 쌓다보면 당신만의 새로운 방식을 창조할 수 있을 것이다.

경매가 확정됐다면
늦는다

경매사이트에 담보 물건에 대한 경매가 확정되어 있다면특히 주거용 부동산의 경우 그 NPL은 이미 대부법인이 사간 상태일 확률이 크다. 그러므로 그 시점에 NPL을 사려면 너무 늦었다는 사실을 알아야 한다.

담보 물건의 경매가 '예정' 상태로 떠 있을 때가 적기다. 10억원짜리 부동산이라고 한다면 제1근저당권이 6~8억원 수준일 것이다. 그때 그 근저당권을 사서 이전을 해둬야 한다.

본사에 넘어가기 전
컨택해라

개인투자자가 제1금융권에서 발생한 부실채권을 바로 구매하려면 채무인수와 사후정산 방식의 형태를 취할 수 있다. 혹은 채무자의 승낙을 받아 대위변제 방식으로도 진행할 수 있다.

이런 경우 은행의 지사와 컨택하느냐, 본사와 컨택하느냐에 따라 일의 난이도에 차이가 생긴다. 은행 지사의 채권관리팀은 자기 지사에서 발생한 부실채권을 일정 시간이 지나면 본사로 넘긴다. 채권이 본사로 넘어가면 전반적으로 부실채권을 구매하기가 쉽지 않아진다. 대출에 있어서도 지사의 채권관리팀과 소통할 때 더욱 편하다. 잘하면 우리가 필요로 하는 날에

도장을 찍고 그날 중에 매매를 끝낼 수도 있다.

은행은 대위변제를
싫어한다

가장 추천하는 개인의 NPL 투자 방법은 대위변제다. 대위변제는 유일하게 자기 이름을 근저당권자 이름으로 걸어놓고 투자하는 방법이기 때문이다. 하지만 은행에 가서 대위변제로 채권을 사겠다고 하면 때때로 은행은 저항한다. 왜냐하면 은행 입장에서는 가만히 채권을 두고 연체이자를 받을 계획이었을 수 있는데 채권자 자격을 이제부터 자기가 갖겠다고 나타난 사람이 생겼기 때문이다. 그럼에도 불구하고 우리는 채무자의 승낙만 있다면 은행의 의사와 상관없이 채무자의 빚을 갚아주고 부실채권을 가져올 수 있다.

대위변제 방식은 손이 좀 많이 가기 때문에 아직도 큰 자본들이 들어오지는 않고 있다. 그래서 이쪽 시장은 아직도 소규모 투자자들이 접근 가능한 투자시장으로 유지되고 있다.

경매대마왕
반드시 부자 되는 투자의 소신
당신을 500억 자산가로 만들어줄 부동산경매

초판 1쇄 발행 2022년 5월 31일
초판 4쇄 발행 2022년 7월 22일

지은이   심태승
펴낸이   이종문(李從聞)
펴낸곳   (주)국일증권경제연구소

등 록   제406-2005-000029호
주 소   경기도 파주시 광인사길 121 파주출판문화정보산업단지(문발동)
영업부   Tel 031)955-6050 | Fax 031)955-6051
편집부   Tel 031)955-6070 | Fax 031)955-6071

평생전화번호 0502-237-9101~3

홈페이지   www.ekugil.com
블 로 그   blog.naver.com/kugilmedia
페이스북   www.facebook.com/kugilmedia
E - mail   kugil@ekugil.com

ISBN 978-89-5782-207-4 (13320)